中国系列丛书

技能中国

SKILL CHINA

董晓峰——主编
王淑云　朱建柳——副主编

上海教育出版社

序　言

习近平总书记强调，职业教育是国民教育体系和人力资源开发的重要组成部分，是广大青年打开通往成功成才大门的重要途径，肩负着培养多样化人才、传承技术技能、促进就业创业的重要职责，必须高度重视、加快发展。党的十九大从新时代坚持和发展中国特色社会主义的战略高度，做出了优先发展教育事业、加快教育现代化、建设教育强国的重大部署。在习近平新时代中国特色社会主义思想的指导下，聚焦“立德树人”根本任务，全面深入学习贯彻落实全国教育大会精神，对坚持中国特色社会主义教育发展道路和培养德智体美劳全面发展的社会主义建设者和接班人提出了更高的发展要求。

为更好地培育和践行社会主义核心价值观，着力提高人才培养质量，弘扬劳动光荣、技能宝贵、创造伟大的时代风尚，营造“人人皆可成才、人人尽展其才”的良好环境，上海高校经过 13 年探索建设，不断提高思想政治理论课的质量，全面推进从“思政课程”到“课程思政”的改革，逐步发展出“以思政课为核心、综合素养课为支撑、专业课为辐射”的“三位一体”的思想政治教育课程体系，让各类课程与思政课同向同行，形成协同效应，将思政教育贯穿于教育教学全过程。上海的“课程思政”为全国高校思想政治教育实践提供了面向全员、全过程、全方位育人的“上海方案”，同时，还紧扣时代发展脉膊，探索建设具有中国特色的“中国系列”思政课选修课程。

在大思政格局下，上海交通职业技术学院在市教卫工作党委、市教委的关心和市教委德育处、德育中心的支持下，在上海“高职高专思政课”分教指委、上海市高职高专思政课建设联盟的指导下，自 2017 年起，开设了“技能中国”课程。这是围绕党的十九大精神和习近平新时代中国特色社会主义思想，结合交通行业、专业特色，为培养德智体美劳全面发展的新时代中国特色社会主义建设者和接班人而开设的一门思政选修课程，“上大课，讲大势，传大道”，融合课堂主讲、现场回答等教学方式，赢得了学生的赞誉。

本书在编写工作过程中，借鉴了“技能中国”授课过程中的一些成果，从职业教育的角度出发，巧妙地将习近平新时代中国特色社会主义思想和社会主义核心价值观的精髓要义融入其中。全书内容既收录了大国工匠的坚守传承创新事迹，也收录了各行各业领军人物的成功典范，同时也吸纳了上海交通职业技术学院、上海市交通学校和其他兄弟职业院校的优秀学子的典型事例。期望通过本书，我们能够引导职教学子传承大国工匠精神，为努力建设中国特色职业教育体系添砖加瓦；能够让职教学子将学好技能与国家前途命运相结合，共同为实现中华民族伟大复兴的中国梦努力奉献；能够强化显性思政、细化隐性思政，理论联系实际，用习近平新时代中国特色社会主义思想铸魂育人；能够引导接受职业教育的读者增强“四个自信”，厚植爱国主义情怀，培养学生服务社会、服务人民的意识；能够在引人入胜、潜移默化中实现教育目标，为职教学子实现人生奋斗目标引航。

是为序。

目　录

上篇

国家 · 行业

第一章 筑梦创新 强盛中国

第一节 不忘初心 筑梦中国

一、中华民族复兴之路

小贴士

1. **中国梦**：中国共产党自成立之日起，就把实现共产主义作为党的最高理想和最终目标，义无反顾地肩负起实现中华民族伟大复兴的历史使命，团结带领人民进行了艰苦卓绝的斗争，谱写了气吞山河的壮丽史诗。中国梦是党的十八大以来，习近平总书记所提出的重要指导思想和重要执政理念。2012 年 11 月 29 日，习近平总书记在中国国家博物馆参观“复兴之路”展览时，第一次阐释了中国梦的内涵。2017 年 10 月 18 日，习近平总书记在党的十九大报告中指出，实现中华民族伟大复兴是近代以来中华民族最伟大的梦想。正如习近平总书记强调的“中国梦归根到底是人民的梦，必须紧紧依靠人民来实现，必须不断为人民造福。”

2. **习近平新时代中国特色社会主义思想**：2017 年 10 月 18 日，习近平总书记在党的第十九次全国代表大会上首次提出“新时代中国特色社会主义思想”。新时代中国特色社会主义思想是全党全国人民为实现中华民族伟大复兴而奋斗的行动指南，是马克思主义中国化的最新成果，是党和人民实践经验和集体智慧的结晶，是中国精神的时代精华，是国家政治生活和社会生活的根本指针。习近平新时代中国特色社会主义思想是党的十九大的重要理论成果。十九大报告中所提出的“八个明确”和“十四个坚持”，构成了习近平新时代中国特色社会主义思想的核心内容。

3. **两个“一百年”**：两个“一百年”分别指建党一百年（即 2021 年）和新中国成立一百年（即 2049 年），两个“一百年”的奋斗目标是党的十八大报告首次提出的。党的十九大报告清晰地勾画全面建成社会主义现代化强国的时间表、路线图。在 2020 年全面建成小康社会，实现第一个百年奋斗目标的基础上，再奋斗 15 年，在 2035 年基本实现社会主义现代化。从2035年到21世纪中叶，在基本实现现代化的基础上，再奋斗15年，把我国建成富强民主文明和谐美丽的社会主义现代化强国。

思想之光

我们的党、我们的国家、我们的人民在奋斗中收获了更多自信和勇气，更加坚定、更加昂扬地走在实现“两个一百年”奋斗目标的广阔道路上！

——2019年习近平总书记在春节团拜会上的讲话

我们都在努力奔跑，我们都是追梦人。

——2019年习近平总书记的新年贺词

不忘初心，方得始终。中国共产党人的初心和使命，就是为中国人民谋幸福，为中华民族谋复兴。这是激励我们不断前进的根本动力。

——2017年习近平总书记在中国共产党第十九次全国代表大会上的报告

95年前，中国人民对争取民族独立和人民解放、实现国家富强和人民幸福的渴望是多么强烈，但前途又是多么渺茫。今天，我们比历史上任何时期都更接近中华民族伟大复兴的目标，比历史上任何时期都更有信心、有能力实现这个目标。我们完全可以说，中华民族伟大复兴的中国梦一定要实现，也一定能够实现。

——2016年习近平总书记在庆祝中国共产党成立95周年大会上的讲话

梦想属于每一个人，广大劳动群众要敢想敢干、敢于追梦。说到底，实现中华民族伟大复兴的中国梦，要靠各行各业人们的辛勤劳动。现在，党和国家事业空间很大，只要有志气有闯劲，普通劳动者也可以在宽广舞台上展示自己的人生价值。

——2016年习近平总书记在知识分子、劳动模范、青年代表座谈会上的讲话

思想荟萃

1. 中华民族伟大复兴的历史足迹[①]

19世纪中叶，英法等国的工业革命业已经完成，而中国却从“康乾盛世”走向衰

---

① 赵宏志.中国现代化问题的哲学思考[M].哈尔滨：黑龙江人民出版社，1997.

落，开始落后于西方世界。在民族危机日益深重之际，一部分先进分子开始把眼光投向西方，以林则徐、魏源为代表的有识之士提出了“师夷长技以制夷”的口号，开始学习西方的近代文明。在此思想的影响下，曾国藩、李鸿章等人又发起了以“自强求富”为追求的洋务运动，但是这场运动最终以失败告终。甲午战败后，以康有为、梁启超为代表的资产阶级改良派，试图通过引进西方资本主义民主政治来寻求民族复兴，结果这种制度改良也很快破产。1894 年孙中山发出“振兴中华”的时代最强音，成为民族复兴的先声。从此，中华民族伟大复兴的宏伟目标，就一直激励着炎黄子孙。辛亥革命推翻了清王朝的专制统治，结束了中国长达两千多年的封建统治，但辛亥革命的胜利果实被袁世凯篡夺，孙中山实现民族复兴的愿望最终破灭，体现其立志建设强大国家的《建国方略》也仅能成为“美好的蓝图”。

2. 中华民族伟大复兴踏上新征程

十月革命“一声炮响”给中国送来了马克思主义。以陈独秀、李大钊、毛泽东、周恩来等为主要代表的先进知识分子，开始接受马克思主义，用马克思主义的世界观、方法论来观察中国的社会问题，思考着民族衰败的原因，探索改变现状的方法，寻求救国救民的途径。中国共产党成立后，以毛泽东为代表的中国共产党人在革命和建设的曲折斗争中，根据马克思列宁主义基本原理，把中国革命实践中的一系列独创性经验作了理论概括，形成了适合中国情况的、科学的指导思想——毛泽东思想。在毛泽东思想的指导下，经过艰苦卓绝的浴血奋战，1949 年中华人民共和国成立，实现了中国从几千年封建专制统治向人民当家作主的伟大飞跃。近代以来，久经磨难的中华民族从此站起来了，中华民族伟大复兴有了正确的社会制度保障。

1978 年，中国进入改革开放的时代，以邓小平为主要代表的中国共产党人在探索中前进，在改革中发展，形成了“邓小平理论”，创造性地回答了“什么是社会主义，如何建设社会主义”的问题，提出了“三步走”的发展战略，中华民族逐步富起来了，中华民族伟大复兴有了宏伟蓝图。

20 世纪 80 年代末至 90 年代初，以江泽民为主要代表的中国共产党人提出了“三个代表”重要思想，创造性地回答了“建设什么党，如何建设党”的问题，为中华民族伟大复兴提出了坚强的保障。

进入 21 世纪新阶段，党的十六大以来，以胡锦涛为主要代表的中国共产党人，高举中国特色社会主义伟大旗帜，立足社会主义初级阶段基本国情，总结中国发展实践，借鉴国外发展经验，适应中国发展要求，提出了科学发展观，创造性地回答了“实现什么样的发展，如何发展”的问题，为中华民族伟大复兴增添了前进的动力。

党的十八大以来，国内外形势变化和我国各项事业发展都给我们提出了重大的时代课题。以习近平为主要代表的中国共产党人，适应时代的新变化和实践的新发展，回应人民群众的新期待和新要求，抓住重大核心问题，进行艰难探索，形成了以习近平系列重要讲话和治国理政新理念、新思想、新战略为主体内容的重大理论创新成果。党的十九大对这一理论创新成果作出了新概括，形成了习近平新时代中国特色社会主义思想。中国共产党党章把习近平新时代中国特色社会主义思想同马克思列宁主义、毛泽东思想、邓小平理论、"三个代表"重要思想、科学发展观一起确立为党的理论纲领和行动指南。

这一重要理论的凝练具有极其重大的现实意义，对于我们进一步认识十八大以来党的理论创新成果，坚持和发展21世纪中国的马克思主义，以全新宽广的视野深入探索人类社会发展规律、共产党执政规律、社会主义建设规律、中国特色社会主义发展规律，具有根本性、长远性的理论指导作用。

习近平新时代中国特色社会主义思想是对马克思列宁主义、毛泽东思想、邓小平理论、"三个代表"重要思想、科学发展观的继承和发展，是马克思主义中国化的最新成果，是中国特色社会主义理论体系的重要组成部分，是全党、全国人民为实现中华民族伟大复兴而奋斗的行动指南，必须长期坚持并不断发展。

3. 中华民族伟大复兴进入新时代

2017年10月18日召开的中国共产党第十九次全国代表大会，为中华民族伟大复兴的征程揭开了新的一页。习近平总书记在大会上所作的报告，深刻回答了事关党和国家长远发展的一系列重大理论和实践问题，指明了实现"两个一百年"奋斗目标和中华民族伟大复兴中国梦的前进方向。

报告提出，中国特色社会主义进入新时代，这是党中央对党和国家当前所处历史方位做出的重大战略判断。中华民族伟大复兴的本质是实现国家富强、民族振兴、人民幸福。进入新时代意味着中国特色社会主义站到更高层级的历史方位上，习近平总书记在党的十九大报告中提出的"三个意味着"[①]：意味着近代以来久经磨难的中华民族迎来了从站起来、富起来到强起来的伟大飞跃，迎来了实现中华民族伟大复兴的光明前景；意味着科学社会主义在21世纪的中国焕发出强大生机活力，在世界上高高举起了中国特色社会主义伟大旗帜；意味着中国特色社会主义道路、理论、制度、文化不断发展，拓展了发展中国家走向现代化的途径，给世界上那些既希望

---

① 辛向阳.准确理解科学把握"三个意味着"[EB/OL].光明网，2017.

加快发展又希望保持自身独立性的国家和民族提供了全新选择，为解决人类问题贡献了中国智慧和中国方案。这“三个意味着”，从中华民族的命运、社会主义的命运和世界发展的命运三个维度，勾画出中国特色社会主义进入新时代的参照坐标。

新时代的重要标志是我国社会的主要矛盾已发生了深刻变化，即我国社会主要矛盾已经从“人民日益增长的物质文化需要同落后的社会生产之间的矛盾”转化为“人民日益增长的美好生活需要和不平衡不充分的发展之间的矛盾”。在新时代，必须坚持以人民为中心的发展思想，不断促进人的全面发展，实现全体人民共同富裕。我们要在全面建成小康社会的基础上，分两步走在 21 世纪中叶建成富强民主文明和谐美丽的社会主义现代化强国。

先驱风采

1. 近代中国睁眼看世界的第一人——林则徐

林则徐(1785—1850)，福建省侯官人，清代政治家、思想家和诗人，官至一品，曾任湖广总督，因其主张严禁鸦片在我国有民族英雄之誉。尽管林则徐一生力抗西方入侵，但对于西方的文化、科技和贸易则持开放态度，主张学其优而用之。根据文献记载，他至少略通英、葡两种外语，且着力翻译西方报刊和书籍。林则徐主持编译了《四洲志》，后将《四洲志》《澳门月报》等翻译资料交给其好友魏源，在此基础上魏源编纂了《海国图志》。《海国图志》在内容上比《四洲志》增加了数倍，对世界各地，特别是西方各国历史、地理、社会、政治、宗教、文化、语言等方面的情形，做了相当详尽介绍，极大拓宽了国人的视野。《海国图志》提出的“以夷攻夷而作，以夷款夷而作，师夷之长技以制夷而作”等思想，是中国在近代史上正式提出向西方学习的历史命题，兼具开眼看世界和向西方学习的双重意义，对晚清的洋务运动乃至日本的明治维新都具有启发作用。可以说，林则徐是近代中国睁眼看世界的第一人。

2. 近代中国伟大的民主革命先行者——孙中山

孙中山(1866—1925)，名文，字载之，号日新，又号逸仙，幼名帝象，化名中山樵，有《建国方略》《建国大纲》《三民主义》等著述。孙中山是伟大的民族英雄、伟大的爱国主义者、中国民主革命的伟大先驱。他首先举起彻底反帝反封建的旗帜，起共和而终两千年封建帝制。

孙中山生于广东省香山县(今中山市)翠亨村的农民家庭。青少年时代受到广东人民斗争传统的影响，他向往太平天国反清事业，自诩“洪秀全第二”，1905 年(光绪三十一年)成立中国同盟会。孙中山创立的革命组织,为列强环伺下的中国开辟了新的可能性。武昌起义的一声枪响,使辛亥成为结束中国两千多年帝制的时间坐标,中国也从此走出君主专制的黑暗,打开了通往民族复兴和奔向现代化的通道。辛亥革命之后,北伐战争虽然赢得了名义上的成功,但军阀混战并未结束,方向找到了,但是路还在黑暗中。

划时代的革命带来了民主共和的理念,但并未把这个概念深入最广大的民众中。辛亥革命后屡遭挫折的孙中山把中国共产党人当成亲密朋友,毅然改组国民党,实行"联俄、联共、扶助农工"三大政策。可以说,孙中山发起了一场伟大的革命,但这个革命并未完成,1925 年 3 月 12 日孙中山在北京逝世,安葬于南京紫金山中山陵。孙中山为了改造中国耗尽毕生的精力,在历史上留下了不可磨灭的功勋,也为后继者留下了珍贵的遗产。

中国共产党继续探寻救国救民之路,以"唤起工农千百万"凝聚起亿万人民的磅礴力量,深刻改变了近代以来中华民族发展的方向和进程,深刻改变了中国人民和中华民族的前途和命运,深刻改变了世界发展的趋势和格局。

今天,全面小康和民族复兴的曙光近在眼前,我们这一代人要真正理解民族复兴的意义,还要把握住当前的机遇,为实现中华民族伟大复兴的中国梦不懈努力。

学思践悟

1. 如何理解"中国梦"?
2. 中华民族伟大复兴的基本内涵是什么?

二、中国梦　青春志　砥砺行

小贴士

1. 青年: 按年龄划分的人类群体,青年的定义随着政治经济和社会文化环境的变更一直在变化。团章规定:"年龄在 14 周岁(含)以上,28 周岁以下的中国青年,承认团的章程,愿意参加团的一个组织并在其中积极工作,执行团的决议和按期交纳团费的,可以申请加入中国共产主义青年团。团员年满 28 周岁,没有担任团内职务的,应该办理离团手续。"这意味着,中国青年的年龄划分在 14—28 周岁。

2. 新时代青年的使命和担当: 2019 年 4 月 30 日,习近平总书记在纪念五四运动一百周年大会上发表重要讲话中强调指出:"新时代中国青年运动的主题,新时代中国青年运动的方向,新时代中国青年的使命,就是坚持中国共产党领导,同人民一道，为实现‘两个一百年’奋斗目标、实现中华民族伟大复兴的中国梦而奋斗。”这一鲜明论断，为新时代中国青年指明了前进的方向，划定了奋斗的坐标。

3. 砥砺前行：砥砺，引申为磨炼、锻炼，用来表示革命意志，也可以表示相互之间勉励。砥砺前行，就是经历磨炼，克服困难，不断进步的意思。

思想之光

青年是国家的未来，也是世界的未来。中国梦与世界梦息息相通，中华民族应该对人类社会作出更大贡献。新时代中国青年，要有家国情怀，也要有人类关怀，发扬中华文化崇尚的四海一家、天下为公精神，为实现中华民族伟大复兴而奋斗，为推动共建“一带一路”、推动构建人类命运共同体而努力。

——2019 年习近平总书记在纪念五四运动一百周年大会上的讲话

一代人有一代人的长征，一代人有一代人的担当。建成社会主义现代化强国，实现中华民族伟大复兴，是一场接力跑。我们有决心为青年跑出一个好成绩，也期待现在的青年一代将来跑出更好的成绩。衷心希望新时代中国青年积极拥抱新时代、奋进新时代，让青春在为祖国、为人民、为民族、为人类的奉献中焕发出更加绚丽的光彩！

——2019 年习近平总书记在纪念五四运动一百周年大会上的讲话

广大青年要坚定理想信念、练就过硬本领、勇于创新创造、矢志艰苦奋斗、锤炼高尚品格，在弘扬和践行社会主义核心价值观中勤学、修德、明辨、笃实，爱国、励志、求真、力行，同人民一起奋斗，同人民一起前进，同人民一起梦想，用一生来践行跟党走的理想追求。

——2018 年习近平总书记在同团中央新一届领导班子成员集体谈话时的讲话

青年兴则国家兴，青年强则国家强。青年一代有理想、有本领、有担当，国家就有前途，民族就有希望。中国梦是历史的、现实的，也是未来的；是我们这一代的，更是青年一代的。中华民族伟大复兴的中国梦终将在一代代青年的接力奋斗中变为现实。

——2017 年习近平总书记在中国共产党第十九次全国代表大会上的报告

青少年要敢于有梦。从《西游记》到凡尔纳科幻小说，飞船、潜艇今天不都有了吗？有梦想，还要脚踏实地，好好读书，才能梦想成真。

——2013年习近平总书记赴四川芦山看望慰问地震灾区受灾群众时的讲话

思想荟萃

1. 对青年的殷切寄语

在中国革命和建设各个历史时期，中国共产党始终高度重视青年、关怀青年、信任青年，对青年一代寄予殷切期望。毛泽东赞扬青年是早晨八九点钟的太阳，强调希望寄托在青年身上。邓小平满怀深情地指出，青年一代的成长，正是我们事业必定要兴旺发达的希望所在，希望广大青年争当有理想、有道德、有文化、有纪律的一代新人。习近平总书记在中国共产党第十九次全国代表大会报告上的报告中指出：全党要关心和爱护青年，为他们实现人生出彩搭建舞台。广大青年要坚定理想信念，志存高远，脚踏实地，勇做时代的弄潮儿，在实现中国梦的生动实践中放飞青春梦想，在为人民利益的不懈奋斗中书写人生华章！

社会发展表明，中国共产党从来都把青年看作是民族的希望、祖国的未来，从来都把青年作为党和人民事业发展朝气蓬勃的推动力量，从来都热情鼓励和坚定支持青年在中华民族复兴的伟大实践中实现人生理想和远大抱负。

2. 新时代青年担负的历史使命——实现中国梦

习近平总书记强调：实现中华民族伟大复兴的中国梦，是党和国家工作大局，也是中国青年运动的时代主题。一代青年有一代青年的历史际遇，任何人都不能脱离时代，离开了时代主题的个人奋斗没有意义。历史和实践都启示我们：同人民一起奋斗，青春才能亮丽；同人民一起前进，青春才能昂扬；同人民一起梦想，青春才能无悔。我们的国家正在走向繁荣富强，我们的民族正在走向伟大复兴，我们的人民正在走向更加美好的生活。在这样一个新时代，中国青年要有所作为，就必须投身到服务人民的伟大洪流之中。习近平总书记对当代青年充满信任，寄予厚望。他指出："我相信，当代中国青年一定能够担当起党和人民赋予的历史重任，在激扬青春、开拓人生、奉献社会的进程中书写无愧于时代的壮丽篇章！"

习近平总书记要求当代青年勇做走在时代前列的奋进者、开拓者、奉献者，努力使自己成为祖国建设的有用之才、栋梁之材，为实现中国梦奉献智慧和力量。他对青年人如何成长、成才、创业提出了殷切的要求和希望。他强调：梦想从学习开始，事业靠本领成就。青年时期学识基础厚实不厚实，影响甚至决定自己的一生。青年人正处于学习的黄金时期，应该把学习作为首要任务，作为一种责任、一种精神追求、一种生活方式，树立梦想从学习开始、事业靠本领成就的观念，掌握真才实学，增益其所不能，让勤奋学习成为青春远航的动力，让增长本领成为青春搏击的能量。习近平总书记还指出：现在，青春是用来奋斗的；将来，青春是用来回忆的。只有进行了激情奋斗的青春，只有进行了顽强拼搏的青春，只有为人民奉献了的青春，才会留下充实、温暖、持久、无悔的青春回忆。

领袖青年时期风采

1. 青年毛泽东①

毛泽东(1893—1976)，字润之，湖南湘潭人，是伟大的马克思主义者，伟大的无产阶级革命家、战略家、理论家，是马克思主义中国化的伟大开拓者，是近代以来中国伟大的爱国者和民族英雄，是党的第一代中央领导集体的核心，是领导中国人民彻底改变命运和国家面貌的一代伟人。

青年时代的毛泽东是个坚定的理想主义者，16 岁时他离乡考入新式学校求新知。在离家之前，他写了一首诗给父亲："孩儿立志出乡关，学不成名誓不还。埋骨何须桑梓地，人生无处不青山。"

五四运动爆发后，毛泽东在湖南长沙组建了湖南学生联合会，组织学生罢课声援北京学生。他还创办了《湘江评论》，在创刊号上，他欢呼："时机到了！世界的大潮卷得更急了！洞庭湖的闸门动了，且开了！浩浩荡荡的新思潮业已奔腾澎湃于湘江两岸了！"毛泽东曾回忆，他能成为马列主义者，和两个人密不可分：一个是陈独秀，另一个是李大钊。同时还读了让他铭记一生的 3 本书，即《共产党宣言》《阶级斗争》和《社会主义史》。他说，此后他对马克思主义的信仰就没动摇过。

1921 年 7 月，毛泽东作为 13 名代表之一，参加了在上海召开的中国共产党第一次全国代表大会。大会的召开标志着中国共产党正式成立。第二次全国代表大会后，毛泽东回湖南，独自深入农村调研，发展农会，坚持农民武装，组织工会，发展党组织。两年后，湖南有了 20 多个农会组织、5 万多名会员。1922 年时，湖南的党员人数增至 100 多人。湖南的劳工运动发展到中国的最前列，他组织领导了安源路矿工人罢工。1921 年秋冬至 1922 年 9 月初，毛泽东两次来到安源，对罢工作了部署，后一次还带了李立三等一同前往。1922 年 9 月 14 日，安源路矿工人举行大罢工，李

① 高菊村.青年毛泽东[M].北京：中央文献出版社，2008.

立三任总指挥，刘少奇为工人总代表。罢工宣言提出 17 项政治和经济要求。根据毛泽东的意见，提出了“从前是牛马，现在要做人”的口号。经过 5 天的激烈斗争，工人俱乐部“未伤一人，未败一事，而得到安全胜利”备受瞩目。1923 年中共第三次代表大会，毛泽东当选为中央委员，后因反对城市暴动，坚持农村武装割据而遭到排挤，但最终带领工农红军走完两万五千里长征，在延安建立了敌后根据地，走出了一条“农村包围城市武装夺取政权”革命道路。经过长期浴血奋战，1949 年 10 月 1 日，毛泽东在天安门城楼上庄严宣布中华人民共和国成立。

2. 青年榜样习近平①

青年意味着什么？“青年是标志时代的最灵敏的晴雨表，时代的责任赋予青年，时代的光荣也属于青年。”这是习近平总书记的答案。从梁家河到中南海，他用自己的言行为青年树立了榜样。1969 年至 1975 年，习近平在陕西延川县文安驿公社梁家河大队插队，度过了 7 年艰苦的上山下乡生活，住窑洞，睡土炕，吃玉米团子，打坝挑粪，建沼气池，晚上看牲口，白天放羊，什么活都干。在艰苦的生活中，年轻的习近平得到了锻炼、成长，再苦、再忙，他也没有放弃读书。在村民的记忆中，习近平经常边吃饭边看“砖头一样厚的书”。7 年的农村生活，使他有了坚定的人生目标，那个时候他就说，“今后如果有条件、有机会，我要从政，做一些为老百姓办好事的工作”。

1982 年，习近平到正定县任职，工作中的他很拼，短短几年，便跑遍了正定所有的村。他说那时“年轻想办好事，经常是通宵达旦干，当时差不多一个月大病一场”。回忆起这段往事，他用自己的经历告诫年轻人不要总熬夜。

习近平内在有激情，外在从容不迫，担任总书记后，他依旧保持着这样的工作状态。从梁家河到中南海，他始终不忘年轻时的初心。他说：“我们要继续努力，把人民的期待变成我们的行动，把人民的希望变成生活的现实。”

习近平总书记虽然工作繁忙，但他始终保持着年轻时的活力。他喜欢与青年交朋友，常会走到青年中间，与青年谈心。对青年朋友，他充满期许，寄予厚望。他谆谆告诫青年，“青年时光非常可贵，要用来干事创业，辛勤耕耘。广大青年要如饥似渴、孜孜不倦学习，既多读有字之书，也多读无字之书，注重学习人生经验和社会知识，注重在实践中加强磨练、增长本领。要敢于做先锋，而不做过客、当看客，让创新成为青春远航的动力”。他还指出：“每一代青年都有自己的际遇和机缘，都要在自己所处的时代条件下谋划人生、创造历史。”“我相信当代中国青年一定能够担当起

---

① 青年榜样习近平[N].人民日报，2017－05－04.

党和人民赋予的历史重任，在激扬青春、开拓人生、奉献社会的进程中书写无愧于时代的壮丽篇章。”

学思践悟

1. 作为青年大学生，还有哪些杰出人物的青年故事激励着你的成长？
2. 青年学生应该为中华民族的伟大复兴做好哪些准备？
3. 请谈谈学习“青年榜样习近平”的体会。

第二节　国家科技　强盛之基

一、科技是国之利器

小贴士

1. **科学技术**：科学是人类所积累的关于自然、社会、思维的知识体系；技术泛指根据自然科学原理生产实践经验，为某一实际目的而协同组成的各种工具、设备、技术和工艺体系。科学与技术是辩证统一体。技术提出课题，科学完成课题。科学是发现，是技术的理论指导；技术是发明，是科学的实际运用。

2. **高科技**：是建立在现代自然科学理论和最新的工艺技术基础上，处于科学技术前沿，能够带来巨大经济、社会和环境效益的知识密集、技术密集的科学技术。

3. **核心技术**：是支撑产品实现的技术中的关键部分技术和工艺，具有不可复制性。其优势是自我掌握而外部无法获取。

4. **科技创新**：是原创性科学研究和技术创新的总称，是指创造和应用新知识和新技术、新二艺，采用新的生产方式和经营管理模式，开发新产品，提供新服务的过程。科技创新可以被分成 3 种类型，即知识创新、技术创新和现代科技引领科技创新的管理创新。

思想之光

中国要强盛、要复兴，就一定要大力发展科学技术，努力成为世界主要科学中心和创新高地。

——2018 年习近平总书记在中国科学院第十九次院士大会、中国工程院第十四次院士大会上的讲话科技是国之利器，国家赖之以强，企业赖之以赢，人民生活赖之以好。中国要强，中国人民生活要好，必须有强大科技。

——2016 年习近平总书记在全国科技创新大会、两院院士大会、中国科协第九次全国代表大会上的讲话

从发展上看，主导国家命运的决定性因素是社会生产力发展和劳动生产率提高，只有不断推进科技创新，不断解放和发展社会生产力，不断提高劳动生产率，才能实现经济社会持续健康发展，避免陷入“中等收入陷阱”。

——2014 年习近平总书记在中央财经领导小组第七次上的讲话

当今世界，科技创新已经成为提高综合国力的关键支撑，成为社会生产方式和生活方式变革进步的强大引领，谁牵住了科技创新这个牛鼻子，谁走好了科技创新这步先手棋，谁就能占领先机、赢得优势。

——2014 年习近平总书记在上海考察时的讲话

现代以来，西方国家之所以能称雄世界，一个重要原因就是掌握了高端科技。真正的核心技术是买不来的。正所谓“国之利器，不可以示人”。

——2013 年习近平总书记在中国科学院考察时的讲话

思想荟萃

1. 科技是第一生产力

科学技术是生产力是马克思主义的基本原理。马克思曾指出，“生产力中也包括科学”，并且说“固定资本的发展表明，一般社会知识，已经在多么大的程度上变成了直接的生产力”。

马克思还深刻地指出，“社会劳动生产力，首先是科学的力量”，“大工业把巨大的自然力和自然科学并入生产过程，必然大大提高劳动生产率”。

1988 年 6 月，邓小平根据当代科学技术发展的趋势和现状，在全国科学大会上提出了“科学技术是第一生产力”的论断。邓小平的这一论断体现了马克思主义的生产力理论和科学观。科学技术是第一生产力，既是现代科学技术发展的重要特点，也是科学技术发展的必然结果。

社会生产力是人们改造自然的能力，作为人类认识自然、改造自然能力的自然

科学，必然包括在社会生产力之中。科学技术一旦渗透和作用于生产过程中，便成为现实的、直接的生产力。现代科学技术发展的特点和现状告诉我们，科学技术特别是高新技术，正以越来越快的速度向生产力诸要素全面渗透融合，科学技术被劳动者掌握，便成为劳动的生产力；科学技术转化为劳动工具和劳动对象，就成为物质的生产力。管理也是生产力。现代科学为生产管理提供了崭新的科学理论、方法和手段，使生产力诸要素更有效地组成一个整体，从而使其最大限度地发挥作用。

科学技术已越来越成为生产力解放和发展的重要基础和标志，特别是高新技术，已成为当代人在社会生产力上的制高点。当今世界各国综合国力的竞争，其核心和关键在于知识创新和技术创新，以及高新技术产业化。科技创新越来越成为当今社会生产力的解放和发展的重要基础与标志，越来越决定着一个国家、一个民族的发展进程。

2. 科技是国家强盛之基①

2016 年召开的全国科技创新大会上，习近平总书记发出了建设世界科技强国的号召。习近平总书记在党的十九大报告中提出，到 2035 年基本实现社会主义现代化，到 2050 年前后基本建成社会主义现代化强国。这是基于我国科技创新、经济社会发展趋势上形成的科学研判，为更主动地把握新科技革命带来的重大战略机遇提出了新的更高要求。

近年来，我国科技进入迅猛发展期，重大创新成果不断涌现，一些重要领域跻身国际并跑行列，部分领域达到国际领先水平，已成为仅次于美国的世界第二大知识产出国。从研究成果看，在基础研究领域，量子信息、高温超导、中微子振荡、干细胞和基因编辑、纳米催化等领域都取得了大批世界领先的原创成果，化学、物理、材料、数学、地学等主流学科进入世界前列；在战略高技术领域，空间科技、深海探测、超级计算、新一代高铁、核能技术、天然气水合物勘查开发等创新成就举世瞩目；在国际竞争最激烈的前沿方向如量子通信领域，我国科学家捷报频传，牢牢占领创新制高点，从基础研究到工程技术全面保持领先地位；在人工智能领域，在高端人才、领军企业、创业投资特别是大数据和应用落地等关键环节已显现中美“双雄”格局。从研发投入看，作为全球第二大研发经费投入国，2016 年我国全社会研发支出达 15 677 亿元，比 2012 年增长 52.5%；科技人员总数超过 8 000 万人，全时研发人员 380 万人年，约占全球总量的 31%，居世界首位。从创新主体看，在国际公认的衡量基础研究

① 汪克强.人民要论：引领新时代科技强国建设的重大战略[N].人民日报，2017－11－07.

影响力的“自然指数”排行榜上,中国科学院连续5年综合排名全球第一,多所中国大学跻身全球大学50强;一些中国企业的创新能力也迅速提升。这些都表明,我国科技发展已经站在新的历史起点上,科技创新能力正从量的积累向质的飞跃转变,从点的突破向系统能力提升转变,具备了从科技大国迈向科技强国的重要基础。

习近平总书记指出,一个国家只是经济体量大,还不能代表强。国家富强靠什么?靠自主创新,靠技术,靠人才,科技是国家强盛之基。我国创新驱动发展战略的目标是跻身创新型国家前列,建成世界科技强国。这是一项全局性、系统性、战略性国家工程,需要多方面协同发力、全社会长期努力。

3. 科技创新不断改善人民生活环境

从衣食住行到生老病死,从扶贫脱贫到就业创业,科技的发展将让更广泛的人群更便捷、更廉价、更快速、更充分地享受到创新成果。碧水蓝天,是幸福生活的重要因素。科技创新,让碧水蓝天成为人们生活中的常态。《“十三五”国家科技创新规划》的基本原则之一是“坚持把科技为民作为根本宗旨”,同时在健全支撑民生改善和可持续发展的技术体系中明确了发展生态环保技术和资源高效循环利用技术、发展人口健康技术、发展新型城镇化技术等改善民生和促进可持续发展的一系列技术支撑。以下就生态环保和资源循环利用技术做简要说明。

(1) 发展生态环保技术

生态环保技术以提供重大环境问题系统性技术解决方案和发展环保高新技术产业体系为目标,形成源头控制、清洁生产、末端治理和生态环境修复的成套技术。加强大气污染形成机理、污染源追踪与解析关键技术研究,提高空气质量预报和污染预警技术水平;加强重要水体、水源地、源头区、水源涵养区等水质监测与预报预警技术体系建设;突破饮用水质健康风险控制、地下水污染防治、污废水资源化能源化与安全利用、垃圾处理及清洁焚烧发电、放射性废物处理处置等关键技术;开展土壤污染机制和风险评估等基础性研究,完善土壤环境监测与污染预警关键技术;加强环境基准研究;开展环境监测新技术和新方法研究,健全生态环境监测技术体系。提高生态环境监测立体化、自动化、智能化水平,推进陆海统筹、天地一体、上下协同、信息共享的生态环境监测网络建设。

突破生态评估、产品生态设计和实现生态安全的过程控制与绿色替代关键技术。开发环境健康风险评估与管理技术、高风险化学品的环境友好替代技术,开展重大工程生态评价与生态重建技术研究。开发生态环境大数据应用技术,建立智慧环保管理和技术支撑体系。在京津冀地区、长江经济带等重点区域开展环境污染防治技术应用试点示范，促进绿色技术转移转化，加强环保高新技术产业园区建设，推动形成区域环境治理协同创新共同体。开发生态环境大数据应用技术，建立智慧环保管理和技术支撑体系。力争实现生态环保技术的跨越发展，为我国环境污染控制、质量改善和环保产业竞争力提升提供科技支撑。

（2）发展资源高效循环利用技术

以保障资源安全供给和促进资源型行业绿色转型为目标，大力发展水资源、矿产资源的高效开发和节约利用技术。在水土资源综合利用、国土空间优化开发、煤炭资源绿色开发、天然气水合物探采、油气与非常规油气资源开发、金属资源清洁开发、盐湖与非金属资源综合利用、废物循环利用等方面，集中突破一批基础性理论与核心关键技术，重点研发一批重大关键装备，构建资源勘探、开发与综合利用理论及技术体系，解决我国资源可持续发展保障、产业转型升级面临的突出问题；建立若干具有国际先进水平的基础理论研究与技术研发平台、工程转化与技术转移平台、工程示范与产业化基地，逐步形成与我国经济社会发展水平相适应的资源高效利用技术体系，为建立资源节约型环境友好型社会提供强有力的科技支撑。

科技创新与改善民生福祉相结合，围绕人民切身利益和紧迫需求，通过发挥科技创新在提高人民生活水平上的重要作用，不断提升民众获得感。

院士风采

1. “杂交水稻之父”——中国工程院院士袁隆平

袁隆平（1930—），杂交水稻专家，现为中国工程院院士。他从20世纪60年代开始致力于杂交水稻的研究，经过12年的努力，成功培育出了“三系杂交稻”。1976至1987年间，他培育的杂交水稻种植面积累计达到11亿亩，增产稻谷1 000亿千克。

20世纪90年代后期，美国学者布朗抛出“中国威胁论”，撰文说到21世纪30年代，中国人口将达到16亿，到时谁来养活中国，谁来拯救由此引发的全球性粮食短缺和动荡危机，将摆在世人面前。袁隆平用事实向世界宣布，“中国完全能解决自己的吃饭问题，中国还能帮助世界人民解决吃饭问题”。如今，我国大江南北的农田普遍种上了袁隆平研制的杂交水稻。杂交水稻的推广应用，为我国粮食增产发挥了重要作用。袁隆平的杂交水稻引起了世界的关注，许多国家的专家到中国来取经，印度、越南等20多个国家和地区还引种了杂交水稻。

袁隆平的努力，为解决世界粮食短缺问题做出了贡献。我国政府授予他“全国先进科技工作者”“全国劳动模范”和“全国先进工作者”等光荣称号，联合国世界知识产权组织授予他金质奖章和“杰出的发明家”荣誉称号。国际同行称他为“杂交水稻之父”。

2. 一生只做一件事——中国科学院院士、第三世界科学院院士赵忠贤

赵忠贤（1941—），物理学家。他是我国著名超导专家，中国科学院院士、第三世界科学院院士，担任超导国家重点实验室主任，专门从事低温与超导研究，探索高温超导电性研究，是我国高温超导研究的奠基人之一。他曾获得2016年度国家最高科学技术奖、两次国家自然科学奖一等奖、两次国家自然科学奖二等奖、一次第三世界科学院物理奖，以中国科学家身份获得马蒂亚斯奖（马蒂亚斯奖，是为纪念著名美国超导物理学家贝恩德·特奥多尔·马蒂亚斯而设置的，表彰在超导性方面的材料具有创新贡献的杰出科学家）。

赵忠贤五十余年痴迷于高温超导研究，将我国超导技术从一穷二白带领到站上世界之巅。即便他斩获了国家最高级别的科技奖，也没有躺在功劳簿上睡大觉，而是继续带着学生活跃在一线。“我这辈子只做一件事，那就是寻找更好的超导材料。”这位伟大科学家献身科学的拳拳之心，令人感动。

高温超导是一种物理现象，是指在零下196摄氏度的液氮环境中，特殊材料制成的超导体具有零电阻效应。中国超导研究起步比国外晚了几十年，而今通过几代科学家的不懈努力，在超导研究领域目前稳居世界一流水平。在我国，超导材料已在电力传输等领域运用，可提高电流传输容量5—10倍，能耗降低2/3。

回顾自己五十余载科研岁月，赵忠贤对年轻的科研人员给出了自己的忠告：一是要脚踏实地。“年轻人思想是很解放的，没什么条条框框束缚，加上有激情，再脚踏实地，就能够做出成绩。”二是要真正喜欢上它，还要坐得起“冷板凳”。“你要真正喜欢它，把搞科研做出瘾来，这样你就不会觉得苦。现在社会上各种诱惑很多，但既然选择了科研这条道路，就要安下心来，不要心猿意马。”

学思践悟

1. 请列举日常生活中，哪些方面让你切实感受到了科技的力量。
2. 作为青年大学生，应该怎样融入科技创新的大势中？
3. 请结合所学专业设计一项科技小制作。

二、科技强国建设需要凝聚起创新人才

小贴士

1. 人才：是指具有一定的专业知识或专门技能，进行创造性劳动，并对社会做出贡献的人，是人力资源中能力和素质较高的劳动者。

2. 人才强国战略：2003 年，全国人才工作会议明确提出实施人才强国战略。2007 年，党的十七大将人才强国战略与科教兴国战略、可持续发展战略确立为国家三大发展战略，并写进党章。党的十八大以来，党中央把加快建设人才强国摆到更加突出的位置。习近平总书记在党的十九大报告中提出，坚定实施人才强国战略，人才资源是第一资源。要充分发掘人才资源宝库，努力形成人人渴望成才、人人努力成才、人人皆可成才、人人尽展其才的良好局面，为实现“两个一百年”奋斗目标和中华民族伟大复兴中国梦提供最牢固的依靠、最有力的支撑。

3. 国家科学技术奖：为奖励在科技进步活动中做出突出贡献的公民、组织，国务院设立了 5 项国家科学技术奖：国家最高科学技术奖、国家自然科学奖、国家技术发明奖、国家科学技术进步奖和中华人民共和国国际科学技术合作奖。国家最高科学技术奖是其中最高等级的奖项，授予在当代科学技术前沿取得重大突破或者在科学技术发展中有卓越建树、在科学技术创新、科学技术成果转化和高技术产业化中创造巨大经济效益或者社会效益的科学技术工作者，由国家主席亲自签署、颁发。

思想之光

我国广大科技工作者要有强烈的创新信心和决心，既不妄自菲薄，也不妄自尊大，勇于攻坚克难、追求卓越、赢得胜利，积极抢占科技竞争和未来发展制高点。

——2018 年习近平总书记在中国科学院第十九次院士大会、中国工程院第十四次院士大会开幕式上的讲话

创新是引领发展的第一动力，是建设现代化经济体系的战略支撑。

——2017 年习近平总书记在中国共产党第十九次全国代表大会上的报告

人才是实现民族振兴、赢得国际竞争主动的战略资源。要坚持党管人才原则，

聚天下英才而用之，加快建设人才强国。

——2017年习近平总书记在中国共产党第十九次全国代表大会上的报告

培养造就一大批具有国际水平的战略科技人才、科技领军人才、青年科技人才和高水平创新团队。

——2017年习近平总书记在中国共产党第十九次全国代表大会上的报告

思想荟萃

1. 世界科技革命的发展趋势

2015年10月，中科院柯正言在《人民日报》发表署名文章《努力建设世界科技强国》，解析了世界科技革命的格局、建设世界科技强国的战略选择：

新科技革命酝酿全球创新格局重大调整。科学技术以一种不可逆转、不可抗拒的力量推动着人类社会向前发展。近代以来，人类社会出现过多次科技革命，引发一系列产业变革，导致大国兴衰、世界经济中心转移和国际竞争格局调整。科技实力在很大程度上决定着世界经济政治力量对比的变化，进而决定着各国各民族的前途命运。

面对正在孕育兴起的新一轮科技革命和产业变革，世界主要国家都在寻找科技创新的突破口，抢占未来发展的战略制高点。随着经济全球化深入发展和新兴经济体快速崛起，特别是国际金融危机以来，全球科技创新力量分布悄然发生变化。发达国家的优势逐渐缩小，中国、印度、巴西、俄罗斯等新兴经济体成为科技创新的活跃地带，在全球创新"蛋糕"中所占份额持续增长，对世界科技创新的贡献率快速上升。全球创新资源由美欧向亚太、由大西洋向太平洋扩散的总体趋势持续发展，未来20至30年，北美、东亚、欧盟将作为世界科技中心，主导全球创新格局。

我国有能力抓住新科技革命的历史机遇。新一轮科技革命和产业变革孕育兴起以及全球创新格局重大调整，使我们面临新的历史机遇和挑战。新科技革命和产业变革将引发产业技术和社会组织的深刻变革，为后发国家赶超跨越提供了战略机遇；我国经济发展水平不断提高和社会需求日趋旺盛，为科技创新提供了物质基础和强大动力；经济全球化、社会信息化深入发展，为我国充分利用创新资源、在更高起点上发展提供了有利条件。因此，作为具有全球影响力的科技大国，我们有信心和能力抓住新科技革命的历史机遇，实现建成世界科技强国的目标。

科技创新投入持续快速增长，创新人才队伍、创新平台和科研设施建设不断加强，具备抢抓机遇的资源保障。科技创新水平正由“跟跑、并行”为主向“并行、领跑”为主转变，具备抢抓机遇的能力基础。基础研究方面，中微子、量子反常霍尔效应、量子通信、铁基超导等一批成果在世界上产生重大影响，显现原始创新和衍生颠覆性技术的巨大潜力。应用研究方面，在载人航天、高铁、核电、互联网、移动通信、清洁能源等领域，一大批关键核心技术实现突破，带动产业技术水平快速提升，形成强劲的国际竞争力。

建设世界科技强国的主要战略选择。科技是国家强盛之基，创新是民族进步之魂。建设世界科技强国，需要牢固树立创新自信，主动抢抓新科技革命和产业变革的历史机遇，深入实施创新驱动发展战略，大力推进以科技创新为核心的全面创新。

做好科技强国建设的战略规划和顶层设计。从我国国情和科技发展水平出发，围绕国家总体战略目标，分阶段确立战略目标和发展路径。力争到 2020 年，在若干重点科技领域实现跨越发展，基本形成适应创新驱动发展战略的国家创新体系和治理体制，进入创新型国家行列；到 2030 年，从根本上扭转我国科技创新以跟踪为主的局面，实现由“并行”向“领跑”转变，开辟一批新的学科方向，形成若干引领全球学术发展的中国学派，跻身创新型国家前列，使创新成为财富增长和社会发展的主要驱动力；到 2050 年，把我国建成世界重要的科学中心和创新创业高地，成为引领全球创新发展潮流的世界科技强国。

2. 近年我国科技取得的重要成就

近年来，以创新发展为理念的中国科技探索之路，创造了多项令世界瞩目的科技成就。

(1) 5G 移动通信技术领跑全球

中国在 5G 领域的核心技术研发和标准制定取得突破性进展，截至 2018 年 3 月，我国提交的 5G 国际标准文稿占全球的 32%，主导标准化项目占比达 40%，在 5G 国际技术标准、技术专利和工程能力方面均位居世界前列。在 5G 无线基站、传输网、核心网、商用终端、移动平台等项目的建设上，中国创造了多个“世界第一”。5G 技术的快速发展将为诸多产业的发展与升级提供有力的技术支撑，推进中国的网络强国建设进程。

(2) 世界最大单口径射电望远镜“天眼”

2016 年 9 月，直径 500 米、全球最大口径球面射电望远镜，被称为“天眼”，在贵州喀斯特天坑中正式启用。截至 2018 年底，“天眼”已发现了 50 多颗新的脉冲星。作为世界最大的单口径望远镜，“天眼”将在未来 10—20 年保持世界一流设备的地位，成为中国和世界天文学研究的利器。

(3) 路桥工程创造世界奇迹

2017 年 7 月，港珠澳大桥主体工程全线贯通，它是世界最长的跨海大桥，被外媒称为“现代世界七大奇迹之一”。同月，世界最长沙漠公路——京新高速公路全线贯通，开辟了从新疆霍尔果斯口岸至天津港的最快捷出海通道，成为“一带一路”发展中新亚欧大陆桥的重要组成部分。

(4) 航天工程取得新突破

2017 年 4 月，中国第一艘货运飞船“天舟一号”奔赴太空；2018 年 12 月，探月工程嫦娥四号探测器成功发射，开启了月球探测的新旅程，后续经历地月转移、近月制动、环月飞行，最终实现人类首次月球背面软着陆。

(5) 计算机技术领先世界

2017 年 5 月，中国量子计算机诞生。这是历史上第一台超越早期经典计算机的基于单光子的量子模拟机。

(6) 深海科考突破万米深渊

2017 年，“探索一号”科学考察船再次出航，成功获取万米级海洋地震剖面数据，这在世界上是第一次。水下滑翔机则完成 6 329 米下潜深度，刷新了水下滑翔机最大下潜深度世界纪录。在此前的科考中，中国自主研制的“海斗”号无人潜水器最大潜深达 10 767 米，创造了中国无人潜水器的最大下潜及作业深度纪录。

(7) 核聚变实验装置“人造太阳”

我国大科学工程——“人造太阳”实验装置在 2016 年 1 月的实验中，成功实现了电子温度超过 5 000 万度、持续时间达 102 秒的超高温长脉冲等离子体放电。这是托卡马克实验装置在电子温度达到 5 000 万度时，持续时间最长的等离子体放电。2018 年 11 月，中国“人造太阳”首次实现 1 亿摄氏度等离子体运行。这标志着中国在稳态磁约束聚变研究方面继续走在国际前列。

(8) 世界首颗量子科学实验卫星“墨子号”

2017 年 8 月，中国发射世界首颗量子科学实验卫星“墨子号”，成功完成了从地面到太空的量子隐形传态实验。国际权威学术期刊《自然》杂志称赞该实验“代表了远距离量子通信持续探索中的重大突破，代表了量子通信方案现实实践中的重大进步”。中国将在世界上首次实现卫星和地面之间的量子通信，并结合地面已有的光纤量子通信网络，初步构建一个广域量子通信体系，为中国打造坚不可摧的通信系统铺平道路，也意味着中国将成为全球量子通信技术的领头羊。

(9)“熊猫”在地下最深处、“悟空”在太空寻找暗物质

中国锦屏地下实验室地处四川南部地底 2 400 米深处，是全球最深的暗物质探测实验室。PandaX(熊猫计划)是“粒子和天体物理氙探测器”的英文简写，该实验利用在空气中提纯的惰性元素氙作为探测媒介来寻找暗物质。PandaX 的数据结果已经优于世界上多个暗物质探测实验的运行结果，正逼近目前处于领先的美国 LUX 实验，有望将全球的暗物质探测推进到更深的领域。

2015 年 12 月 17 日中国成功发射暗物质粒子探测卫星“悟空”，是目前世界上观测能段范围最宽、能量分辨率最优的暗物质粒子探测卫星，超过国际上所有同类探测器。它将在太空中开展高能电子及高能伽马射线探测任务，探寻暗物质存在的证据，研究暗物质特性与空间分布规律。

(10) 自主建设、独立运行的北斗卫星导航系统

北斗卫星导航系统是中国自主建设、独立运行，与世界其他卫星导航系统兼容共用的全球卫星导航系统。它是继美国全球定位系统、俄罗斯格洛纳斯系统之后，第三个成熟的卫星导航系统。2012 年底，北斗区域导航系统建设已完成，广泛应用于智能交通、减灾、应急响应和控制等多个领域。2018 年 12 月，北斗系统服务范围由区域扩展为全球，北斗系统正式迈入全球时代。

(11) 大型客机 C919 首飞

中国自主研制的 C919 大型客机 2017 年 5 月在上海浦东机场首飞成功。C919 大飞机是中国自主研制的新一代喷气式干线客机，与波音 737、空客 320 相当。

(12) 迈入新时代的高铁

截至 2019 年 1 月 1 日，中国高铁累计安全运送旅客突破 90 亿人次。中国不仅是高铁里程最长的国家，而且高铁的安全运输规模也是世界上最大的。来自世界的统计资料显示，中国铁路安全运营水平是世界各国中最高的。

(13) 国产航母下水

2017 年 4 月，中国第一艘国产航母 001A 型在大连造船厂正式下水。从此中国结束了不能建造航母的历史，一跃成为全球屈指可数的几个能够独立自主建造航母的国家，而且也是目前全世界仅有的三个正在建造、海试大型航母的国家之一。

(14) 水稻育种屡破难题

2017 年 9 月，中国工程院院士、“杂交水稻之父”袁隆平领衔的技术团队培育出的最新一批“海水稻”。最高亩产为 620.95 千克，这意味着我国在“海水稻”研发领域取得了重大突破。

中国农科院中国水稻研究所水稻生物学国家重点实验室王克剑团队利用基因编辑技术，建立了水稻无融合生殖体系，成功克隆出杂交稻种子，令杂交稻性状可以稳定遗传到下一代。该成果于 2018 年 1 月在线发表于《自然·生物技术》杂志。

3. “大众创业、万众创新”激发青年的创造力

李克强总理在 2015 年政府工作报告中提出“大众创业、万众创新”。当年的五四青年节，李克强总理给清华大学的学生创客们回信说，大众创业、万众创新，核心在于激发人的创造力，尤其在于激发青年的创造力。青年愿创业，社会才生机盎然；青年争创新，国家就朝气蓬勃。

青年是最有创造力的，也是最有创业热情的。创新需要宽容。当下的很多青年之所以缺乏创新，不是没想法，更不是能力不够，而是惧怕失败，担心创新带来的失败会成为自己永远背负在身上的标签。因此，宽容创新，理解创新者，是激发青年创造力的第一步。

创新创造需要广大青年有敢为人先的锐气。要实现中国梦，就需要从满足现状的思维中突破出来，不怕碰壁，不怕困难，勇于上下求索，开拓进取，树立在继承前人的基础上超越前人的雄心壮志。创新创造就是要超越因循守旧的思维，不断解放思想，达到和时代的脉搏和谐共振。创新的道路是艰难的，其中必然有挫折和失败，有找不到出路的苦闷，只有为了创新创造而百折不挠、勇往直前，才能打开新局面，为实现中国梦找到更宏大的舞台，奠定更坚实的基础。

创新创造需要青年有探索真知、求真务实的态度。创新创造不是空想，而是要立足现实，在脚踏实地工作中不断取得突破。青年要立足现实、面向未来，用求真务实的态度创新创造，在挥洒汗水的过程中为实现中国梦贡献自己的青春和智慧。

院士风采

1. 中国载人航天奠基人——中国科学院暨中国工程院院士钱学森

钱学森(1911—2009)，中国空气动力学家、中国科学院暨中国工程院院士，“两弹一星”功勋奖章获得者。他作为留美博士，曾担任美国麻省理工学院及加州理工学院教授，但他放弃优厚待遇，一心报效祖国。他说：“我的事业在中国，我的成就在中国，我的归宿在中国。”当时的美国海军次长声称：“钱学森无论走到哪里，都抵得上五个师的兵力。我宁可把这家伙枪毙了，也不让他回到中国!”由于政治原因，他回国受阻，并失去自由。1955 年在毛泽东主席和周恩来总理的争取下，他辗转回到祖国。

从踏上祖国的土地那天起，钱学森就把对党和人民无限的挚爱深深扎根在祖国的热土中。“国为重，家为轻，科学最重，名利最轻”是他的真实写照。为了研制“两弹”，他组成攻关的专家队伍；还亲自授课，给从未见过导弹的中国技术人员讲解导弹火箭技术。每次发射试验，他都亲赴现场，与大家一起餐风露宿，总结经验，引领方向。在攻关“两弹一星”的科研大军中，他始终是开拓者、领头雁、主心骨，为中国航天事业奠定了坚实基础。

正是由于钱学森的回国效力，中国导弹、原子弹的发射至少向前推进了 20 年，钱学森是中国航天事业的创建者、奠基人，被誉为“中国航天之父”“火箭之王”和“导弹之父”。

在新中国近半个世纪奋发图强的科技星河中，“钱学森”无疑是最夺目璀璨的“恒星”，他用一生的经历和成就，向世界展示了华人的风采。

2. 全球首颗量子科学实验卫星“墨子号”的首席科学家——中国科学院院士潘建伟

潘建伟，中国科学院院士，中共中央组织部首批“千人计划”入选者，全球首颗量子科学实验卫星“墨子号”的首席科学家。2017 年，他获得“感动中国人物”称号；2017 年，9 月 9 日获得第二届未来科学大奖“物质科学奖”。2017 年习近平总书记在十九大报告中，“墨子号”作为重大科技成果之一被“点名”。

1996 年，26 岁的潘建伟远赴奥地利攻读博士学位。他第一次走进量子科研的世界级实验室，强烈感受到这里与当时中国实验室的巨大差距。第一次与导师见面时，导师问他：“潘，你将来有什么打算？”潘建伟说：“我的梦想就是能在中国建立像这里一样的世界一流量子光学实验室。”

2001 年，学成归国的潘建伟酝酿搭建中国的量子实验室，开始为实现梦想而努力。实验室从无到有，从有到强，潘建伟带领团队走向量子信息研究最前沿。

梦想成真的时刻终于到来。2016 年 8 月，潘建伟团队牵头研制的世界第一颗量子科学实验卫星“墨子号”成功发射，中国在量子通信的国际赛道上进入领跑新方位。2017 年 9 月，连通北京和维也纳的量子保密视频通话，标志着世界首次洲际量子通信成功实现。

量子通信是目前为止，被验证过的唯一可提供“信息理论安全”级别的保密通信手段，随着我国发射全球第一颗量子实验卫星以及“京沪干线”的相继建成，都将奠定中国在量子通信领域的领跑地位。目前，在量子通信领域，无论是科学研究还是实际应用，我国都已处于世界领先水平，量子通信也正在成为我国继高铁、核电之后又一张“名片”。

学思践悟

1. 请谈谈科技给人类带来的影响。
2. 谈谈你对近年我国科技取得的重大成就有何感想。
3. 请谈谈自己的生涯规划。

第三节　民族创新　进步之魂

一、创新是引领发展的第一动力

小贴士

1. **创新**：指以现有的思维模式提出有别于常规或常人思路的见解为导向，利用现有的知识和物质，在特定的环境中，本着理想化需要或为满足社会需求而改进或创造新的事物、方法、元素、路径、环境，并能获得一定有益效果的行为。

2. **新发展理念**：习近平总书记在党的十八届五中全会上首次系统论述了"五大新发展理念"，即创新发展、协调发展、绿色发展、开放发展、共享发展的新理念。党的十九大报告在充分肯定党的十八大以来坚定不移贯彻新发展理念取得巨大成就的基础上，将坚持新发展理念确立为新时代坚持和发展中国特色社会主义的一条基本方略。

3. **《"十三五"规划纲要》**：即中华人民共和国国民经济和社会发展第十三个五年规划纲要（2016—2020 年），简称"十三五"规划，其主要阐明国家战略意图，明确政府工作重点，引导市场主体行为，是 2016—2020 年中国经济社会发展的宏伟蓝图。

思想之光

只有自信的国家和民族，才能在通往未来的道路上行稳致远。树高叶茂，系于根深。自力更生是中华民族自立于世界民族之林的奋斗基点，自主创新是我们攀登世界科技高峰的必由之路。

——2018 年习近平总书记在中国科学院第十九次院士大会、中国工程院第十四次院士大会上的讲话

创新之道，唯在得人。得人之要，必广其途以储之。要营造良好创新环境，加快

形成有利于人才成长的培养机制、有利于人尽其才的使用机制、有利于竞相成长各展其能的激励机制、有利于各类人才脱颖而出的竞争机制，培植好人才成长的沃土，让人才根系更加发达，一茬接一茬茁壮成长。

——2018 年习近平总书记在中国科学院第十九次院士大会、中国工程院第十四次院士大会上的讲话

抓创新就是抓发展，谋创新就是谋未来。

——2015 年习近平总书记在全国两会期间参加上海代表团审议时的讲话

综合国力竞争说到底是创新的竞争。要深入实施创新驱动发展战略，推动科技创新、产业创新、企业创新、市场创新、产品创新、业态创新、管理创新等，加快形成以创新为主要引领和支撑的经济体系和发展模式。

——2015 年习近平总书记在华东七省市党委主要负责同志座谈会上的讲话

思想荟萃

1. 创新是引领发展的第一动力

党的十九大报告首次明确指出“创新是引领发展的第一动力”，这是马克思主义生产力理论在新时代的发展，是对“科学技术是第一生产力”思想的新发展。在十九大报告中，习近平总书记再次强调“创新是引领发展的第一动力”，“创新”一词出现五十余次。创新包括理论创新、实践创新、制度创新、文化创新以及其他各方面创新，中国正在加快建设创新型国家。

当前，世界范围内新一轮科技革命和产业变革蓄势待发，以绿色、智能为特征的群体性技术不断有新突破。同时，世界各大国都在积极强化创新部署，如美国再工业化战略、德国工业 4.0 战略等应运而生。创新已经成为大国竞争的新赛场，谁主导创新，谁就能主导赛场规则和比赛进程。我国既面临赶超跨越的难得历史机遇，也面临差距进一步拉大的风险，只有激发全社会的创新发展活力，才能跟上世界创新发展大势，把握创新发展的主动权。

创新是多方面的，科技创新是引领，如 18 世纪蒸汽机的创新、19 世纪电力应用的创新，引发第一、二次工业革命。20 世纪，以信息技术为主要标志的第三次科技革命，极大地推动了人类社会经济、政治、文化领域的变革，而且也影响了人类生活方式和思维方式。由技术创新带动产品创新，进而引发产业创新、制度创

新和社会活动方式的创新。如乔布斯创立的“苹果”，是产品创新，引发智能电子产品革命。这种创新影响着行业的变化，也颠覆性淘汰了不少曾经牢牢占领市场份额的产品。马云的创业成功，在于运用互联网将金融运作连接起来，支付宝平台让电商业绩飙升，新增千百万“快递小哥”穿梭于街头巷尾，撬动和释放了新的发展空间。

2. 创新的中国为世界经济增添动力

近年来，中国构建的开放型经济汇聚了全世界创新经济领域的领导者。与此同时，随着中国制造不断创新和研发，中国正在成为影响经济发展趋势的关键要素，中国的崛起和技术领域的变革都对世界商业产生巨大影响。

在2018年的《财富》全球500强榜单中，中国上榜公司达到了120家，已经非常接近美国(126家)，远超第三位的日本(52家)。在无人机开发、移动支付等越来越多的领域，中国已不再是追随者，而逐渐成为引领者。目前，中国在很多领域已经扮演着一个全球领先的角色。从高铁、共享经济，到云计算、大数据、人工智能，基于中国快速发展形成的“中国智慧”“中国模式”，正在为全球经济和社会发展提供良好的借鉴。中国已经不仅仅是“世界工厂”，而且正在变成世界的创新中心之一，全球市场要逐步适应更多创新来自中国这一趋势。以汽车制造为例，福特汽车公司执行主席比尔·福特认为，中国在电动汽车方面的技术上不断取得突破，这是一个非常好的趋势。电动汽车需要基础设施(充电桩)的建设，但这一点在中国无须担心。中国政府发力做一件事情的时候，就一定会成功。

3. “十三五”规划中创新领衔五大理念

《中华人民共和国国民经济和社会发展第十三个五年规划纲要》提出了“创新、协调、绿色、开放、共享”五大新发展理念。其中，“创新”居首位，创新是引领发展的第一动力。必须把创新摆在国家发展全局的核心位置，不断推进理论创新、制度创新、科技创新、文化创新等各方面创新，让创新贯穿党和国家一切工作，让创新在全社会蔚然成风。

在经济新常态下，我们面临的最大挑战是跨越中等收入陷阱，要突破这一难题，根本出路在于创新发展。“十二五”时期，我国科技创新取得很大进步，但创新能力、自主技术和知名品牌缺乏，科技成果转化率、科技进步贡献率与发达国家仍有不小的差距。“十三五”时期，必须把创新摆在国家发展全局的核心位置。

现代国家竞争主要是综合国力竞争，根本是创新能力的竞争。创新兴则国家兴，创新强则国家强，创新久则国家持续强盛。500年来，世界经济中心几度迁移，但科技创新这个车轮一直在运转、发力，支撑着经济发展，引导着社会走向。比如一些欧美国家抓住蒸汽机革命、电气革命和信息技术革命等重大机遇，跃升为世界大国和世界强国。相比之下，因一次次错过世界科技革命浪潮，我国由全球经济规模最大的国家沦为落后挨打的半殖民地半封建社会。这是历史的教训、民族的悲哀。

新时代我国必须立足新的历史起点，面对新的现实挑战，确立创新发展理念，实施创新驱动发展战略。只有把创新发展放在我国发展全局的核心位置，才能促进国家长治久安、民族永续发展，才能巩固已有发展成果，全面建成小康社会，才能推动国家持续健康发展、实现民族复兴大业。新时代的改革开放，呼唤我们弘扬创新精神、汇聚创新力量、推动创新发展。

创新引领

1. “天宫二号”迎地球来客[①]

我国拥有自主知识产权的“天宫二号”空间实验室，于 2016 年 9 月 15 日 22 时 04 分在酒泉卫星发射中心发射。2016 年 10 月 19 日 3 时 31 分，“神舟十一号”飞船与“天宫二号”自动交会对接成功。2016 年 10 月 23 日 7 时 31 分，“天宫二号”伴随卫星从“天宫二号”上成功释放。

2018 年 7 月 26 日，我国“天宫二号”上搭载的世界首台太空运行的冷原子钟已经实现预定的科学目标，将目前人类在太空的时间计量精度提高一两个数量级。该成果作为亮点在线发表在国际重要学术期刊《自然·通讯》上。

2019 年 1 月中旬，我国“天宫二号”空间实验室搭载的伽马暴偏振探测仪（简称“天极”望远镜）已完成伽马射线暴瞬时辐射的高精度偏振探测，实现预定科学目标。

造型优美、功能强大的“天宫二号”，是继“天宫一号”后中国自主研发的第二个空间实验室，用于进一步验证空间交会对接技术、进行空间试验。与“天宫一号”相比，“天宫二号”无论是配套设备数量还是安装复杂程度均创下了我国历次载人航天器任务之最。其中，首次应用了自主研发的飞船自动对接、太空加油等中国专利，提升了中国航天大国的地位。

“天宫二号”的成功应用，标志着中国正式迈入空间站时代，也标志着中国载人航天的“三步走”战略进入第二阶段。大量中国专利的应用为“神舟十一号”载人飞船和“天舟一号”货运飞船进入太空提供了“接待站”，使航天员实现了 30 天的中期

---

① 赵建国.点赞中国创新成就 彰显知识产权实力[N].知识产权报，2017-10-25.

在轨驻留，代表了5年来中国创新的新高度，受到世界普遍关注①。

2. "蛟龙号"探深海秘境

蛟龙号是我国自主设计制造的载人潜水器，也是"863计划"中的一个重大研究项目，其中有100多件中国发明专利涉及深海悬停、深水通信等拥有自主知识产权的技术。2012年6月27日，"蛟龙号"载人潜水器在马里亚纳海沟再次刷新"中国深度"——下潜7 062米，这也是世界同类作业型潜水器最大下潜深度记录。2013年，"蛟龙号"开启首次试验性应用航次，成功带着多位科学家完成多次下潜任务。2016年5月22日，"蛟龙号"成功完成在雅浦海沟的科学应用下潜，最大下潜深度达6 579米。2017年3月4日和7日，"蛟龙号"载人潜水器分别在西北印度洋"卧蚕1号"热液区和"大糌"热液区进行了中国大洋38航次中第一航段的第三次和第四次下潜，均在调查区域发现了热液喷口，并获取了硫化物样品。2017年5月23日，"蛟龙号"又完成一次深潜，潜航员在水下停留近9小时，海底作业时间达3小时11分钟，最大下潜深度4 811米。

2019年4月21日，历时15个月，完成技术升级换代的全新"蛟龙号"载人潜水器在青岛国家深海基地管理中心与参观者见面。据了解，"蛟龙号"技术升级的主要目标是提高'蛟龙号'安全性、易维护性，提高作业效率，继续保持国际领先的技术优势。待海试完成后，"蛟龙号"将以全新的面貌，更加优异的性能投入到深海前沿科学研究、深海资源勘查、深海环境监测保护业务工作中。

拥有自主知识产权的"蛟龙号"使中国成为继美、法、俄、日之后世界上第五个掌握大深度载人深潜技术的国家，从而具备了载人到达全球99.8%以上海洋深处进行作业的能力。"蛟龙号"载人潜水器技术的成熟，使我国深海潜水器技术站上了世界海洋科学考察的前沿与制高点，标志着我国在这一领域进入国际领先行列。

学思践悟

1. 结合实际，谈谈如何理解"十三五"规划中提出的五大发展理念。

2. 谈谈自己对创新思想的认识。

3. 想一想，在日常学习和生活中有没有影响你创新能力发挥的因素，如何突破？

① 刘扬.见证中国"超级天眼"睁开 创三项世界之最[N].环球时报，2016-9-26.

二、坚定不移走中国特色自主创新道路

小贴士

1. 自主创新：自主创新是我国科技发展的战略基点，是我们攀登世界科技高峰的必由之路。增强自主创新能力，最重要的就是要坚定不移地走中国特色自主创新道路，坚持自主创新、重点跨越、支撑发展、引领未来的方针，加快创新型国家建设步伐。当然，自主创新不是闭门造车，不是单打独斗，不是排斥学习先进，不是把自己封闭于世界之外。

2. 国家自主创新示范区：指经国务院批准，在推进自主创新和高技术产业发展方面先行先试、探索经验、做出示范的区域。北京中关村国家自主创新示范区是第一个国家自主创新示范区。

3. 创新型国家：指那些将科技创新作为基本战略，大幅度提高科技创新能力，形成日益强大竞争优势的国家。

4. 技术创新：指生产技术的创新，包括开发新技术，或者将已有的技术进行应用创新。产业创新主要建立在技术创新基础之上。

思想之光

从大国到强国，实体经济发展至关重要，任何时候都不能脱实向虚。制造业是实体经济的一个关键，制造业的核心就是创新，就是掌握关键核心技术，必须靠自力更生奋斗，靠自主创新争取，希望所有企业都朝着这个方向去奋斗。我们要有自主创新的骨气和志气，加快增强自主创新能力和实力。

——2018 年习近平总书记在视察格力电器公司时的讲话

“两个一百年”奋斗目标，实现中华民族伟大复兴的中国梦，必须坚持走中国特色自主创新道路，面向世界科技前沿、面向经济主战场、面向国家重大需求，加快各领域科技创新，掌握全球科技竞争先机。这是我们提出建设世界科技强国的出发点。

——2016 年习近平总书记在全国科技创新大会、两院院士大会、中国科协第九次全国代表大会上的讲话

创新驱动实质上是人才驱动。为了加快形成一支规模宏大、富有创新精神、敢于承担风险的创新型人才队伍，要重点在用好、吸引、培养上下功夫。要用好科学家、科技人员、企业家，激发他们的创新激情。

——2014 年习近平总书记在中央财经领导小组第七次会议的讲话

面向未来，增强自主创新能力，最重要的就是要坚定不移走中国特色自主创新道路，坚持自主创新、重点跨越、支撑发展、引领未来的方针，加快创新型国家建设步伐。

——2014 年习近平总书记在中国科学院第十七次院士大会、中国工程院第十二次院士大会的讲话

思想荟萃

1. 增强自主创新能力的意义和重要性

我国的基本国情是人均资源短缺，土地、森林、水、石油、金属矿产等资源的人均占有水平都显著低于世界平均水平。在这种条件下，要实现工业化，使 13 亿以上的人口普遍过上小康生活，并逐步走向现代化，必须依靠科技创新，改变大量消耗自然资源的粗放增长模式，走资源消耗少的新型工业化道路。增强自主创新能力，提高资源利用效率，是实现我国社会经济发展目标的根本出路。增强自主创新能力的重要意义，需要从以下三个方面认识：

(1) 增强自主创新能力是优化产业结构、推进产业升级的中心环节。现阶段我国产业结构调整的重点是提高技术密集型产业的比重，并用高新技术改造传统产业。因此，实现结构优化升级的关键是掌握具有自主知识产权的高新技术，而这种技术的获得，必须依靠自主创新。

(2) 增强自主创新能力是改善我国贸易条件、提高产业国际竞争力的主要措施。我国虽然已经是世界贸易大国，但在出口贸易中，55%的出口产品是加工贸易产品，具有自主品牌的产品出口不到 10%；在高新技术产品出口中，90%以上也是来自加工贸易。没有自主知识产权的高新技术产业，只能是为跨国公司做代工的加工组装型产业，在国际产业分工中，只能获得微小的利益。要改变这种状况，必须增强自主创新能力。

(3) 增强自主创新能力是推进国防现代化建设的迫切要求。当代科学技术的发展和广泛应用，引发当代一系列军事变革。科技强军是新时期我国军队建设的一

项重要任务。为了维护国家安全、领土完整和实现祖国统一，必须推进国防现代化建设。国防现代化的基础是国防科技工业的现代化。我国国防科技工业的技术来源面临着军事工业发达国家严密的技术封锁，因此即使花钱，也买不来国防现代化。我们只能依靠增强自主创新能力实现国防科技工业的现代化。

2. 实现中国特色社会主义现代化目标必须坚持自主创新

2007 年党的十七大报告提出，提高自主创新能力，建设创新型国家。坚持走中国特色自主创新道路，要把增强自主创新能力贯彻到现代化建设中。习近平同志在党的十九大报告中指出，创新是引领发展的第一动力，是建设现代化经济体系的战略支撑。党的十九大提出，从全面建成小康社会到基本实现现代化，再到全面建成社会主义现代化强国，是新时代中国特色社会主义发展的战略安排。

第一个阶段，从 2020—2035 年，在全面建成小康社会的基础上，再奋斗 15 年，基本实现社会主义现代化。

第二个阶段，从 2035 年到 21 世纪中叶，在基本实现现代化的基础上，再奋斗 15 年，把我国建成富强民主文明和谐美丽的社会主义现代化强国。

实现新时代中国特色社会主义目标，需要更加注重提高自主创新能力，加快科技进步，创造自主核心知识产权，创造自主世界著名品牌，加快实现由世界工厂向创造强国的跨越，提升我国在全球产业分工中的地位，大幅提升自主创新对我国经济增长的贡献率，提高我国经济的整体素质和国际竞争力。

国际竞争从根本上说是科技的竞争，特别是自主创新能力的竞争。当今世界，新科技革命迅猛发展，不断引发新的创新浪潮，科技成果转化和产业更新换代的周期越来越短，世界各国尤其是发达国家纷纷把推动科技进步和创新作为国家战略，大幅度提高科技投入，加快科技事业发展，重视基础研究，重点发展战略性高新技术及其产业，加快科技成果向现实生产力转化。在经济全球化进程中，企业面临着越来越激烈的国际竞争压力，坚持走中国特色自主创新道路，提高自主创新能力是根本出路。

3. 我国成为创新型国家的基本标志①

党的十九大提出加快建设创新型国家的明确要求。创新型国家是以科技创新作为社会发展核心驱动力，以技术和知识作为国民财富创造的主要源泉，具有强大创新竞争优势的国家。

---

① 王志刚.申罡.加快建设创新型国家和世界科技强国[N].学习时报，2019 - 01 - 28.

进入创新型国家行列有几个基本标志：一是具有较强科技实力，国家综合创新能力跃居世界第一方阵，部分领域世界领先；二是形成高效协同的国家创新体系，建成若干世界一流高校、科研机构、创新型企业和高水平创新基地，创新主体充满活力，创新链条有机衔接，创新效率大幅提高；三是初步形成创新型经济格局，科技创新对经济增长的贡献大幅提升，关键核心技术受制于人的局面初步扭转，若干重点产业进入全球价值链中高端；四是基本形成创新型社会格局，创新成果惠及人民群众，高质量就业快速增加，激励人才创新创业的价值导向和文化氛围初步形成。

改革开放以来，特别是党的十八大以来，我国科技实力显著增强，主要科技创新指标稳步提升，在全球创新版图中的影响力和贡献度不断扩大，创新型国家建设迈出坚实步伐。2018 年科技创新能力大幅增强，主要科技创新指标稳步提升。全社会研发支出占 GDP 比重预计为 2.15%。研发人员总量预计达到 418 万人/年，居世界第一。国家综合创新能力列世界第十七位。国际科技论文总量和被引次数稳居世界第二；发明专利申请量和授权量居世界首位。科技进步贡献率预计超过 58.5%。高新技术企业达到 18.1 万家，科技型中小企业突破 13 万家。

创新引领

1. 中国科学家建造“人造太阳”创新记录[①]

想象着有一天，当地球资源面临枯竭的时候，人类是否可以使用其他途径来获取能源？由于项目模拟自太阳内部的核聚变原理，这个二程还有一个更加形象的名字——“人造太阳”。2013 年 1 月 5 日，中科院合肥物质研究院宣布，“人造太阳”实验装置辅助加热工程的中性束注入系统在综合测试平台上成功实现 100 秒长脉冲氢中性束引出。

2017 年 7 月 5 日，国家大科学装置——全超导托卡马克核聚变实验装置东方超环刷新世界纪录。国际热核聚变实验反应堆计划(ITER)组织总干事贝尔纳·比戈 2017 年 12 月 6 日宣布，这一世界最大的“人造太阳”项目已完成一半的建设工作。他高度称赞中国发挥的作用：“中国的贡献很大，积极性很高，政府充分支持。迄今，中国一直按时按规格需求交付创新型的特定组件。所以，中国是 ITER 项目建设真正的典范。”

东方超环其实是一个托卡马克核聚变实验装置，并且是世界上第一个实现稳态

① 蔡敏，朱青.“人造太阳”：中国科学家“夸父逐日”[N].科技日报，2016-4-30.

高约束模式运行且持续时间达到百秒量级的装置。该装置的主机部分高 11 米，直径 8 米，重 400 吨，被称作中国的“人造太阳”。东方超环创造了新的世界记录，是一个里程碑式的重要突破，它对国际热核聚变试验堆及未来中国聚变工程试验堆的建设和运行具有重大的科学意义。

东方超环作为核聚变实验装置，是人类探寻未来高效清洁能源的重要途径。与不可再生能源和常规清洁能源不同，聚变能具有资源无限、不污染环境、不产生高放射性核废料等优点，是人类未来能源的主导形式之一。在人类资源日趋紧张、环境日趋恶化的情况下，聚变能是人类未来能源利用的趋势，对大众生活具有重要影响，或许在不久的将来，它将为我们提供电能、热能等生活能源。

2018 年 6 月 9 日，由中核集团承担、中国航天科工集团第十研究院下属贵州航天新力铸锻有限责任公司制造的国际热核聚变实验堆（ITER）磁体支撑首批产品在贵州遵义市汇川区正式交付 ITER 国际组织。2018 年 11 月 13 日，我国核聚变反应研究大科学装置“人造太阳”取得颠覆性的突破。

2. 中国“天眼”——全球最大 500 米口径球面射电望远镜①

射电望远镜是国家部署、历时 22 年建成的“国之重器”。截至今年 2019 年 1 月底已经探测到 80 颗优质的脉冲星候选体，其中有 55 颗得到认证，系列成果推动着我国众多高科技领域的发展，在日地环境研究、国防建设和国家安全等方面发挥着不可替代的作用。

天文学家南仁东是“中国天眼”500 米口径球面射电望远镜工程（简称 FAST）的发起者和奠基人。他主导提出利用我国贵州省喀斯特洼地作为望远镜台址，从论证立项到选址建设历时 22 年，主持攻克了一系列技术难题，为 FAST 的顺利落成做出了重要贡献。他长期默默无闻奉献在科研第一线，与团队一起迈过重重难关，让中国拥有了世界一流水平的望远镜。2018 年 10 月，编号为“79694”的小行星以他的名字被正式命名。习近平主席在 2019 年新年贺词中特别提到，天上多了颗“南仁东星”。

2016 年 9 月 25 日，全球最大 500 米口径球面射电望远镜（FAST）在贵州省平塘县正式启用。500 米口径球面射电望远镜被誉为中国“天眼”，是具有我国自主知识产权、世界最大单口径、最灵敏的射电望远镜。它的落成启用，对我国在科学前沿实现重大原创突破、加快创新驱动发展具有重要意义，将广泛应用于导航、定位、航天、深空探测等领域。这一成果成为我国跻身世界一流天文科学与自主创新技术提

① 刘扬.见证中国“超级天眼”睁开 创三项世界之最[N].环球时报，2016－09－26.

升的标志。

“天眼”更像一个相当于30个足球场大小的“大锅”，越大越灵敏。500米的“超级天眼”究竟有多灵敏？科学家打了个比方：有人在月亮上打手机，也逃不过它的“眼睛”。对老一辈天文学家来说，拥有这样的望远镜一直是个梦。我国天文学长期落后，主要受制于望远镜设备。第二次世界大战后射电天文学方兴未艾，接连涌现类星体、脉冲星、星际分子和微波背景辐射四大天文发现，但我国在这一领域却长期处于空白状态。

如今中国“天眼”的建成取得了三项“世界之最”：一是选址在贵州喀斯特天然地貌，省去了大量人工开挖的工作量；二是主动反射面可以利用2 400个节点下方的下拉索和促动器装置进行有效变形；三是轻型馈源支持系统使用6个塔来悬挂和调整馈源舱。这个设计可不简单，要知道世界第二大的美国“阿雷西博”305米口径望远镜的馈源平台足足有上千吨重，如果按照美国人的设计思路，FAST的馈源平台将达到近万吨。而由于FAST采用轻型馈源支撑系统的设计，馈源舱平台的重量仅为30吨。与德国波恩100米望远镜相比，FAST的灵敏度提高约10倍；与美国“阿雷西博”305米望远镜相比，其综合性能则提高了10倍。

1609年，意大利科学家伽利略用自制的天文望远镜发现了月球表面高低不平的环形山，成为利用望远镜观测天体第一人。400多年后，代表中国科技高度的大射电望远镜，将首批观测目标锁定在直径10万光年的银河系边缘，探究恒星起源的秘密，这将在世界天文史上镌刻下新的刻度。

目前，由于射电天文观测主要通过接收宇宙电波信号来实现，这些信号有的是连续波形式，有的是短脉冲形式，且大多在太空中经过数千年甚至上万年传播，经过太空中的损耗，信号强度非常微弱，因此射电天文观测接收机必须有足够高的灵敏度和分辨率，对周围的电磁环境要求非常严格。制定保护办法就是为射电望远镜出好成果、出大成果保驾护航。基于上述原因，2019年3月28日《贵州省500米口径球面射电望远镜电磁波宁静区保护办法》颁布实施。

学思践悟

1. 自主创新的内涵是什么？
2. 请思考自主创新的重要性和意义。

第二章　制造中国　强国之本

第一节　中国制造　国家形象

小贴士

1. **制造业**：国民经济的主体，指对制造资源（物料、能源、设备、工具、资金、技术、信息和人力等），按照市场要求，通过制造过程，转化为可供人们使用和利用的大型工具、工业品与生活消费产品的行业。

2. **中国制造**：是一个全方位的概念，不仅包括物质成分，也包括文化成分和人文内涵。中国制造在进行物质产品出口的同时，也将人文文化和国内的商业文明连带出口到国外。

3. **国家形象**：国家的外部公众和内部公众对国家本身、国家行为和国家各项活动及其成果从总体上给予的具有相对稳定性的评价和认知，是国家软实力的重要组成部分。

思想之光

推动中国制造向中国创造转变、中国速度向中国质量转变、中国产品向中国品牌转变。

——2014 年习近平总书记在河南考察时的讲话

一个国家一定要有正确的战略选择，我国是个大国，必须发展实体经济，不断推进工业现代化、提高制造业水平，不能脱实向虚。

——2017 年习近平总书记在广西考察时的讲话

国有企业特别是中央所属国有企业，一定要加强自主创新能力，研发和掌握更多的国之重器。国有企业要深化改革创新，努力建成现代企业。

——2018 年习近平总书记在山东考察时的讲话

人民有信心，国家才有未来，国家才有力量。中国特色社会主义进入了新时代，勤劳勇敢的中国人民更加自信自尊自强。

——2018 年习近平总书记在第十三届全国人民代表大会第一次会议上的讲话

中国是世界第二大经济体，有 13 亿多人口的大市场，有 960 多万平方千米的国土，中国经济是一片大海，而不是一个小池塘。大海有风平浪静之时，也有风狂雨骤之时。没有风狂雨骤，那就不是大海了。狂风骤雨可以掀翻小池塘，但不能掀翻大海。经历了无数次狂风骤雨，大海依旧在那儿！经历了 5 000 多年的艰难困苦，中国依旧在这儿！面向未来，中国将永远在这儿！

——2018 年习近平总书记在首届中国国际进口博览会开幕式上的主旨演讲

思想荟萃

1.《中国制造 2025》的主要内容

2015 年第十二届全国人民代表大会第三次会议首次提出“中国制造 2025”的宏大计划，随后国务院召开常务会议，部署加快推进实施“中国制造 2025”，实现制造业升级，审议通过了《中国制造 2025》。

《中国制造 2025》的主要内容，可以概括为“一、二、三、四、五、五、十”的总体结构。

“一”就是从制造业大国向制造业强国转变，最终实现制造业强国的一个目标。

“二”就是通过两化融合发展来实现这一目标。党的十八大提出了用信息化和工业化两化深度融合来引领和带动整个制造业的发展，这也是我国制造业所要占据的一个制高点。

“三”就是要通过“三步走”的一个战略，大体上每一步用十年左右的时间来实现我国从制造业大国向制造业强国转变的目标。

“四”就是确定了四项原则。第一项原则是市场主导，政府引导。第二项原则是既立足当前，又着眼长远。第三项原则是全面推进，重点突破。第四项原则是自主发展和合作共赢。

“五、五”就是有两个“五”。第一就是有五条方针，即创新驱动、质量为先、绿色发展、结构优化和人才为本。还有一个“五”就是实行五大工程，包括制造业创新中心建设的工程、强化基础的工程、智能制造工程、绿色制造二程和高端装备创新工程。

“十”就是10个领域。10个领域包括新一代信息技术产业、高档数控机床和机器人、航空航天装备、海洋工程装备及高技术船舶、先进轨道交通装备、节能与新能源汽车、电力装备、农机装备、新材料、生物医药及高性能医疗器械10个重点领域。

《中国制造2025》提出，通过“三步走”实现制造强国的战略目标：第一步，到2025年迈入制造强国行列；第二步，到2035年中国制造业整体达到世界制造强国阵营中等水平；第三步，到新中国成立100年时，综合实力进入世界制造强国前列。

2. 中国制造的复兴之路

伴随着新中国的成长，特别是改革开放以来，中国制造经历了飞跃性的发展，对中国经济乃至世界经济都做出了巨大的贡献。过去提起中国制造，往往是和廉价、粗劣联系在一起的。如今，随着中国经济的腾飞而发展崛起，中国制造业的美名早已享誉海外。目前中国已成为世界制造业高、中、低端产业链条相对比较完善的少数国家之一，很多世界知名品牌都是在中国生产的。标注中国制造的产品已经成为一道亮丽的风景线，在世界各地的舞台上散发出独特的光彩。中国制造了世界上最快的超级计算机，把航天员送进了太空，并研发出北斗卫星导航系统，“有中国特色的创新”已经在国家发展进步中发挥了主导作用。《国家创新指数报告2016—2017》显示：世界创新格局基本稳定，中国国家创新指数排名超越比利时，提升至第十七位，处于第二集团领先位置，是唯一排名进入前20位的发展中国家。中国研发经费投入占全球的15.6%，与美国的差距进一步缩小。从国家的知识产权创造和运用可以看出，中国发明专利的申请已经连续3年超过美国，处于世界第一位。

目前中国是世界制造大国，但还不是制造强国。中国制造如何实现向中国创造的转变，中国速度如何向中国质量转变，中国产品如何向中国品牌转变，中国制造大国如何最终成为制造强国，成为中国面临的重大课题。

3. 中国制造面临的挑战

虽然中国制造业产值超过了美国跻身于世界第一，但在光环的背后，却也危机重重。前面既有发达国家在高端制造业上的竞争，后面又要应对印度、越南等发展中国家在低端制造业上的抢夺，中国制造遭遇了双面夹击，不仅要“瞻前”，而且还要“顾后”。

长期以来，价格低廉是中国产品在世界市场上竞争的最大优势，但随着劳动力价格上涨、人民币兑美元的升值、原材料、燃料、动力价格的飙升，再加之全球经济增长速度放缓等因素的影响，“中国制造”在成本上的优势正在逐步减弱。一方面，东南亚、南美等地正在逐步成为新兴的低端制造业基地。另一方面，发达国家为了振兴低迷的就业率，增强民众对本国的信心，一些西方国家正在悄然的将制造业的投资和生产能力从海外转移到国内。

不可否认，中国制造的整体竞争力距离美、日、英这样的制造业大国还有很大差距。发达国家凭借资本、科技、人才、营销的优势，牢牢占据了国际产业链的高端。中国制造的产品，大多数技术水平含量低，产品附加值小，并且缺乏产品创新能力，缺少优秀的自主品牌，多数出口的产品都是贴牌生产的，这就导致了在利润分配上，只能获得产品价值很小的一部分。经济学家郎咸平曾提到过这样一个案例，中国生产出来的芭比娃娃价值 1 美元，但在美国的零售价为 9.99 美元。从这个例子可见，我们在整个产业链中做的是最低端的制造环节，而绝大部分利润被产业链中研发、设计、销售、服务等环节拿走了。在世界经济日益发达的今天，要想在异常激烈的竞争中脱颖而出，就必须全面提升中国制造业发展质量和水平，改变中国制造业“大而不强”的局面，迈入制造强国行列，为到 2045 年将中国建成具有全球引领和影响力的制造强国而努力。

学思践悟

1. 中国制造的内涵是什么?
2. 中国制造面临的挑战有哪些?

第二节　中国制造　国之利器

小贴士

1. **高速铁路**：根据国际铁道联盟的定义，高速铁路是指营运速度达每小时 200 千米的铁路系统(也有 250 千米的说法)。中国国家铁路局的定义为：新建设计开行 250 千米/小时(含预留)及以上动车组列车，初期运营速度不小于 200 千米/小时的客运专线铁路。

2. **大飞机**：一般是指最大起飞重量超过 100 吨的运输类飞机(包括军用大型运输机、民用大型运输机以及一次航程达到 3 000 千米的军用飞机或乘坐达到 100 座以上的民用客机)。

3. **5G 网络**：是第五代移动通信网络，其峰值理论传输速度可达每秒数十 Gb，比 4G 网络的传输速度快数百倍。

思想之光

要紧紧牵住核心技术自主创新这个“牛鼻子”，抓紧突破网络发展的前沿技术和具有国际竞争力的关键核心技术，加快推进国产自主可控替代计划，构建安全可控的信息技术体系。要改革科技研发投入产出机制和科研成果转化机制，实施网络信息领域核心技术设备攻坚战略，推动高性能计算、移动通信、量子通信、核心芯片、操作系统等研发和应用取得重大突破。

——2016 年习近平总书记在中央政治局第三十六次集体学习时的讲话

高铁动车体现了中国装备制造业水平，在“走出去”“一带一路”建设方面也是“抢手货”，是一张亮丽的名片。

——2015 年习近平总书记在中国中车长春轨道客车股份有限公司考察时的讲话

我们要做一个强国，就一定要把装备制造业搞上去，把大飞机搞上去，起带动作用、标志性作用。

——2014 年习近平总书记在中国商飞设计研发中心考察时的讲话

建设网络强国，要把人才资源汇聚起来，建设一支政治强、业务精、作风好的强大队伍。“千军易得，一将难求”，要培养造就世界水平的科学家、网络科技领军人才、卓越工程师、高水平创新团队。

——2014 年习近平总书记在中央网络安全和信息化领导小组第一次会议上的讲话

思想荟萃

1. 中国高速铁路

自 2008 年 8 月 1 日中国第一条 350 千米/小时的高速铁路——京津城际铁路开通运营以来，高速铁路在中国大陆迅猛发展。按照国家中长期铁路网规划和铁路“十三五”规划，在全面贯通“四纵四横”高速铁路主骨架的基础上，推进“八纵八横”主通道建设，实施一批客流支撑、发展需要、条件成熟的高速铁路项目，构建便捷、高效的高速铁路网络，拓展服务覆盖范围，缩短区域间的时空距离。建成北京至沈阳、北京至张家口至呼和浩特、大同至张家口、石家庄至济南、济南至青岛、郑州至徐州、宝鸡至兰州、西安至成都、商丘至合肥至杭州、武汉至十堰、南昌至赣州等高速铁路。建设沈阳至敦化、包头至银川、银川至西安、北京至商丘、太原至焦作、郑州至济南、郑州至万州、黄冈至黄梅、十堰至西安、合肥至安庆至九江、徐州至连云港、重庆至黔江、重庆至昆明、贵阳至南宁、长沙至赣州、赣州至深圳、福州至厦门等高速铁路。

20 世纪 90 年代以来，中国开始对高速铁路的设计建造技术、高速列车、运营管理的基础理论和关键技术组织开展了大量的科学研究和技术攻关，并进行了广深铁路提速改造，修建了秦沈客运专线，实施了既有铁路 6 次大提速等。2002 年 12 月建成的秦皇岛至沈阳间的客运专线，是中国自己研究、设计、施工、目标速度 200 千米/小时，基础设施预留 250 千米/小时高速列车条件的第一条铁路客运专线。自主研制的“中华之星”电动车组在秦沈客运专线创造了当时“中国铁路第一速”——321.5 千米/小时。经过十多年坚持不懈的努力，我国铁路通过技术创新，在高速铁路的工务工程、高速列车、通信信号、牵引供电、运营管理、安全监控、系统集成等技术领域，取得了一系列重大成果，形成了具有中国特色的高铁技术体系，总体技术水平进入世界先进行列。

2014 年 9 月 9 日，中国计划吸引和投资约 4 000 亿卢布(约合 662.7 亿人民币)在俄罗斯境内修建首条高铁线路——莫斯科—喀山高铁。负责项目的俄罗斯铁路子公司“高速干线”代表作出上述表示。中国企业不仅讨论了参与高铁项目融资的问题，还计划在铁路建设中运用中方技术。2015 年，中国中铁公司旗下中铁二院成功中标俄罗斯莫斯科至喀山高铁(莫喀高铁)勘察设计任务，目前该项目正按计划推进。2018 年，我们完成了莫喀高铁全部设计文件的编制工作并已提交俄方审查，领先的高铁设计能力与严谨的工作态度得到项目业主与合作伙伴的高度认可，为未来莫喀高铁施工建设打下坚实基础。

2. 中国的大飞机

2017 年 11 月 30 日，我国拥有自主知识产权的新一代喷气式大型客机 C919 第二架飞机完成首次滑行试验，这是继 5 月 5 日 C919 首飞成功之后的又一历史性节点。

C919 客机即“中短程双发窄体民用运输机”，是中国首款按照当时最新国际适航标准研制的大飞机，于 2008 年开始研制。C 是 China 的首字母，也是中国商用飞机有限责任公司英文缩写 COMAC 的首字母，“9×9”寓意天长地久(波音用“7×7”)，“1”是代型，标准载客量为 180 座。C919 客机是建设创新型国家的标志性工程，机体具有完全自主知识产权。C919 从研发到下线、再到首飞，历时十年之久。回望更久远的历史时空，中国的大飞机研制一波三折，却始终承载着中国装备制造业创新大发展、振兴民族工业的大梦想。

大型民用飞机制造被称为“现代科技之花”，是一个国家工业水平、科技水平和综合实力的集中体现，也是促进本国高技术产业快速发展，提高国家经济实力与核心竞争力的战略性产业，但我国的民机产业却走过了一段艰难坎坷曲折的发展历程。中华人民共和国成立之后，中央曾多次尝试研制国产大飞机，均未圆梦。2006年国务院出台《国家中长期科学和技术发展规划纲要（2006—2020年）》，将研制大型飞机项目确定为“未来15年力争取得突破的16个重大科技专项”之一。2008年中国商用飞机有限责任公司（以下简称中国商飞）成立后，大飞机的自主研制开始走上了新征程。为了形成自主的、独立的能力，中国商飞坚持“自主研制、国际合作、国际标准”的技术路线，攻克了包括飞机发动机一体化设计、电传飞控系统控制律、主动控制技术、全机精细化有限元模型分析等在内的100多项核心技术、关键技术，强化了设计研发、总装制造、客户服务、适航取证、供应商管理、市场营销等核心能力。不仅如此，通过大飞机自主研制，我们还掌握了五大类、20个专业、6 000多项民用飞机技术，加快了新材料、现代制造、先进动力等领域关键技术的群体突破。

由于跟中国商飞合作的都是世界上最顶尖的飞机制造和供应商，跟这些公司谈判必须签订保密条款，而且知识产权条款的谈判往往占整个合同谈判非常大的篇幅，因此中国商飞知识产权管理工作的起点比较高。

在中国商飞上海飞机设计研究院“铁鸟”试验大厅，有四条巨大的标语：“长期奉献、长期吃苦、长期攻关、长期奋斗”，简简单单16个字表达了商飞人的精神风貌。经过10年的艰辛创业，中国商飞取得重要阶段性进展，建设发展进入了新的时代。国家工信部官方网站2018年5月18日发布的消息称：我国自主研制的大客发动机验证机（CJ-1000AX）首台整机在上海点火成功，核心机转速最高达到6 600 rpm。

从研制到试验，再到运营、维护，中国商飞完成数次大考验，也逐渐提高了市场认知度，国外订单纷至沓来。截至2018年11月，国产大型客机C919目前拥有国内外用户28家，订单总数达815架。可以说，中国商飞迈向了世界一流航空企业，已经站在了新的起点。

3. 第五代移动通信网络

2013年2月，欧盟宣布，将拨款5 000万欧元，加快5G移动技术的发展，计划到2020年推出成熟的标准。

2013年5月13日，韩国三星电子有限公司宣布，已成功开发第5代移动通信（5G）的核心技术，这一技术预计将于2020年开始推向商业化。该技术可在28 GHz

超高频段以每秒 1 Gbps 以上的速度传送数据，且最长传送距离可达 2 千米。相比之下，第四代长期演进(4GLTE)服务的传输速率仅为 75 Mbps。此前这一传输瓶颈被业界普遍认为是一个技术难题，三星电子则利用 64 个天线单元的自适应阵列传输技术破解了这一难题。

早在 2009 年，我国华为公司就已经展开了相关技术的早期研究，并在之后的几年里向外界展示了 5G 原型机基站。华为在 2013 年 11 月 6 日宣布将在 2018 年前投资 6 亿美元对 5G 的技术进行研发与创新，并预言在 2020 年用户会享受到 20 Gbps 的商用 5G 移动网络。

2016 年 3 月，工信部副部长陈肇雄表示：5G 是新一代移动通信技术发展的主要方向，是未来新一代信息基础设施的重要组成部分。与 4G 相比，不仅将进一步提升用户的网络体验，同时还将满足未来万物互联的应用需求。从用户体验看，5G 具有更高的速率、更宽的带宽，预计 5G 网速将比 4G 提高 10 倍左右，只需要几秒即可下载一部高清电影，能够满足消费者对虚拟现实、超高清视频等更高的网络体验需求。从行业应用看，5G 具有更高的可靠性、更低的时延，能够满足智能制造、自动驾驶等行业应用的特定需求，拓宽融合产业的发展空间，支撑经济社会创新发展。从发展态势看，5G 还处于技术标准的研究阶段，后来几年 4G 还将保持主导地位、实现持续高速发展。

2017 年 2 月 9 日，国际通信标准组织 3GPP 宣布了 5G 的官方 Logo。2017 年 11 月 15 日，国家工信部发布《关于第五代移动通信系统使用 3 300—3 600 MHz 和 4 800—5 000 MHz 频段相关事宜的通知》，确定 5G 中频频谱，能够兼顾系统覆盖和大容量的基本需求。

2017 年 11 月下旬，中国工信部发布通知，正式启动 5G 技术研发试验第三阶段工作，并力争于 2018 年年底前实现第三阶段试验基本目标。

2017 年 12 月，发改委发布《关于组织实施 2018 年新一代信息基础设施建设工程的通知》，要求 2018 年将在不少于五个城市开展 5G 规模组网试点，每个城市 5G 基站数量不少 50 个、全网 5G 终端不少于 500 个。

2018 年 2 月 27 日，华为在 MWC2018 大展上发布了首款 3GPP 标准 5G 商用芯片巴龙 5G01 和 5G 商用终端，支持全球主流 5G 频段，包括 Sub6GHz(低频)、mmWave(高频)，理论上可实现最高 2.3Gbps 的数据下载速率。

2018 年 6 月 28 日，中国联通公布了 5G 部署：将以 SA 为目标架构，前期聚焦 eMBB，5G 网络计划 2020 年正式商用。2018 年 11 月 21 日，重庆首个 5G 连续覆盖试验区，建设完成，5G 远程驾驶、5G 无人机、虚拟现实等多项 5G 应用同时亮相。

2018 年 12 月 7 日，工信部同意联通集团自通知日至 2020 年 6 月 30 日使用 3 500—3 600 MHz 频率，用于在全国开展第五代移动通信（5G）系统试验。12 月 10 日，工信部正式对外公布，已向中国电信、中国移动、中国联通发放了 5G 系统中低频段试验频率使用许可。这意味着各基础电信运营企业开展 5G 系统试验所必须使用的频率资源得到保障，向产业界发出了明确信号，进一步推动我国 5G 产业链的成熟与发展。

5G 技术的高速度将给人们的娱乐、出行、教育、医疗、养老等带来全方位的变化。例如：在教育方面，5G 技术高可靠低时延的特点为解决优质教育资源分布不均衡、提高教育欠发达地区教育质量提供了新思路。中国移动通过 VR 将成都一所小学和四川凉山一所小学"连接"起来，经过 5G 传输，两所学校的孩子实现了"坐在不同教室却上着同一堂课"的效果。在医疗方面，5G 网络可有效保障远程手术、远程会诊、远程 B 超的稳定性、可靠性和安全性。尤其是远程手术，专家可随时随地掌控手术进程和病人情况，患者可以免除远途就医的奔波劳累之苦。2019 年 3 月 16 日，中国移动助力中国人民解放军总医院，成功完成了全国首例基于 5G 网络的远程人体手术。这次帕金森病"脑起搏器"植入手术实现了位于北京的中国人民解放军总医院第一医学中心与海南医院间跨越近 3 000 千米的"空中合作"。

"进入 5G 时代，三大运营商都在进行现有网络改造，使网络变得更加高速。"中国联通董事长王晓初表示，万物互联才能使数据产生爆发性增长，产生数据洪流，从而优化资源配置、配合实体经济、催生新型业态。"更多的连接将产生更多的数据和价值，更强的算力推动更快终端的普及，更快的速率加速生产要素的流通，这些都将引领数字中国向更高质量发展。"轻松网购、"掌上"办事、无人驾驶、远程医疗……信息化正在深度改变我们的工作和生活。随着 5G 时代的到来，大数据、物联网、人工智能等信息技术加快发展。

匠人匠心

1. C919 飞机副主任设计师赵峻峰：如何实现 C919 强度"极限挑战"①

在中国商飞浦东祝桥基地见到赵峻峰时，他正和中国大飞机"强度兄弟团"——

① 颜维琦，曹继军.如何实现 C919 强度"极限挑战".光明日报[EB/OL].http://news.gmw.cn/2018-07/02/content29607378.htm.

C919 大型客机强度试验团队的伙伴们在一起。算上这个夏天，“70 后”的赵峻峰已在民用飞机强度设计一线工作了近 20 年。

指着试验厂房里的 10001 架机，身为 C919 飞机副主任设计师的赵峻峰非常自豪。不久前 C919 大型客机静力试验厂房内，C919 飞机全尺寸验证试验项目中开展的首项极限载荷试验——增压舱增压极限载荷验证试验顺利完成，这也是欧洲航空安全局(EASA)关注的首个结构强度验证试验。随着客舱压力一点点增加，最终加到了 120 千帕，这相当于机舱外是 1 个大气压，机舱内有 2.2 个大气压，10001 架机顺利实现了又一次“极限挑战”。

在一个月前第一次做这项试验时，当载荷施加到 137%限制载荷时，问题不期而至：后服务门上部密封件脱出形成缝隙过大，增压舱无法继续增压……赵峻峰他们身上的压力迅速增加。在不到一个月的时间里，一次次数据复查、试验排故、理论分析和试验数据对比分析，他们完成多轮故障排查、修改方案，问题最终顺利解决。

漫漫征途中，这个中国大飞机的“强度兄弟团”对于强度有了自己的哲学：强度不是一味的强，强而有度、刚柔相济、动静相宜，才是真正的强。什么是弱？接口之处最薄弱，飞机如此，人和团队亦如此。一支团结、担当、拼搏的团队，方能百炼成钢，造就中国大飞机的“钢筋铁骨”。

(1) 有一种出发叫“2.5g”

回溯到 2017 年 5 月 5 日，万众瞩目的上海浦东机场，C919 大型客机一飞冲天。那一刻，机场隔离网外的土坡上，在一群大飞机粉丝和发烧友中有一群大飞机“强度人”。赵峻峰也在其中，他是 C919 大飞机全机静力试验负责人。看着 C919 翱翔蓝天的矫健身姿，赵峻峰觉得那一刻自己好像也长出了翅膀，心随之驰骋。

1999 年大学毕业，飞机设计专业的赵峻峰进入当时的上海飞机设计研究所(现上海飞机设计研究院)强度室工作。那时正是研究所最艰难的时期，也是中国民机事业最艰难的一段时光。没有任何飞机项目可做，除了很少量的科研课题以外，很多人只能承接各类工程项目养活自己，赵峻峰一组四人只得帮一家企业编写计算机程序。问他不着急吗？赵峻峰坦言：“当时是有些着急，不过我的老师曾经对我说：‘中国经济高速发展，一定会造自己的民用大飞机’，这句话我一直记在心里，也一直促使我坚信我们会有自己的飞机项目。”直到 2000 年初，我国首款自主研制的支线喷气客机 ARJ21 新支线飞机项目启动，赵峻峰和同事们摩拳擦掌，开始了全身心的投入。

赵峻峰至今清楚地记得一个日子：2009 年 12 月 1 日。ARJ21 新支线飞机在进行全机稳定俯仰 2.5g 极限载荷试验过程中，当施加到 87%载荷时，龙骨梁后延伸段结构遭遇破坏，结构无法继续承载，试验被迫中止。这就意味着，不仅后续 20 多项静力试验全部无法继续开展，而且正在全面展开的试飞工作也不得不全线停滞。这对已经面临巨大进度压力的新支线飞机项目来说，无异于晴天霹雳，使本已严峻的进度雪上加霜。

“那段时间非常痛苦，每个人背负的压力都特别大。”回忆起那段时光，赵峻峰坦言，那是一段刻骨铭心的经历，也是大飞机“脊梁”艰难长成的必经之路。

全机静力试验，意在验证飞机在受到均匀或等速从起飞—爬升—巡航—下降—降落全过程中可能遇到的所有外力情况下是否具备安全飞行的强度、刚度。通俗地说，就是检验飞机的抗压能力和承受极限。2.5g 载荷试验就是验证飞机在 2.5 倍重力情况下的承压载情况。

从此，“2.5g”成了这个以“为中国大飞机设计强健脊梁”为使命的年轻强度技术团队最大的痛。然而，也有一种出发叫“2.5g”。2010 年 6 月 28 日，经过七个月绝地攻坚，ARJ21 新支线飞机 2.5g 极限载荷试验圆满通过。掌声、欢呼声、喜极而泣声溢满整个试验现场。

(2)“接口哲学”与“脊梁”的长成

“我们到底为什么会犯这样的错?”在那之后，大家一直在反思，推动起一场全新的技术软件和平台建设热潮。赵峻峰和团队不断探入静力试验贴片和监控方式变革的“地下深层”，一个由团队成员群策群力创建的三维数字贴片和监控模型诞生了……“其实当时 ARJ21 新支线飞机 2.5g 静力试验出问题的并不是龙骨梁合段，而是龙骨梁与机身里面的那部分连接；连接也只是有一块区域中的一段连接出了问题。”赵峻峰说，“最关键、最脆弱的地方往往是界面，是连接处。主体之间的接口最值得关注、最值得思考。”

“接口哲学”更深层次地锤炼着、凝聚着这个大飞机强度技术团队，成为中国大飞机“强度哲学”的重要组成部分。2016 年 11 月 8 日，C919 大型客机迎来“出生”以来第一次也是最严酷的一次“展翅”。“加载 5%，以 5%为一级，逐级加至 20%，检查设备……加载至 50%。保载 3 秒……加载至 85%。保载 3 秒……”随着红色数据不断变化，一条曲线同时在两侧大屏幕上跃动。伴随持续加压载，机翼开始向上一点点翘起……终于，当载荷达到试验规定的 100%时，翼尖向上翘起近两米！最终，C919 大型客机顺利通过全机 2.5g 静力试验，这表明它强健的骨骼与机体足以支撑它飞上蓝天。

那一刻，监控室里，几双手紧紧相握，目光悄然相汇。“在锻造大飞机钢筋铁骨的过程中，我们也磨炼出了一支强健、团结、能打硬仗的团队。”赵峻峰说，最欣喜的是，大飞机的事业在一代代传承，一大批“80后”“90后”在迅速成长。团队也由原来的三四十人壮大到220多人，由原来的“没有型号任务不得不到处找饭吃”到如今的“型号任务忙得睡不上觉、吃不上饭”。

“从ARJ21首飞、适航取证到交付运营，再到C919首飞成功，整支团队逐渐成熟，也越来越自信。”C919型号副总设计师周良道感慨，中国的民机事业，从无到有，步伐越来越扎实。中国民机事业的未来扛在像赵峻峰这样的青年人肩上。

2. “复兴号”高速列车研制的主持者孙永才：擦亮高端装备金色名片①

践行装备制造强国之路，全力打造中国高端装备“金名片”，是中国中车集团有限公司总经理孙永才秉承的信念。

1987年，23岁的孙永才大学毕业从长春乘火车去大连机车车辆厂报到。600多千米的车程，绿皮车“晃”了足足14个小时。“我就想我们什么时候能坐上更快、更舒适的车。”孙永才说，30多年和行业的缘分，关于车的梦想就是在那个时候扎了根。

2004年初，国家通过了《中长期铁路网规划》，一场波澜壮阔的铁路建设热潮快速启动。中国中车按照国务院“引进先进技术，联合设计生产，打造中国品牌”的总体要求，在原铁道部的组织下，对国外高铁技术平台进行“引进消化吸收再创新”，积累了丰富的技术与经验。

其中CRH380系列的技术突破是攻坚克难的关键阶段。时任中国北车副总经理、总工程师的孙永才，统配资源，率领团队，攻克了动车组九大关键技术和十项配套技术，成功搭建时速200—250千米、时速300千米、时速350千米三个速度等级系列25个品种的动车组产品设计和制造平台。

2014年，在中国铁路总公司的牵头组织下，中国中车首次以中国标准为主导，按照正向设计思路，开启了时速350千米中国标准动车组的研发工作。孙永才再次参与到“复兴号”研发之中。

历经503项仿真计算，5 278项地面试验，2 362项线路试验，“复兴号”问世。经专利审查，中国标准动车组具有完全自主知识产权。“‘复兴号’的研制

① 樊曦.孙永才."复兴号"高速列车研制的主持者[EB/OL].新华网.http://www.xinhuanet.com/2018-12/29/c_1123925094.htm.

不仅是开发了性能优越的产品，更重要的是创建了中国标准的技术体系，构造了具有完全自主知识产权的供应链体系，形成了国际竞争的核心竞争力。”孙永才说。

2017 年 9 月 21 日，“复兴号”在京沪高铁以时速 350 千米运营，我国成为世界上高铁商业运营速度最高的国家。看着这个让中国高铁迈入领先世界新时代的新作品，孙永才眼中充满了激动的泪水。

2018 年 11 月 5 日，首届中国国际进口博览会在上海开幕，中国馆里两列被称为“飞龙”和“金凤”的复兴号动车组精彩亮相。孙永才说：“我们将立足于全球范围，打造技术链、产业链、企业链、资本链和价值链的共同体。”

学思践悟

1. 请思考高铁的发展前景。

2. 中国制造的核心是科技的创新，请谈谈如何培养自己的创新精神和创新能力。

第三节　中国制造　两化融合

小贴士

1. **信息化**：是指培养、发展以计算机为主的智能化工具为代表的新生产力，并使之造福于社会的历史过程。

2. **工业化**：是指工业(特别是其中的制造业)或第二产业产值(或收入)在国民生产总值(或国民收入)中比重不断上升的过程，以及工业就业人数在总就业人数中比重不断上升的过程。

3. **“两化”融合**：是信息化和工业化的高层次的深度结合，即以信息化带动工业化，以工业化促进信息化，走新型工业化道路；“两化”融合的核心就是以信息化支撑，追求可持续发展模式。两者在技术、产品、管理等各个层面相互交融，彼此不可分割，并催生工业电子、工业软件、工业信息服务业等新产业。

4. **物联网**：物联网是新一代信息技术的重要组成部分，也是“信息化”时代的重要发展阶段。就是利用局部网络或互联网等通信技术把传感器、控制器、机器、人员和物等通过新的方式联在一起，形成人与物、物与物相连，实现信息化、远程管理控制和智能化的网络。

5. 互联网+： 即充分发挥互联网在社会资源配置中的优化和集成作用，将互联网的创新成果深度融合于经济、社会各领域之中，提升全社会的创新力和生产力，形成更广泛的以互联网为基础设施和实现工具的经济发展新形态。

6. 大数据： 指无法在一定时间范围内用常规软件工具进行捕捉、管理和处理的数据集合，是需要新处理模式才能具有更强的决策力、洞察发现力和流程优化能力的海量、高增长率和多样化的信息资产。

思想之光

加快数字中国建设，就是要适应我国发展新的历史方位，全面贯彻新发展理念，以信息化培育新动能，用新动能推动新发展，以新发展创造新辉煌。

——2018 年习近平总书记致信祝贺首届数字中国建设峰会开幕

大数据发展日新月异，我们应该审时度势、精心谋划、超前布局、力争主动，深入了解大数据发展现状和趋势及其对经济社会发展的影响，分析我国大数据发展取得的成绩和存在的问题，推动实施国家大数据战略，加快完善数字基础设施，推进数据资源整合和开放共享，保障数据安全，加快建设数字中国，更好服务我国经济社会发展和人民生活改善。

——2017 年习近平总书记在中共中央政治局第二次集体学习会上的讲话

加快建设制造强国，加快发展先进制造业，推动互联网、大数据、人工智能和实体经济深度融合，在中高端消费、创新引领、绿色低碳、共享经济、现代供应链、人力资本服务等领域培育新增长点、形成新动能。

——2017 年习近平总书记在中国共产党第十九次全国代表大会上的报告

互联网核心技术是我们最大的“命门”，核心技术受制于人是我们最大的隐患。一个互联网企业即便规模再大、市值再高，如果核心元器件严重依赖外国，供应链的“命门”掌握在别人手里，那就好比在别人的墙基上砌房子，再大、再漂亮也可能经不起风雨，甚至会不堪一击。我们要掌握我国互联网发展主动权，保障互联网安全、国家安全，就必须突破核心技术这个难题，争取在某些领域、某些方面实现“弯道超车”。

——2016 年习近平总书记在网络安全和信息化工作座谈会上的讲话

转方式调结构是“十三五”时期的关键任务。转方式调结构的基础动力在创新，要推动新技术、新产业、新业态蓬勃发展，瞄准世界科技前沿，形成一批重大创新成果，推进科技成果产业化，使创新成果变成实实在在的经济活动，形成新的产品群、产业群。

——2015年习近平总书记在十八届五中全会第二次全体会议上的讲话

思想荟萃

1. 未来30年互联网将无处不在①

阿里巴巴“掌门人”马云在2017年第四届世界互联网大会上说：“如果说过去20年互联网‘从无到有’，那么未来30年，互联网将‘从有到无’，这个‘无’是‘无处不在’的‘无’，没有人能够离开网络而存在。互联网正在深入到社会的方方面面，互联网技术革命的影响力可能超过过去一切技术革命的总和。未来30年，数据将成为生产资料，计算会是生产力，互联网是一种生产关系。如果我们不数据化，不和互联网相连，那么会比过去30年不通电显得更为可怕。”

腾讯“掌门人”马化腾也指出，数字经济目前已经成为发展最快、创新最活跃、辐射最广的经济活动。在全球市值最大的10家公司里面，7家是科技公司，这7家里面又有5家是互联网公司。以互联网为代表的数字技术，帮助线上线下打通成为一体。数字经济与实体经济的关系，是融合而不是替代。未来，数字经济要求互联网公司给各行各业赋能，解决传统企业的“痛点”。我们需要通过智慧连接，帮助各行各业实现数字化转型升级，让各行各业最终能够在云端用人工智能处理大数据。

2. 物联网助力中国制造业发展②

互联网面向虚拟世界，解决的是信息不对称的问题，核心是信息共享，提供的是信息内容的服务；解决的是人与人之间的互联。物联网是面向实体世界，以感知互动为目的，以团队属性、社会属性为核心，关注的是事件，不是大数据，而是建立在智能化和网络化基础之上的，是超越智能化、超越互联网的物理与信息深度融合的全新系统，实现实体世界的主动、有组织的管理，解决的是人与物、物与物的互联。

物联网的本质是深度的信息化。由于制造业是比较特殊的行业，一方面，需要大量的人员和生产设备来支撑其生产；另一方面，会生产出许多实实在在的产品。

---

① 刘坤，方莉，杨舒，马云.未来30年互联网将会无处不在[N].光明日报，2017-12-4.

② 干勇.信息科技驱动新一轮工业革命[J].中国战略新兴产业，2016(25).

因此，物联网的应用对于制造业的信息化显得更加有意义，物联网的发展将极大地促进制造业信息化的发展。

随着新一代信息技术与制造业的深度融合，制造业生产方式、企业组织、产品模式等都将发生巨大变化。物联网时代正经历着工业、能源、信息、生活方式和科技领域的五个变革，涉及人工智能、大数据和云计算等技术，生产方式趋向智能化、网络化，产品模式转向定制化、服务化。工业大数据应用将贯穿设计、制造、营销、服务全过程，成为生产辅助决策的支撑，更成为企业生产的重要生产要素；工业云平台成为新型生产设施，为研发设计、加工制造、经营管理等生产经营活动提供资源支撑和服务保障，工业生产要素实现优化整合和高效配置；移动设备能够帮助企业组织管理系统中数以亿计的设备和传感器，并与之建立通信，以更加灵活地适应市场变化。企业可以整合和分析大量的来自人、设备和传感器的数据，更快、更准确、更容易地做出决定，并调整业务流程。

总之，在物联网时代，越来越多的制造企业以产业需求和价值的提升为导向，将产品、设备、供应链、用户等进行集成，将相关数据上传至云端，通过大数据将上下产业链形成串联的机制，使得智能制造"生态圈"可以不断地进行延伸。

3. "互联网+ 先进制造业"促中国制造提质升级[①]

2017 年 10 月 30 日，国务院常务会议专门通过了《深化"互联网＋先进制造业"发展工业互联网的指导意见》，促进实体经济振兴、加快转型升级。

"互联网＋"是一个很大的概念，"互联网＋社会"就变成社会信息化，"互联网＋环保"就是绿色化发展。但是，最具备条件的还是"互联网＋先进制造业"，这将成为"互联网＋"最先突破的一个领域，也是中国制造提质升级的重要一环。国务院常务会议指出，贯彻党的十九大精神，建设现代化经济体系，要以推进供给侧结构性改革为主线，结合实施"中国制造 2025"和"互联网＋"，加快建设和发展工业互联网，促进新一代信息技术与制造业深度融合，这对推动实体经济转型升级，大力发展数字经济，打造制造强国、网络强国，具有重要意义。

对于如何更好地实施"互联网＋先进制造业"，从而促进实体经济振兴和中国制造提质升级，国务院会议给出了四大方面的具体措施和要求，即要营造有利于工业互联网蓬勃发展的环境，要大力推动工业企业内网、外网建设，要加大政府对基础网络建设的支持，要依托工业互联网促进开放融通发展，充分体现了"互联网＋先进制

---

① 徐建华."互联网＋先进制造业"促"中国制造"提质升级[N].中国经济网，2017－11－03.

造业”相互融合的特点。

“互联网＋先进制造业”既有互联网经济的创新基因与特色，又有制造业的高品质要求和不断追求卓越的愿景。中国金属学会理事长、中国工程院院士干勇指出，当今世界新一轮工业革命方兴未艾，这轮工业革命具有鲜明的互联网特征，尤其是移动互联、云计算、大数据、物联网等新技术的快速发展和数字化网络化技术的普及应用，产生了真正的大数据，使信息服务进入网络时代，真正引发了一场革命，再加上新一轮人工智能技术不断突破，让智能制造成为各国制造业发展的“主攻方向”。① 如果说数字化、网络化是这次工业革命的开始，新一代人工智能技术的突破和广泛应用将形成这次工业革命的高潮。

目前，中国经济进入新常态，无论是实施供给侧结构性改革还是振兴实体经济，实现新旧动能的转换，都离不开互联网技术对制造业的升级提质。“互联网＋先进制造业”将成为中国经济发展新引擎，推动新技术、新产业、新模式的不断产生，引发产业、经济与社会的变革，为中国乃至世界带来巨大的商机和历史性发展机遇。

要实现制造强国的目标，建设和发展工业互联网是重要一步。这就需要借助“互联网＋”的新技术、新工艺提升中国制造的产品品质，改造升级传统制造业并大力发展先进制造业，实现生产过程的智能化、管理的信息化，以提高中国制造的质量和效益，促进中国制造完成提质升级。

4. 制造业正迈入大数据时代②

大数据作为新一代信息技术的关键，逐渐成为新一轮产业革命的核心。从制造业本身来说，国际上以德国的“工业 4.0”为代表的数字化制造、物联网为代表的信息化产品，将成为制造业的重要话题，在这个方面没有布局的企业可能很快都要被划为传统制造业，将面临被淘汰的危险。

在制造业中，产品的市场规划、设计、制造、销售、维护等过程都会产生大量的数据，进而形成制造业大数据。大数据已经成为解决现实世界问题的方法，为制造业提供的是一种全方位的、全程式的一种服务：

一是在制造阶段，大数据技术可以帮助实现发现生产过程异常、优化产品质量和生产调度等。

二是大数据能形成全局的数据之间的关联关系，从而形成全局的调度方案，能够解决大规模生产中的全局调度问题。

---

① 干勇.信息科技驱动新一轮工业革命[J].中国战略新兴产业，2016(25).
② 张洁.制造业正迈入大数据时代[J].中国工业评论，2015(12).

三是大数据能为产品的运营维护服务，大数据应用过程中需要的是能够采集到数据。在智能制造中，首先要有智能化的产品，通过传感器实时地传递数据，为后期的运行、维护服务提供依据。

四是大数据技术的不断发展，在制造领域中的应用将越来越广泛。如通过对挖掘机安装传感器GPS定位系统，从而实时监控车辆运行情况，并通过大数据分析调整生产，通过对用户的使用习惯进行分析，提出改进建议等。

制造业实现以数据感知、数据处理分析、制造过程决策与支持、数据可视化技术为核心的智能工厂已经成为趋势，大数据产业链及技术体系逐渐成熟，大数据必将促成制造业从数字工厂向智慧工厂的转型。

匠人匠心

1. 小米创始人雷军[①]

雷军，1969年出生于湖北仙桃，小米科技创始人、董事长兼首席执行官，北京金山软件公司董事长，中国大陆著名天使投资人；2012年12月，荣获“中国经济年度人物新锐奖”。他曾任两届海淀区政协委员；2012年，当选为北京市人大代表，2013年2月，当选为全国人大代表；2014年，入选《福布斯》(亚洲版)2014年度商业人物；2016年，“新财富500富人榜”排行第六位；2017年荣获“质量之光”年度质量人物奖；2018年10月，被中央统战部、全国工商联推荐为“改革开放40年百名杰出民营企业家”。

1987年，雷军考上了武汉大学计算机系。大学四年级的时候，雷军开始和同学一起开办公司，但仅过了半年创业失败。1992年，雷军23岁，进入金山软件公司工作。六年之后，雷军29岁，担任金山公司总经理，这是雷军的第一份工作，也是最长的一份工作；2007年雷军以健康原因辞去总裁与CEO职务，离开金山软件公司转身成了天使投资人，开始以更大的视角来观察和思考互联网。雷军是最早投身移动互联网的人之一。

做投资让雷军更加深入了解互联网，也获得了异常丰厚的回报，但雷军仍想做一个真正属于自己的事业。很快，雷军找到了自己的立足点——智能手机和移动互联网。2010年4月，小米公司注册成立，第一个产品——移动操作系统MIUI在当年8月上线。2011年8月16日，小米手机1正式发布。随后，在一片质疑或赞誉声

① 孙冰.雷军和他的“新小米”[J].中国经济周刊，2018(7).

中，小米在2012年卖出719万部手机，2013年卖出1870万部手机。在此过程中，小米完成四轮融资，估值迅速突破100亿美元。小米已成为位列阿里、腾讯、百度之后的中国第四大互联网公司。

一位投资人总结小米模式曾说，小米在思路上领先两年，产品上领先一年，传统的手机厂商很难追上。手机行业对小米的态度也经历了从“看不起”“看不懂”到“看不见”的几度演进。小米起势之后，几乎无人能及。很多人都曾问过雷军一个问题，市场和大势对每个人都是平等的，为什么他人学不会小米模式？雷军说，小米模式的背后，是互联网思维的胜利，是先进的互联网生产力对传统生产力的胜利。实际就是他常讲的七字箴言——“专注、极致、口碑、快”的胜利。

2. 华为创始人任正非

任正非，1944年出生于贵州安顺地区镇宁县一个贫困山区的小村庄，现为华为技术有限公司主要创始人兼总裁。2013年，他荣获美国《时代》杂志全球100位最具影响力人物；2014年，荣获“中国互联网年度人物”；2017年，获“中国最具影响力的50位商界领袖”第一名；2018年，荣获“世界最具影响力十大华商人物”。

1963年，任正非就读于重庆建筑工程学院（已并入重庆大学）。在校期间，他把电子计算机、数字技术、自动控制等专业自学完，还学习了逻辑学、哲学和几门外语。大学毕业后，他入伍当上了一名建筑兵，1983年从部队以团副的身份转业，在当时深圳最好的企业之一——南油集团下面的一家电子公司任副总经理。但因在一笔生意中被人坑了，导致公司200多万货款收不回来，他的家庭和事业都受到了重创。

1987年，因工作不顺利，他找朋友凑了2.1万元在深圳注册成立了华为技术有限公司。创业初期，华为靠代理香港康力公司的HAX模拟交换机获得了第一桶金。在卖设备的过程中，他看到了中国电信行业对程控交换机的渴望，43岁的他决定自己做研发，在交换机研发成功后，华为的交换机迅速占领了市场，产值1.2亿元，利润千万。1994年，华为推出了C&C08机，在通信行业立稳脚跟，同时以“农村包围城市”的市场战略，集中大量的人力、物力和财力用于新产品的开发。自2000年起，华为在海外市场全面拓展，包括泰国、新加坡、马来西亚等东南亚市场以及中东、非洲等区域市场，取得了良好的销售业绩。从2001年开始，华为产品成功进入了德国、法国、西班牙、英国等发达国家。2016年，华为已跻身世界500强前百强企业，业务遍布全球170多个国家和地区，销售收入达到5 200亿元人民币。

任正非认为，从历史角度看，蒸汽机和电力都曾在产业和社会生活中起过革命性的作用，但这些技术革命不是颠覆，而是极大地推动了社会和生产的进步。互联网也不例外，其本质作用在于用信息化改造实体经济，增强其优质、低成本和快速响应客户需求的能力。一句话，互联网能提升实体经济的核心竞争力。

或许很多人很难去想象，从两间简易房里走出来的华为，现在已经成长为中国最大的民营企业、全球最大的通信设备供应商、全球第二大智能手机厂商和世界百强企业，不得不说这是一个中国制造的奇迹。

学思践悟

1. 请谈谈自己对信息化的认识。
2. 请谈谈你所了解的“互联网+ 制造业”的案例。
3. 请举例说明大数据在汽车行业中的应用。

第四节　中国制造　技能先行

小贴士

技能：指技术、能力。个体运用已有的知识经验，通过练习而形成的一定的动作方式或智力活动方式。

职业技能：即指学生将来就业所需的技术和能力。学生是否具备良好的职业技能是能否顺利就业的前提。

工匠精神：是一种职业精神，它是职业道德、职业能力、职业品质的体现，是从业者的一种职业价值取向和行为表现。“工匠精神”的基本内涵包括敬业、精益、专注、创新等方面的内容。

思想之光

这一年，中国制造、中国创造、中国建造共同发力，继续改变着中国的面貌。“嫦娥四号”探测器成功发射，第二艘航母出海试航，国产大型水陆两栖飞机水上首飞，北斗导航向全球组网迈出坚实一步。在此，我要向每一位科学家、每一位工程师、每一位“大国工匠”、每一位建设者和参与者致敬！

——2019 年习近平总书记的新年贺词

推动互联网、大数据、人工智能和实体经济深度融合。

——2017 年习近平总书记在中国共产党第十九次全国代表大会上的报告

建设知识型、技能型、创新型劳动者大军，弘扬劳模精神和工匠精神，营造劳动光荣的社会风尚和精益求精的敬业风气。

——2017 年习近平总书记在中国共产党第十九次全国代表大会上的报告

劳动没有高低贵贱之分，任何一份职业都很光荣。广大劳动群众要立足本职岗位诚实劳动。无论从事什么劳动，都要干一行、爱一行、钻一行。在工厂车间，就要弘扬“工匠精神”，精心打磨每一个零部件，生产优质的产品。在田间地头，就要精心耕作，努力赢得丰收。在商场店铺，就要笑迎天下客，童叟无欺，提供优质的服务。只要踏实劳动、勤勉劳动，在平凡岗位上也能干出不平凡的业绩。

——2016 年习近平总书记在知识分子、劳动模范、青年代表座谈会上的讲话

思想荟萃

1. 蒙华铁路进入铺轨冲刺阶段：基于传统进行技术创新

蒙华铁路是世界上一次建成最长的重载煤运铁路和中国最大规模的运煤专线。线路北起内蒙古浩勒报吉站，终点到达江西省吉安市，跨越 7 省区、17 市，全长 1 800 多千米，规划设计输送能力为 2 亿吨/年。该项目建成后，对构建中国“北煤南运”铁路新通道，促进沿线经济社会发展尤其是长江经济带建设，具有重要意义。

蒙西至华中地区铁路煤运通道（简称蒙华铁路）湖北段铺轨施工于 2019 年 2 月 18 日展开劳动竞赛，以保障这条重载煤运铁路于 2019 年下半年能够通车运营。

位于湖北省荆州市公安长江公铁两用大桥上的蒙华铁路工地，是一派热火朝天的繁忙场景。来自中铁十一局集团的施工队伍正将一段段从铺轨机车上卸下的轨枕，准确地安放在预定的有砟轨道线上，然后将其锚固，随后进行下一段铺轨作业。

据中铁十一局蒙华铁路铺架项目部经理罗力军介绍，2019 年 2 月蒙华铁路已进入铺轨冲刺阶段，该公司承担了河南内乡至湖北交界和湖北全境的共计 415 千米线路铺轨施工任务。该区间铺轨施工自 2018 年 6 月底开始，从湖北襄州和荆门分成 4 个工作面同时开始铺轨。目前该公司已经完成约 2/3 的施工任务。根据中国铁路总公司计划，蒙华铁路将于 2019 年下半年建成通车。

蒙华铁路属于重载铁路，它的承载力比普通铁路更大，但该线湖北段存在大量

软土地基和膨胀土，对线路的建设及轨道的铺架提出了更高的质量要求。特别是湖北境内设置13座车站中的襄州站段，这座占地5 000亩(3.33百万平方千米)的站段作为全线唯一分解站和“心脏区”，担负着将从北方装载着万吨煤炭而来的列车分解成5 000吨级列车后，点对点运往电厂等地的重任，相当于把一座巨大的煤矿搬到襄阳家门口。车站布设了27股车道，并与襄北编组站连接，施工异常复杂。

为此，该公司在传统铁路铺架的基础上进行技术创新，不断探索优化生产、运输、铺轨等环节，首次使用了便于安装拆除检修的IIFC16型轨枕等诸多全新技术和工艺，从而确保线路质量和铺轨安全。为保证铺轨物料的供应与质量，该公司在新建襄州车站设置有蒙华铁路全线最大的制梁存轨铺架基地，内设10股生产作业车道，可存放长轨162.5千米、存轨枕16千米、存工具轨50千米，轨排生产区日生产能力达1千米，可存轨排20千米。据悉，蒙华铁路湖北段铺轨施工已经从襄州、荆门等分4个工作面同时开始铺轨。

2. 上海交通职业技术学院为学生搭建技能平台：让学生爱上学技能①

想要让学生爱上学技能，先得让课变得有意思。如今，大数据、云计算、物联网、智能交通、智能制造、无人机等新技术不断涌现。作为一所以交通物流行业为主要支撑的高职院校，上海交通职业技术学院清楚地了解到，学院只有把握交通物流业新技术、新知识发展的节奏，加快更新课程体系，尤其是强化技能培养，才能让学生适应现实，面向未来。

为了让学生爱上学技能，以培养“交通物流类高素质技术技能型人才”为主的上海交通职业技术学院，在2017年10月首次把英国的“现代学徒制”的育人模式引入课堂，依靠特色化、集团化和多元化的发展思路，与中国永达汽车服务控股有限公司、英国汽车工业学会(IMI)进行签约。由遴选出的28名优秀学生组成“国际标准学徒班”，在原有课程基础上按照IMI国际标准，学习来自英国汽车工业学会的课程体系。同时，中国永达汽车服务控股有限公司选派经验丰富的28名师傅一对一带教，学生每学期还将有一个月进入企业学习，将学到的理论知识直接应用于生产，并接受企业文化熏陶。通过企业参与职业教育人才培养全过程，实现专业设置与产业需求对接、课程内容与职业标准对接、教学过程与生产过程对接、毕业证书与职业资格证书对接、职业教育与终身学习对接。

建立现代学徒制是职业教育主动服务于当前经济社会发展要求，推动职业教育

---

① 罗菁.引入英国教学模式这个学校让学生爱上学技能[N].东方网，2017-10.

体系和劳动就业体系互动发展，打通和拓宽技术技能人才培养和成长通道，推进现代职业教育体系建设的战略选择；是深化产教融合、校企合作，推进工学结合、知行合一的有效途径；是全面实施素质教育，把提高职业技能和培养职业精神高度融合，培养学生社会责任感、创新精神、实践能力的重要举措。

匠人匠心

1. 第一代高铁工人杰出代表——“工人院士”李万君

李万君，1968 年生，中共党员，1987 年 7 月毕业于长春客车厂职业高中，而后进入客车厂焊装车间工作至今。“技能报国”是他的终生愿望，“大国工匠”是他的至尊荣光。他从一名普通焊工成长为我国高铁焊接专家，是“中国第一代高铁工人”中的杰出代表，是高铁战线的“杰出工匠”，被誉为“工人院士”“高铁焊接大师”。面对外国对我国高铁技术的封锁局面，他凭着一股不服输的钻劲儿、韧劲儿，积极参与填补国内空白的几十种高速车、铁路客车、城铁车转向架焊接规范及操作方法，先后进行技术攻关 100 多项，其中 21 项获得国家专利，其中“氩弧半自动管管焊操作法”填补了我国氩弧焊焊接转向架环口的空白。他一次又一次地试验，取得了一批重要的核心试制数据。如今，中车长春轨道客车股份有限公司的转向架年产量超过 9 000 个，比庞巴迪、西门子和阿尔斯通等世界三大轨道车辆制造巨头的总和还多。他研究探索出的“环口焊接七步操作法”成为公司技术标准。为培养更多的中国高铁世界级人才，李万君大师工作室先后组织培训近 160 场，为公司培训焊工 1 万多人次，创造了 400 多名新工人提前半年全部考取国际焊工资质证书的“培训奇迹”。他培养和带动出一批技能精湛、职业操守优良的技能人才，为打造“大国工匠”储备了坚实的新生力量。

如今的李万君，已成为新时代工人的典范，2009 年被中华全国铁路总工会授予“火车头奖章”，并被中国北车授予“中国北车技术标兵”称号；2016 年 7 月被中组部授予“全国优秀共产党员”荣誉称号。2017 年 2 月“感动中国 2016 年度人物”组委会颁奖词这样评价：“你是兄弟，是老师，是院士，是这个时代的中流砥柱。表里如一，坚固耐压，鬼斧神工，在平凡中非凡，在尽头处超越。这是你的人生，也是你的杰作。”

2. 改革开放中的中国工人创新先锋——包起帆

包起帆，1951 年生，中共党员。上海国际港务（集团）股份有限公司副总裁，是一名从码头工人成长起来的教授级高级工程师，长期在港口生产一线从事物流工程的研发工作。他致力于港口装卸工具的发明创造20多年，开发了新型抓斗系列共140多种，广泛应用于港口、铁路、化工、军工、河道等行业，多次在日内瓦、布鲁塞尔等国际发明展览会上获得金奖和银奖；又因“防漏散货抓斗”等九项成果获国家专利，被誉为“抓斗大王”，并被英、美两国国际传记中心分别列入《国际知识分子名人录》及21世纪金质成就奖，曾获“全国劳动模范”“五一劳动奖”获得者等荣誉称号。

(1) 血的教训萌芽创新思想

20世纪70年代初的一天，黄浦江畔一艘满装着原木的轮船，停靠在上海港木材装卸公司的码头边。青年装卸工包起帆和另一位曾是他同学的工人一起像往常一样，在船上作业。他们的任务是把船上的原木卸到码头上来。那粗粗的原木，轻的500千克，重的有10多吨。只见他们用手指般粗的钢丝绢将原木一捆捆地绑起，以便让吊车将它吊出船舱，排列在码头上。码头上的原木早已堆积如山。这时，一捆被吊得高高的原木在空中打转，突然，从上面滑了下来！“啊！”同学惊叫一声。祸从天降！他的十多根肋骨被压断，口中喷出鲜血。包起帆眼见发生在身边的惨剧，心如刀割……

包起帆从17岁初中毕业进公司当装卸工，已经有四五年了，深深体会到木材装卸不仅劳动强度高，而且危险性大，一出事故，工人轻则受伤，重则身亡。这给很多装卸工带来过不幸，工人们畏惧地称它为“木老虎”。什么时候能制服这只“木老虎”呢？包起帆悲痛地想。可是不久，灾难却一次又一次地降临到他自己头上。1974年某一天，他在用钢丝绳捆绑原木，吊车的铁钩钩住钢丝绳升起时，竟把他的大拇指连同手套拉碎，肉翻出来露出骨头，鲜血淋漓！好不容易把手伤养好，一次作业时，包起帆又被原木压伤了腿。同伴们和自己的切身苦难，使包起帆痛下决心，立下誓言：一定要制服“木老虎”！

(2) 刻苦钻研，勇于实践，研制出制服“木老虎”的一项发明

包起帆要制服“木老虎”并非易事。首先是他的文化、技术水平不行，那是“文革”期间，一场动乱使他失去升学的机会，说是初中毕业，实际只有初二水平。他开始刻苦学习。正好他被调到电吊修理组，他积极地向老师傅学了不少技术。同时，他又买了《机械制图》《钳工基础》等书，利用晚上时间拼命地学，可大多数内容他一知半解，甚至一点不懂。于是，1977年，包起帆26岁时，发奋考进上海业余工业大学，专攻起重运输机械专业，把专业学习与制服“木老虎”结合起来。他边学，边设想制服“木老虎”的方案。一天，他从码头走过，看到别的公司在卸船舱旦的黄沙、石子，他们用的是抓斗，根本不需要装卸工在船舱捆绑，那抓斗一抓、一合，就把黄沙、石子轻松地抓

起移往码头。包起帆忽地灵机一动:“哎!装卸原木是不是也可以用抓斗呢?对!我可以想办法设计一种可以抓原木的抓斗!”

但是,当他把这一想法告诉周围的同志时,大家都摇头。因为在 1958 年、1976 年上海港曾先后有人搞过用于大船上卸原木的抓斗,都失败了,而且也没听说过国外有这种抓斗。包起帆没有气馁,他想:不搞不行啊!“木老虎”一天不制服,木材装卸工人的安全就一天得不到保障。何况,以前两次失败了,不等于以后就搞不成功。自己具备在船上实际操作的经验,又学到了理论知识,只要把全部精力扑上去,相信是能够搞成的。

在公司领导的支持下,包起帆兴奋地干了起来。他跑图书馆、资料室、情报所,查阅国内外有关木材装卸知识的资料,找数据,回到家里搞设计,并用纸板做成模型,反复试验。不知用掉了多少纸板,度过了多少不眠之夜,经历了多少次失败,在 1981 年包起帆 30 岁时,他终于发明了“双索门机抓斗”,使原木装卸工人摆脱了死亡的威胁。由于这项发明,包起帆获得了中华人民共和国交通部优秀科技成果二等奖,并且“双索门抓斗”参加了日内瓦国际发明新技术展览。然而,包起帆觉得“双索抓斗”还不理想,操作不大方便,想把它改成“单索抓斗”。业余大学毕业后,他被调到公司技术科任技术员。一次去北京开会,会上给每位与会者发了支圆珠笔。他看到圆珠笔芯一伸一缩、吞吐自如,于是,一个灵感在他脑海中一闪:圆珠笔构造不复杂,其笔芯伸缩的原理不是可以移植到“单索抓斗”的开合机关中去吗?他一回上海就多次到圆珠笔厂,诚恳求教,并和同志们一起,三天三夜没睡觉,设计并制作出了更安全、更方便的“单索抓斗”。

包起帆继续努力,和同志们一起创制了六种不同类型的木材抓斗,构成了港口原木抓斗机械化装卸工艺系统,从而使各类事故下降了 99.1%,卸船速度提高了 56.4%,工人劳动生产率提高了 2.48 倍。“木老虎”被彻底制服了!

(3) 再接再厉,继续完成制服“铁老虎”的办法

包起帆并未就此止步。不久他又向“铁老虎”进军。

因为生铁沉重,轮船吃水太深,无法停靠码头,必须通过驳船接运,由搬运工人将生铁一块块搬下,再一次次地吊上驳船。这样不仅工作辛苦、不安全,而且效率很低。为了制服“铁老虎”,他日夜思索。后来他又受到一只民间玩具“纸模老鼠”的启发:将它背上的绳子一提一放,“老鼠”会在地上来回跑动,这是由于滚轮受偏心力造成的。他将此原理用在生铁抓斗上,制成模型反复试验,结果发明了“滑块式单索多瓣生铁抓斗”,提高了 8.8 倍工效,填补了国际港口装卸工具的一项空白,使我国

生铁装卸跃入世界先进行列。为此，1986 年包起帆荣获中国发明协会银奖，1987 年获日内瓦国际发明新技术展览会金奖。

接着，包起帆又动脑筋解决港口装卸废钢、石头的难题，发明了“异步启闭废钢块料抓斗”。此项发明获得首届国际专利及新技术设备展览会金奖、第八十届巴黎国际发明展览会金奖等，又一次为国争了光。为了进一步使装卸工人从繁重而危险的体力劳动中解放出来，包起帆又花大力气陆续发明了“半剪式散货抓斗”“电动液压散货抓斗”“无线遥控散货抓斗”“防漏散货抓斗”等，他被誉为“抓斗大王”。

如今，包起帆已先后完成 70 多项发明和技术革新，一些成果达到世界先进水平，创造了巨大的经济效益。他本人被评为“国家级有突出贡献的中青年专家”“全国优秀科技工作者”“全国优秀共产党员”，三次被评为“全国劳动模范”。他获得的国际、国内各种科技成果奖达 55 种，1994 年还获英国剑桥国际传记中心“20 世纪杰出成就奖”、美国国际传记中心“国际杰出贡献荣誉金奖”。

包起帆始终把他的发明看成是企业的财富、国家的财富，而不是个人的资本。他认为：“人的尊严、人的理想、人的精神是不能用金钱来衡量的。金钱有价，人格无价。”曾有外商在谈判中企图压价而给他“回扣”，一些人要求避开单位与他私人合作而给他“好处”等，这种情况不下数十次，他都严加拒绝。他还把奖金中自己所得那份一次次地分给受“木老虎”“铁老虎”之害而致残的工人。他说：“一个党员工程技术人员在追求文化、追求技术的同时，也要追求党员应有的精神境界，我最大的快乐在于将科研成果转化为生产力”。

学思践悟

1. 工匠精神的内涵是什么？
2. 结合专业实际，谈谈自己的职业生涯发展需要掌握哪些技能。
3. 说说你所知道的大国工匠的故事。

第三章　智造中国　强盛之基

第一节　创新驱动　铸就品牌

小贴士

1. **品牌**：是指消费者对产品及产品系列的认知程度，是人们对一个企业及其产品、售后服务、文化价值的一种评价和认知。

2. **开放**：多表示张开、释放、解除限制等含义，现代常见有开放政策、开放发展模式、开放式基金等。

3. **转型**：是指事物的结构形态、运转模型和人们观念的根本性转变过程。

4. **核心竞争力**：是指企业或个人相较于竞争对手而言所具备的竞争优势与核心能力优势。

思想之光

我国广大科技工作者要有强烈的创新信心和决心，既不妄自菲薄，也不妄自尊大，勇于攻坚克难、追求卓越、赢得胜利，积极抢占科技竞争和未来发展制高点。

——2018 年习近平总书记在中国科学院第十九次院士大会、中国工程院第十四次院士大会上的讲话

坚定实施科教兴国战略、人才强国战略、创新驱动发展战略、乡村振兴战略、区域协调发展战略、可持续发展战略、军民融合发展战略，突出抓重点、补短板、强弱项，特别是要坚决打好防范化解重大风险、精准脱贫、污染防治的攻坚战，使全面建成小康社会得到人民认可、经得起历史检验。

——2017 年习近平总书记在中国共产党第十九次全国代表大会上的报告

汽车行业是市场很大、技术含量和管理精细化程度很高的行业，发展新能源汽车是我国从汽车大国迈向汽车强国的必由之路，要加大研发力度，认真研究市场，用

好用活政策，开发适应各种需求的产品，使之成为一个强劲的增长点。

——2014年习近平总书记在上海汽车集团技术中心考察时的讲话

创新驱动是形势所迫。我国经济总量已跃居世界第二位，社会生产力、综合国力、科技实力迈上了一个新的大台阶。同时，我国发展中不平衡、不协调、不可持续问题依然突出，人口、资源、环境压力越来越大。我国现代化涉及十几亿人，走全靠要素驱动的老路难以为继。物质资源必然越用越少，而科技和人才却会越用越多，因此我们必须及早转入创新驱动发展轨道，把科技创新潜力更好释放出来。

——2013年习近平总书记在十八届中央政治局第九次集体学习时的讲话

工业是我们的立国之本，要大力发扬自力更生精神，研发生产我们自己的品牌产品，形成我们自己的核心竞争力，推动国家繁荣富强，工人阶级要把这个历史责任承担起来！

——2013年习近平总书记在湖北调研时的讲话

思想荟萃

1. 属于中国自主品牌的汽车有哪些？

“中国汽车自主品牌”本身是一个品牌，是属于中国的国家品牌。

中国制造已经开始重塑自己在国际市场中的形象，提升品质、提升内涵、提升品牌附加值，而刚刚开始起步的中国汽车自主品牌产销量增长迅猛，新项目、新车型、新品牌纷纷登场。目前，中国的自主汽车品牌有：

中国长安汽车集团自主品牌：长安、昌河、哈飞、陆风；北京汽车工业集团总公司自主品牌：福田、北京。总部位于北京。

第一汽车集团自主品牌：红旗、奔腾、夏利、佳星、佳宝。总部位于长春。

上海汽车集团自主品牌：荣威、五菱。总部位于上海。

东风汽车集团自主品牌：东风。总部位于武汉。

广州汽车集团自主品牌：传祺、长丰。总部位于广州。

奇瑞集团自主品牌：瑞麒、奇瑞、开瑞、威麟。总部位于芜湖。

中国重汽自主品牌：中国重汽。总部位于济南。

吉利汽车自主品牌：帝豪、华普、全球鹰、上海英伦。总部位于杭州。

比亚迪汽车自主品牌：比亚迪。总部位于深圳。

长城汽车自主品牌：长城。总部位于保定。

华晨汽车集团自主品牌：中华、金杯。总部位于沈阳。

力帆集团自主品牌：力帆。总部位于重庆。

江淮集团自主品牌：江淮。总部位于合肥。

双环集团自主品牌：双环。总部位于石家庄。

2. 如何提升中国品牌竞争力①

质量和品牌是有机的统一体，品牌是质量的象征，质量提档升级，最终还是要体现在品牌上。党的十八大以来，国家出台了一系列促进品牌发展的政策措施，其中《关于发挥品牌引领作用推动供需结构升级的意见》，批准每年 5 月 10 日设为“中国品牌日”，着力营造品牌发展良好环境。

当前我国的品牌还比较弱。从硬件上来分析，关键基础的原材料、核心基础的零部件、精加工的能力、精密检测能力与国外优秀品牌比，还有比较大的差距；高端高档机床、高端芯片、高性能的元器件也有差距。从软件上来看，创新能力不够、质量的保持和持续改进能力不足，缺乏持之以恒、精益求精的工匠精神。

开展质量提升行动，着力打造“中国品牌”，提升中国品牌的核心竞争力。需要做好以下工作：

（1）做好品牌发展中长期规划

制订我国未来一个时期实施品牌发展战略的指导思想、基本原则、战略任务和保障措施。

（2）完善品牌培育机制

深化知名品牌创建示范区建设，打造区域知名品牌。实施中国精品培育工程，加大品牌保护力度，联合商务、工商、知识产权等部门，严厉打击仿冒品牌违法行为。用好“中国质量奖”的评选表彰结果，以质量提升来树立中国品牌的国际新形象。指导有关行业协会，为品牌建设提供专业服务。

（3）完善品牌建设标准体系和评价体系

制定发布一批品牌建设国家标准，引导企业走品牌发展之路。组织开展中国品牌价值评价活动，实施主动评价，提升评价工作的覆盖面和客观性。联合主流媒体，提升中国品牌知名度和影响力。

---

① 品牌中国战略规划院.中国品牌战略发展报告 2017[M].北京：社会科学文献出版社，2017.

（4）开展“中国品牌日”系列宣传活动

通过举办中国自主品牌博览会，开设品牌发展主题系列专栏，召开品牌发展研讨会，组织品牌发展论坛，彰显我国自主品牌发展成就，打造中国制造、中国建造、中国服务的金字招牌。

3. 品牌国际化是“中国制造”走向“中国创造”的必经之路

随着经济全球化、一体化进程的加快，国际市场竞争已进入品牌竞争时代。对企业来说，品牌体现着企业素质、产品质量及对消费者的责任心和信誉度，是一种企业的无形资产；对国家来说，品牌体现着一个国家综合竞争实力和工业发展水平。纵观世界500强跨国企业的成长经历，他们都有非常相似的国际化品牌战略。

中国企业在品牌国际化的路上，虽然有很多产品做到了世界第一，但真正被世界接受的品牌还是非常有限。目前，我国有170多类产品的产量居世界第一位，但却少有世界水平的品牌。在2016年度“世界品牌500强”中，美国有227个，英国、法国均以41个并列第二，日本有37个，而我国只有36个。虽然我国比2006年的6个品牌提升到36个，有了较大跨越，但相对于13亿人口大国和世界第二大经济体，我国品牌显然还处于“第三世界”。英国剑桥大学制造业研究院斯蒂芬·埃文斯教授认为，“中国制造大而不强，必须技术和品牌两条腿走路”。哈佛大学商学院约翰·戴腾教授认为，“中国品牌的原产国战略应尽可能避免，美国90%的鞋都是中国制造，但都贴的还是美国品牌。应该将品牌建立在消费者所关心的品质之上，而不是原产地”。

品牌是建设制造强国的名片，我们要讲好中国工业品牌故事，宣传引导国民、企业增强品牌意识和品牌发展理念，树立消费信心，全方位形成消费者理性的品牌抉择，在企业界乃至全社会形成“中国产品向中国品牌转变”的共识。

如果说“中国制造”到“中国创造”是一个科技创新、产业升级的过程，那么，“中国创造”到“中国品牌国际化”就是一个科技创新、产业升级、文化创意、管理制度、营销模式等全要素从量变到质变的过程。

品牌风采

1. 华为让更多的人感知中国

这是一家生产销售通信设备的民营科技公司，1987年成立于中国深圳，初始资本只有21 000元人民币。经过30多年的奋斗，如今华为的电信网络设备、IT设备和解决方案以及智能终端已应用于全球170多个国家和地区。华为手机在国内市场出货量稳居第一；在国际市场，成为全球第二大手机厂商。年销售规模雄踞世界500强公司之列。

在全球百强品牌中，华为位居第94名。英国广播公司报道说，这是中国品牌首次与美国苹果、谷歌、可口可乐、IBM、微软等全球知名品牌共同排在全球百强品牌榜单上。美国《商业周刊》这样形容华为：如果没有华为，西伯利亚的居民就收不到信号，非洲乞力马扎罗火山的登山客无法找人求救。8 000米以上喜马拉雅山的珠峰，零下40℃的北极和南极，都见得到华为的足迹。

2. 吉利汽车——国人的骄傲

浙江吉利控股集团始建于1986年，总部在杭州，1997年进入汽车行业，多年来专注技术创新和人才培养取得了快速发展。现资产总值超过2 000亿元，连续10年进入“中国企业500强”，连续8年进入“中国汽车行业10强”，是国家“创新型企业”和“国家汽车整车出口基地企业”。2012年7月吉利控股集团以总营业收入233.557亿美元(约1 500亿人民币)进入“世界500强”，成为唯一入围的中国民营汽车企业，吉利商标被认定为中国驰名商标。

吉利集团形成较强的整车、发动机、变速器和汽车电子电器的开发能力，投资了数千万建成浙江省唯一的汽车安全技术重点实验室，具备中国及欧盟体系下所有整车NCAP法规的碰撞试验的能力，自主开发的吉利熊猫、帝豪EC7、帝豪EC8先后获得C-NCAP五星安全评价；帝豪EC7获得E-NCAP四星安全认定，成为中国首款获得欧洲权威安全评定机构高星级认定的车型，被誉为“中国汽车行业安全技术的里程碑”；2012年7月，吉利首款SUV车型—全球鹰GX7以50.3的高分获得C-NCAP“超五星”殊荣，成为自主品牌中绝无仅有的“超五星”车型，在截止到2012年6月参加过C-NCAP评测的172款车型中名列第四，超越了众多合资品牌车型；自主开发的4G18CVVT发动机，升功率达到57.2 KW，处在“世界先进，中国领先”水平；自主研发并产业化的Z系列自动变速器，填补了国内汽车领域的空白，获得中国汽车行业科技进步一等奖。

至2018年，吉利拥有各种专利8 000多项，其中发明专利1 000多项，国际专利40多项，被列为“中国企业知识产权自主创新十大品牌”，是国家级“企业技术中心”“博士后工作站”“高新技术企业”。“吉利战略转型的技术体系创新工程建设”荣获2009年度国家科技进步奖二等奖，“吉利轿车安全技术的研发与产业化”荣获中国汽车工业科学技术一等奖。

3. 格力展现中国品牌的魅力

珠海格力电器股份有限公司是一家多元化的全球型工业集团，主营家用空调、中央空调、智能装备、生活电器、空气能热水器、手机、冰箱等产品。

公司自 1991 年成立以来，始终坚持"自主创新"的发展理念，秉承"百年企业"的经营目标，凭借领先的技术研发、严格的质量管理、独特的营销模式、完善的售后服务享誉海内外。2005 年至今，格力家用空调产销量连续 13 年领跑全球，2006 年荣获"世界名牌"称号。2018 年格力电器实现营业总收入 2 000.24 亿元，同比增长 33.33%；净利润 262.03 亿元，同比增长 16.97%。

成立于 1991 年的格力电器公司从当年年产量仅两万台的亏损小厂，发展到产销量全球第一的家电龙头；从单一生产空调的企业，发展成多元化的国际化家电企业。可以说，格力的发展过程也正是中国高速发展的缩影。

作为一家专注于空调产品的大型电器制造商，格力电器致力于为全球消费者提供技术领先、品质卓越的空调产品。在全球拥有珠海、重庆、合肥、郑州、武汉、石家庄、巴西、巴基斯坦、越南九大生产基地，员工有 8 万多名，开发出包括家用空调、商用空调在内的 20 大类、400 个系列、7 000 多个品种规格的产品，能充分满足不同消费群体的各种需求；拥有技术专利近 6 000 项。其中，自主研发的 GMV 数码多联一拖多机组、离心式大型中央空调、正弦波直流变频空调等一系列高端产品，填补了国内空白，打破了美日制冷巨头的技术垄断，成为从"中国制造"走向"中国创造"的典范，在国际舞台上赢得了广泛的知名度和影响力。2015 年，格力电器大步挺进"全球 500 强"企业阵营，位居"福布斯全球 2 000 强"第 385 名，排名在家用电器类全球第一位。2016 年，第二届中国制造高峰论坛在北京人民大会堂举行，格力电器董事长董明珠正式宣布格力进入"多元化时代"。2018 年，格力电器位列"福布斯全球上市公司 2 000 强"榜单第 294 位。

格力就依靠"自主创新"这把金钥匙叩开了"中国创造"的大门，从一个名不见经传的中国小品牌蜕变为家喻户晓的世界名牌。

在世界空调发展的百年历史中，美国和日本曾长期垄断核心技术，美日巨头产品和市场方面所表现出来的更多是从核心技术上对中国企业进行封锁和围剿。而格力所做的就是创新和突破，展现中国创造品牌的魅力。

学思践悟

1. 你周围的人在日常生活中是更喜欢买国产品牌还是国外品牌？为什么？

2. 请你分析为什么许多年轻人喜欢“海淘”，是因为国产品牌比不上进口品牌吗?

3. 出谋划策：中国制造业如何与世界接轨，向一流看齐?

第二节　一带一路　引领未来

小贴士

1. 一带一路：是“丝绸之路经济带”和“21 世纪海上丝绸之路”的简称。“一带一路”高举和平发展的旗帜，积极发展与沿线国家的经济合作伙伴关系，共同打造政治互信、经济融合、文化包容的利益共同体、命运共同体和责任共同体。

2. 品牌国际化：是设计和制造容易适应不同区域要求的产品的一种方式。它要求从产品中抽离所有地域语言、国家(地区)和文化相关的元素，就是要使国内品牌成为国际品牌，在国际上有较大影响力的品牌的行为过程。

3. 创造：是指将两个或两个以上概念或事物按一定方式联系起来，主观地制造客观上能被人普遍接受的事物，以达到某种目的的行为。简而言之，创造就是把以前没有的事物给生产出来或者创造出来，这是一种典型的人类自主行为。

4. 自主知识产权[①]**：**知识产权是人们在科学技术、文化艺术等领域从事智力活动而创造的财富，是法律确认的产权。自主知识产权是与使用他人知识产权相对的概念，指产品生产者对产品中包含的核心技术拥有自己的知识产权。

思想之光

我们要激发全社会创造力和发展活力，努力实现更高质量、更有效率、更加公平、更可持续的发展!

——2017 年习近平总书记在中国共产党第十九次全国代表大会上的报告

总结经验、坚定信心、扎实推进，聚焦政策沟通、设施联通、贸易畅通、资金融通、民心相通，聚焦构建互利合作网络、新型合作模式、多元合作平台，聚焦携手打造绿色丝绸之路、健康丝绸之路、智力丝绸之路、和平丝绸之路，以钉钉子精神抓下去，一

① 李顺德.知识产权公共教程[M].北京：中国人事出版社，2008.

步一步把“一带一路”建设推向前进，让“一带一路”建设造福沿线各国人民。

——2016 年习近平总书记在推进“一带一路”建设工作座谈会上的讲话

中华民族是勤于劳动、善于创造的民族。正是因为劳动创造，我们拥有了历史的辉煌；也正是因为劳动创造，我们拥有了今天的成就。

——2015 年习近平总书记在庆祝“五一”国际劳动节暨表彰全国劳动模范和先进工作者大会上的讲话

创新是引领发展的第一动力。抓创新就是抓发展，谋创新就是谋未来。

——2015 年习近平总书记在第十二届全国人大三次会议上的讲话

中国是装备制造业大国，但同发达国家比还有差距，实现中国梦，装备制造业这个基础必须打牢。装备制造业的核心是技术创新，一个国家综合实力的核心还是技术创新，不掌握科技创新最灵魂、最根本的东西，就掌握不了国家科技事业发展的命运。

——2014 年习近平总书记在河南郑州考察时的讲话

思想荟萃

1.“一带一路”的提出

2013 年 9 月 7 日，习近平总书记在哈萨克斯坦纳扎尔巴耶夫大学发表演讲，提出了共同建设“丝绸之路经济带”的畅想。一个月后，习近平总书记出访东盟，提出共同建设“21 世纪海上丝绸之路”。由此，“一带一路”走入世界视野，开启了一段穿越时间与空间的新旅途。在各国人民的携手努力下，“一带一路”的宏伟蓝图已然照亮现实。

习近平总书记倡导的“一带一路”宏伟构想，顺应了世界多极化、经济全球化、文化多样化、社会信息化的大潮流，秉承了开放包容的新理念，赋予古丝绸之路以全新的时代内涵，通过打造一个开放、包容、共享的合作平台，把各方力量汇聚起来，开辟增长新动力，探索发展新路径，彰显了以合作共赢打造人类命运共同体的伟大思想，旨在同参与各国分享中国发展机遇，促进参与各国经济繁荣与区域经济合作，加强不同文明交流互鉴，促进世界和平发展，实现世界共同繁荣，是一项造福全人类的伟大事业，因而也成为目前世界上最受欢迎的国际合作倡议，越来越多的国家、国际组织加入了共商共建共享的“一带一路”实践进程。

“一带一路”从无到有、由点及面，总体框架顺利搭建，初步完成规划布局，政策沟通、设施联通、贸易畅通、资金融通、民心相通，取得了实实在在的建设成果，目前正在向落地生根、精耕细作、持久发展阶段迈进。“一带一路”朋友圈不断扩大，国际共识不断凝聚，参与国家互联互通推进迅速、合作协议陆续签署、产能合作全面推进、贸易往来日益紧密。

“一带一路”作为一种新型经济全球化的尝试，需要各国携手努力、砥砺前行。在全球化和多极化仍在不断深入发展、世界经济发展尚存在多重不确定性不稳定性的当今，实现“一带一路”的美好愿景，不只是一个倡导国的事情，更需要各参与伙伴同舟共济、相濡以沫，唯有各方共同付出努力，才能在人类命运共同体的新平台上共迎挑战、共谋发展，创造持续繁荣的新世界①。

2. “一带一路”的框架思路与合作机制

“一带一路”是促进共同发展、实现共同繁荣的合作共赢之路，是增进理解信任、加强全方位交流的和平友谊之路。中国政府倡议，秉持和平合作、开放包容、互学互鉴、互利共赢的理念，全方位推进务实合作，打造政治互信、经济融合、文化包容的利益共同体、命运共同体和责任共同体。

“一带一路”贯穿亚欧非大陆，一头是活跃的东亚经济圈，另一头是发达的欧洲经济圈，中间广大腹地国家经济发展潜力巨大。丝绸之路经济带重点畅通中国经中亚、俄罗斯至欧洲(波罗的海)；中国经中亚、西亚至波斯湾、地中海；中国至东南亚、南亚、印度洋。“21 世纪海上丝绸之路”重点方向是从中国沿海港口过南海到印度洋，延伸至欧洲；从中国沿海港口过南海到南太平洋。

根据“一带一路”走向，陆上依托国际大通道，以沿线中心城市为支撑，以重点经贸产业园区为合作平台，共同打造新亚欧大陆桥、中蒙俄、中国—中亚—西亚、中国—中南半岛等国际经济合作走廊；海上以重点港口为节点，共同建设通畅安全高效的运输大通道。中巴、孟中印缅两个经济走廊与推进“一带一路”建设关联紧密，要进一步推动合作，取得更大进展。

“一带一路”建设是沿线各国开放合作的宏大经济愿景，需要各国携手努力，朝着互利互惠、共同安全的目标相向而行。努力实现区域基础设施更加完善，安全、高效的陆海空通道网络基本形成，互联、互通达到新水平；投资贸易便利化水

---

① 胡敏.“一带一路”给世界带来满满的正能量[N].中国青年网，2017-05-11.

平进一步提升，高标准自由贸易区网络基本形成，经济联系更加紧密，政治互信更加深入；人文交流更加广泛深入，不同文明互鉴共荣，各国人民相知相交、和平友好。

当前，世界经济融合加速发展，区域合作方兴未艾。大家都在积极利用现有双多边合作机制，推动“一带一路”建设，促进区域合作蓬勃发展。

3.“一带一路”助力中国品牌走向国际化[①]

中国发展正处于动能转换、方式转变、结构调整的新起点，十九大报告将“一带一路”建设放到了更加重要的位置，作为形成全面开放新格局的重点工作来抓。未来我国开放型经济将步入协议开放与自主开放向纵深发展的新阶段。“一带一路”致力于打造开放、包容、均衡、普惠的区域合作架构的新愿景，改善和拓宽中国经济发展的国际环境与市场空间，使全球治理结构不断朝着公平、合理的方向发展，有利于中国与沿线国家形成陆海联动、互利共赢的区域合作格局。

“一带一路”坚持共商共建共享，遵循市场原则和国际通行规则，发挥企业主导作用。2019 年 3 月 5 日李克强总理在《政府工作报告》中进一步指出：推动共建体作用，推动基础设施互联互通，加强国际产能合作，拓展第三方市场合作。办好第二届“一带一路”国际合作高峰论坛，推动对外投资合作健康有序发展。

“一带一路”倡议为中国品牌走出去提供了发展机遇，“一带一路”倡议对于中国品牌而言，是难得的发展机遇，其建设过程不仅涉及众多国家和地区，还涉及众多产业和巨量的要素调动，其间产生了各种机遇也充满了挑战。“一带一路”倡议不仅为中国发展带来新机遇，也将为沿线各国分享中国发展红利创造条件，并最终为世界发展提供不竭动力。

中国品牌走出国门也面临着一系列挑战。中国品牌走出去应借鉴国际品牌的成功经验，抓好品牌建设。注重品牌的推广、提升品牌文化内核建设，这将对中国品牌的发展有积极促进作用；改变中国品牌大而不强的现象，首先就要坚持产品质量，以质量为生命。培养品牌并非一朝一夕，需要做长期大量细致的工作。中国品牌做大、做强，创新科技要走在前列，坚持诚信，靠信誉立足；以市场为导向，让市场来真正检验好的产品；企业也需要专注品牌建设工作，不断创新研发，并进行有效的推广，多渠道提升品牌的世界知名度和美誉度，把品牌建设提高到应有的战略高度，培养一批技艺精湛的技能人才，培育工匠精神。

---

① 燕珍.中国品牌的国际化之路[J].内蒙古财经学院学报，2004(4).

学思践悟

1. 什么是“一带一路”?

2. 中国制造走向中国创造的必经之路是什么?

3. 中国品牌走向世界将面临哪些挑战?

第三节　人工智能　助力发展

小贴士

1. **人工智能**:是研究、开发用于模拟、延伸和扩展人的智能的理论、方法、技术及应用系统的一门新的技术科学。

2. **新经济**:是建立在信息技术革命和制度创新基础上的经济持续增长与低通货膨胀率、低失业率并存,经济周期的阶段性特征明显淡化的一种新的经济现象。

3. **数字经济**:指一个经济系统,在这个系统中,数字技术被广泛使用并由此带来了整个经济环境和经济活动的根本变化。

思想之光

要推进互联网、大数据、人工智能同实体经济深度融合,做大做强数字经济。要以智能制造为主攻方向推动产业技术变革和优化升级,推动制造业产业模式和企业形态根本性转变,“鼎新”带动“革故”,以增量带动存量,促进我国产业迈向全球价值链中高端。

——2018 年习近平总书记在中国科学院第十九次院士大会、中国工程院第十四次院士大会上的讲话

我国经济已由高速增长阶段转向高质量发展阶段,正处在转变发展方式、优化经济结构、转换增长动力的攻关期,迫切需要新一代人工智能等重大创新添薪续力。

——2018 年习近平总书记在中共中央政治局第九次集体学习上的讲话

我们要坚持创新驱动发展,加强在数字经济、人工智能、纳米技、量子计算机等前沿领域合作,推动大数据、云计算、智慧城市建设,连接 21 世纪的数字丝绸之路。

——2017 年习近平总书记在“一带一路”国际合作高峰论坛开幕式上的演讲

加快建设制造强国，加快发展先进制造业，推动互联网、大数据、人工智能和实体经济深度融合，在中高端消费、创新引领、绿色低碳、共享经济、现代供应链、人力资本服务等领域培育新增长点、形成新动能。

——2017 年习近平总书记在中国共产党第十九次全国代表大会上的报告

中共十九大制定了新时代中国特色社会主义的行动纲领和发展蓝图，提出要建设网络强国、数字中国、智慧社会，推动互联网、大数据、人工智能和实体经济深度融合，发展数字经济、共享经济，培育新增长点、形成新动能。中国数字经济发展将进入快车道。中国希望通过自己的努力，推动世界各国共同搭乘互联网和数字经济发展的快车道。

——2017 年习近平总书记致信第四届世界互联网大会

思想荟萃

1. 人工智能带来的社会变化①

人工智能给人类社会发展带来的进步和人们生活中便利是显而易见的。通过大数据分析，计算机可以清晰地了解行业产品的市场动态，更好地满足企业目标客户群体和生产商品，国外有超市就可以通过消费者购买分析实现营业额的快速增长；通过图像识别和言语识别，我们可以感受到更加安全的社会环境，如指纹开锁等，而且准确的识别和分析功能，能很好地满足我们日常生活需要，比如，人工智能程序让我们可以实现人机对话，通过手机或者其他电子产品帮助我们分析如何快速到达指定地点、帮我们根据自己喜好快速选择附近的餐厅等。当然，人工智能给企业带来的巨大的成本降低，解放了一些高工作强度，高危险性的劳动力，让机器人替代人工在流水线生产，极大地提高了生产效益。

当前，人工智能还处于高速发展期，很多人对人工智能的认识还不够，然而，人工智能技术必定会是未来的趋势，它可以轻松汇聚人类各种经验认识，满足人类的需求，可以说人工智能的发展将给人类生活带来变化和进步。

2. 人工智能对人类的影响②

（1）人工智能的迅速发展将深刻改变人类社会生活、改变世界

经过多年的演进，特别是在移动互联网、大数据、超级计算、传感网、脑科学等新理论新技术以及经济社会发展强烈需求的共同驱动下，人工智能加速发展，呈现出

① 李彦宏.人工智能将给人类社会带来巨大改变[N].第一财经，2017－03－9.

② 中华人民共和国国务院.新一代人工智能发展规划[S].2017(07－9).

深度学习、跨界融合、人机协同、群智开放、自主操控等新特征，特别是类脑智能蓄势待发，芯片化硬件化平台化趋势更加明显。人工智能发展进入新阶段，必将推动经济社会各领域从数字化、网络化向智能化加速跃升。

（2）人工智能成为国际竞争的新焦点

人工智能是引领未来的战略性技术，世界主要发达国家纷纷把发展人工智能作为提升国家竞争力、维护国家安全的重大战略，加紧出台规划和政策，围绕核心技术、顶尖人才、标准规范等强化部署，力图在新一轮国际科技竞争中掌握主导权。必须放眼全球，主动谋划，牢牢把握人工智能发展新阶段国际竞争的战略主动，打造竞争新优势、开拓发展新空间，有效保障国家安全。

（3）人工智能成为经济发展的新引擎

人工智能作为新一轮产业变革的核心驱动力，将进一步释放历次科技革命和产业变革积蓄的巨大能量，并创造新的强大引擎，重构生产、分配、交换、消费等经济活动各环节，形成从宏观到微观各领域的智能化新需求，催生新技术、新产品、新产业、新业态、新模式，引发经济结构重大变革，深刻改变人类生产生活方式和思维模式，实现社会生产力的整体跃升。我国经济发展进入新常态，深化供给侧结构性改革任务非常艰巨，必须加快人工智能深度应用，培育壮大人工智能产业，为我国经济发展注入新动能。

（4）人工智能带来社会建设的新机遇

我国正处于全面建成小康社会的决胜阶段，人口老龄化、资源环境约束等挑战依然严峻，人工智能在教育、医疗、养老、环境保护、城市运行、司法服务等领域广泛应用，将极大提高公共服务精准化水平，全面提升人民生活品质。人工智能技术可准确感知、预测、预警基础设施和社会安全运行的重大态势，及时把握群体认知及心理变化，主动决策反应，将显著提高社会治理的能力和水平，对有效维护社会稳定具有不可替代的作用。

（5）人工智能发展的不确定性带来新挑战

人工智能是影响面广的颠覆性技术，可能带来改变就业结构、冲击法律与社会伦理、侵犯个人隐私、挑战国际关系准则等问题，将对政府管理、经济安全和社会稳定乃至全球治理产生深远影响。在大力发展人工智能的同时，必须高度重视可能带来的安全风险挑战，加强前瞻预防与约束引导，最大限度降低风险，确保人工智能安全、可靠、可控发展。

3. 人工智能发展的利与弊

随着科学技术和互联网的发展，地球已经变成了一个小小的地球村，人工智能领域也迅速发展，特别是在“中国智造2025”提出后，国内的人工智能领域也掀起一股热潮，BAT等科技巨头纷纷布局人工智能领域，科大讯飞在语音识别方面也取得了不小的突破。面对发展如此迅速的人工智能，可以说既有利，也有弊。

（1）人工智能发展的利

目前人工智能已经为人类创造出了非常可观的经济效益，人工智能可以代替人类做大量人类不想做、不能做的工作，而且机器犯错误的概率比人低，并且能够持续工作，极大地提升工作效率，节约大量成本，未来的人工智能可能还会代替人类工作，代替人类做家务，帮助人类学习，甚至可以照顾老人和小孩，实时监护人类的健康，直接给病人来治疗，延长人类的寿命，让人类的生活变得越来越美好。

（2）人工智能发展的弊

科技的发展是一把“双刃剑”，汽车发明颠覆了传统的马车行业，人工智能的发展同样也将颠覆许多行业。机器人代替了许多人类的工作将导致大量的人口失业，机器的学习速度远远快于人类。阿尔法狗战胜李世石、柯洁曾引起人们的恐慌，有人说不怕阿尔法狗战胜李世石，怕的是阿尔法狗故意输掉一局，如果未来的某一天，机器人变成像电影《机械姬》中有意识的机器人，那么人工智能将面临技术失控的危险，甚至会威胁到人类自身。

事实上，任何的科学技术的发展最大的威胁就是失去人类的控制，人工智能亦是如此，无论人工智能如何发展，都必须保证始终受人类控制，在不伤害人类的情况下服务于人类，这样人类才会更加容易接受人工智能。

人工智能改变了人们的生活，我们对人工智能应加以更好利用，同时还要避免带来的弊端，使人工智能与人类、与社会、与自然和谐相处，这样才能产生长远的发展。

4. 人工智能时代的“新经济”之路

“新经济”这个词，让很多人感到既熟悉又陌生。熟悉的是，如今的日常生活中经常能看到“新经济”带来的巨大变化。陌生的是，到底什么是“新经济”，这条路怎样才能走得又快又稳，人们还不太明白。

如今中国的互联网经济、大数据、人工智能、共享经济以及实体经济已经走在世纪前列。铁路、公路、水运、航空、电网、管网等基础设施建设日趋完善。人类信息技术的发展已经过了三次浪潮。如果说第一次浪潮是机与机的连接，第二次浪潮进入了无线互联互通，现在中国正在大踏步进入第三次浪潮，就是全球智能化互联。在“新经济”领域，人工智能将构建未来，形成产业核心，成为创造未来的巨大引擎力量。人工智能有强大的垂直整合特点。以汽车工业为例,汽车工业是一个上百年的产业,如今因为人工智能技术的发展发生了巨大变化,这个变化不仅会影响车厂,而且会影响很多上、下游的产业,无论是打车服务的提供商,还是芯片的制造商。

在以互联网为代表的"新经济"发展之路上,中国抓住了重大机遇,无论是"天宫二号"还是航空母舰,无论是"北斗三代"还是"复兴号"列车,无论是"慧眼"卫星还是光量子计算机,中国的科学研究在许多领域已经走在了世界前列。从星辰到大海,从平原到荒漠,我们随处可见中国创造、中国智慧。国之重器,利国利民,背后是无数科学工作者的辛勤努力,知识型、技能型、创新型劳动者大军正日渐强大,劳模精神与工匠精神深入各个工作领域,成为中国特色社会主义现代化建设的强大力量。

5. 发展数字经济 促进开放共享

我国的数字经济这几年得到迅猛、蓬勃发展。数据显示,2018 年,我国数字经济规模达到 31.3 万亿元,占 GDP 比重达 34.8%;电子商务交易额为 31.63 万亿元,网络零售额超 9 万亿元;网络支付用户规模达 6 亿。电子商务、大数据、云计算、人工智能和共享经济等一个个市场新词,在中国也基本都耳熟能详,还有更贴切民众生活的微店、移动支付、共享单车和数字扶贫,等等。现在就是一个数字时代,把焦点放在数字经济上,既是对信息化的推动,也能产生促进经济转型升级的内生力。

中国数字经济的大发展给中国经济注入了新鲜血液,也让中国经济有了新支撑和新引擎,更为建设网络强国、数字中国、智慧社会等提供了有力支撑,也使得无数国人的生活体验得到升华,生活质量得到提升,幸福感和自豪感倍增。当然,我们的数字经济已经形成"国际样本",成为世界数字经济时代的引领者,给全世界送去了数字福利,进而让世界人民共享数字经济繁荣发展成果。

匠人匠心

打破"神话"的襄阳匠人李勇

近年来,随着人工智能逐步推广,不少人认为,机器人夺走了工人的饭碗。但在神龙汽车襄阳工厂,一名年轻的技师就偏偏向机器人发起挑战,用自己的钻研和精湛的维修技术,不等不靠甚至不用花钱,就降服了价值千万元的全自动机器人。

在神龙汽车有限公司襄阳工厂，当这套汽车发动机缸盖清洗全自动机器人从国外买来后，由于没人会用，且设备供应商想借调试技术再赚一笔而托词不来，设备净搁置了几个月，严重影响了公司的生产进度。是企业继续花钱，还是看着设备干瞪眼？这时，设备保障部技师李勇不服气，提出自己来试一试。

“我们对机器人的轨迹和机器人的编程这一块儿还是空白，我们是白天摸索，晚上回家练习，找资料，第二天白天继续学习摸索。”设备保障部员工李勇如是说。然而，让人工智能的机器人干活儿，并不是启动传统机器那么简单，必须通过严谨地编程，才能让机器人听懂指令，运转起来。李勇没有正规地学过电脑编程，就买来大堆的工具书和上网自学。在大学时，李勇甚至英语四级都没有过，但压力之下，也让李勇的潜力无限激发，如今，全英文版的操作程序，他也能全部拿下。

不会的就学，没有经验的，就反复摸索，通过夜以继日的学习和尝试，李勇终于摸清了机器人的运动轨迹，再经过反复调整清洗时间，他终于把一整套的编程系统给钻研出来了，经过实际运用，效果非常理想。

这套价值 1 000 多万的汽车发动机缸盖清洗系统全自动机器人每年可以清洗超过 20 万套发动机缸盖，看着它有条不紊地工作，甚至比供应商预期的时间提前了半年，而且还给企业节约了大笔资金，李勇扬眉吐气，“再智能的机器人，也需要技术工人的调教，才能好好工作，发挥作用”。

这个经历对李勇个人是一次极大的成长，也让公司意识到：培养多技能人才，帮助机电一体化人员快速技能，是十分迫切和必要的。在公司的支持下，李勇负责起“电气大师工作室”的人才培训和课题攻关，他还把自己十多年的维修技术和经验编写成书，供同事们学习参考。他盼望每名技术工人，在面对智能制造的时代，都能够有底气、有实力。

“随着自动化的不断提升，我们对智能制造的需求也是越来越高，这里面还有很多的内容需要学习和探究，我希望自己跟上形势的发展，同时也担当一份责任，带领同事们一起努力，为企业的发展贡献一分力量。”李勇说。

“人工智能焊接 X 光机”的“焊枪工匠”吴应明

今年 43 岁的吴应明，是重庆正阳新材料有限公司焊接技术总监。拥有 25 年电焊工作经验的他，有重庆“第一焊工”的美誉，被同行们誉为“人工智能焊接 X 光机”，因为他“出品”的产品必属精品，有着良好的口碑。他还因出色的成果荣获了重庆市“五一劳动奖章”。

“不积跬步，无以至千里。”看似简单的工作被吴应明做到了极致，这与他 25 年如一日的坚持和钻研分不开。1993年,吴应明初中毕业后考入新疆乌鲁木齐矿务局技校就读焊接专业,从此与焊接结缘。

“学的过程中,受辐光辐射的影响,眼睛被伤过无数次,每次都想放弃。但是一想到自己来自山区,必须要离开大山,所以就一直只坚持,最终学业有成了。”说起苦涩的学习生涯,吴应明感慨万千。

中专毕业后,吴应明成了一名电焊工,开始了他的焊接生涯。

吴应明说,电焊工到处都是,但将这门技术追求到极致的人却不多。为了突破技术难关,吴应明到北京、上海、广州等地不断学习提升,练就了过硬的焊接技术。

谈到为什么来黔江,吴应明说:“在外漂泊了几十年,也想落叶归根。因为我的家是在四川,我想把技术带给川渝一带的人,机缘巧合就来到了黔江。”

来到黔江后,吴应明遇到的第一个大挑战就是对公司新建的两台余热发电锅炉进行焊接。锅炉属于特种设备(压力容器),焊接质量的好坏直接影响锅炉的换热效率及安全。为此,吴应明花了近半年的时间琢磨它。

“焊工在进场焊接的时候,我必须每天都要去跟踪。如果发现了一点瑕疵,必须要求返工,没有任何的条件可讲。”吴应明回忆。

如今,两台余热发电锅炉机组运行快五年了,这期间,没有出现过任何焊接质量上的事故,这也被相关技术专家评为“全优工程”,为节能减排做出了贡献。

除了在细节上追求完美、技术上努力做到极致外,吴应明还不断创新,用新思维指导新实践。吴应明说:“时代在发展,有不同的焊接方法,我们必须要多去学习,还要去购买一些新型的焊接设备,不断加强练习,使自己跟得上这个社会的步伐。”

与焊枪“共舞”,练就工匠绝技。吴应明因为技术过硬、肯钻研,得到了业界和客户的一致好评。

面对荣誉,吴应明说:“一个人的技术再好都不算什么,要想方设法通过不同的方式,把经验传授给身边更多的人,为社会多培养一些优秀的人才。”未来,他还想把自己的焊接技术提高到大国工匠的标准,为黔江的建设做出更大的贡献。

学思践悟

1. 请思考人工智能与人类智能的区别。

2. 未来许多职业将会消失,对此你有危机感吗?你将怎么应对?

第四节　中国智造　美好生活

小贴士

1. 中国智造：是我国加快推进产业结构调整，适应需求结构变化趋势，完善现代产业体系，积极推进传统产业技术改造，加快发展战略性新兴产业，提升中国“智造”水平，全面提升产业技术水平和国际竞争力的一项重要发展战略。

2. 无人工厂：又叫自动化工厂，是指生产活动由智能机器进行控制和操作，无须配备工人的工厂。无人工厂不仅极大地解放了劳动力，而且大大提高了生产效率，是未来制造业工厂的一种发展方向。

3. 无人驾驶汽车：一种智能汽车，也可以称为轮式移动机器人，主要依靠车内的以计算机系统为主的智能驾驶仪来实现无人驾驶的汽车。

4. 智能生活：是依托云计算技术的存储，在家庭场景功能融合、增值服务挖掘的指导思想下，采用主流的互联网通信渠道，配合丰富的智能家居产品终端，构建享受智能家居控制系统带来的新的生活方式。

思想之光

人工智能是新一轮科技革命和产业变革的重要驱动力量，加快发展新一代人工智能是事关我国能否抓住新一轮科技革命和产业变革机遇的战略问题。

——2018 年习近平总书记在中共中央政治局第九次集体学习会上的讲话

加快发展新一代人工智能是我们赢得全球科技竞争主动权的重要战略抓手，是推动我国科技跨越发展、产业优化升级、生产力整体跃升的重要战略资源。

——2018 年习近平总书记在中共中央政治局第九次集体学习会上的讲话

要加强基础理论研究，支持科学家勇闯人工智能科技前沿的“无人区”，努力在人工智能发展方向和理论、方法、工具、系统等方面取得变革性、颠覆性突破，确保我国在人工智能这个重要领域的理论研究走在前面、关键核心技术占领制高点。

——2018 年习近平总书记在中共中央政治局第九次集体学习会上的讲话

我们要坚持创新驱动发展，加强在数字经济、人工智能、纳米技术、量子计算机等前沿领域合作，推动大数据、云计算、智慧城市建设，连接成21世纪的数字丝绸之路。

——2017年习近平总书记在“一带一路”国际合作高峰论坛开幕式上的演讲

思想荟萃

1. 理解中国制造向中国智造的转变①

中国制造展现中国速度。制造业是国民经济的主体，是立国之本、兴国之器、强国之基。中国制造业的问题也就是中国经济的问题。19世纪60年代，安庆军械所的建立，代表着中国制造开始在神州大陆上生根发芽。经过不懈探索追求，中国制造开始闪亮登上世界舞台，不仅在国人心目中占据着重要地位，还开始出现在其他国家。中国经济的发展主要是制造业大发展，使中国成为世界第二大经济体。改革开放以来，中国制造业发展迅猛，但与世界先进水平相比，仍然大而不强，在自主创新能力、资源利用效率、产业结构水平、信息化程度、质量效益等方面仍有差距，转型升级和跨越发展的任务紧迫而艰巨。

中国智造成就中国精度。党的十九大报告提出，创新是引领发展的第一动力，是建设现代化经济体系的战略支撑。报告中10多次提到科技、50多次强调创新。到2035年，我国跻身创新型国家前列的目标将激励全社会积极实施创新驱动发战略，中国制造进化至中国智造，制造大国将转身为制造强国，中国也必将在国际上焕发新一轮吸引力。“中国制造2025”战略的提出，“一带一路”倡议的鼓励，越来越多的中国传统优势产业企业开始在国外投资兴业，将电子产品、建筑材料、纺织品和汽车等中国制造，传播到世界各个角落。“神舟”飞天、“蛟龙”潜海、高铁飞驰、“北斗”导航……这些国家名片不仅有力推动了中国经济的发展，而且给世界人民带来福祉，使中国智造以创新赢得世界认可和尊敬。

2. 开启中国智能汽车之旅②

从20世纪70年代开始，美、英、德等发达国家就开始无人驾驶汽车的相关研究，并且在可行性和实用化方面都取得了突破性的进展。我国在20世纪80年代开始进行无人驾驶汽车的研究；1992年，国防科技大学成功研制出中国第一辆真正意义上的无人驾驶汽车；2005年，首辆城市无人驾驶汽车在上海交通大学研制成功。

由国防科技大学自主研制的红旗HQ3无人车，于2011年首次完成了高速全程

① 王舒瑶.中国吸引力之“中国制造”与“中国智造”[N].天津北方网，2017-11-14.

② 王紫.闫枫.无人驾驶正渐行渐近：规范引导，为产业发展探路[N].科技日报，2018-04-18.

无人驾驶实验，创造了中国自主研制的无人车在复杂交通状况下自主驾驶的新纪录，标志着中国无人车在复杂环境识别、智能行为决策和控制等方面实现了新的技术突破，标志着当时中国在该领域已经达到世界先进水平。

2014 年百度启动"百度无人驾驶汽车"研发计划，百度将现有的大数据、地图、人工智能和百度大脑等一系列技术应用无人驾驶车中。2015 年 12 月，在第二届世界互联网大会上，百度公司宣布，百度无人驾驶车国内首次实现城市、环路及高速道路混合路况下的全自动驾驶，测试时最高速度达到 100 千米/小时。

2018 年 5 月，由上海交通大学电子信息与电气工程学院杨明教授所带领的团队，与青飞智能联合研发的"无人智能小巴"（以下简称"无人小巴"）在上海交通大学徐汇校区试运行。只要在微信上扫码呼叫，"无人小巴"接到指令后就能自动来接送，车上的自动驾驶系统采用了感知地图匹配的方法，通过激光点云对无人车进行定位和导航，不仅能自主驾驶，还能自动躲避行人。"无人小巴"采用了上海交通大学电子信息与电气工程学院硕士生张建林设计的一种智能算法，能处理"无人小巴"运行过程中可能遇到的各种危险场景，从而保证外部行人及车内乘客安全。现有无人车过度依赖 GPS 进行定位，而在徐汇校园这类 GPS 信号较差环境难以正常工作。针对这一问题，上海交通大学电子信息与电气工程学院博士生郭林栋采用 SLAM 技术建立了徐汇校园激光点云地图，通过地图匹配对无人车进行定位导航，使"无人小巴"具有更广泛的应用场景。为了让"无人小巴"具有更强的安全性，在各种环境条件下都可以平稳正常地运作，上海交通大学与相关专业公司合作开发了更为可靠的核心传感器，使得"无人小巴"在雨雪天都能够正常工作。目前试运营阶段最高时速 15 千米，正式运营后会在保障安全的前提下适当提速。

可以预见，未来驾驶员将不必再为汽车追尾而烦恼，无人驾驶汽车将通过自身的雷达系统检测与前车的距离，如果与前车距离过近，汽车将会自动刹车。

3. 中国智造的未来

中国智造不仅是化解产能过剩的一条有效途径，还能在新一轮工业革命中赢得先机，为迈向高收入国家奠定坚实基础。然而，中国制造走向中国智造的过程，对制造业岗位和从业者带来了极大挑战，传统的体力劳动、重复作业的产业工人将被机器人所取代，这是历史的必然规律。因为，技术的革新必然伴随着生产力的解放，每一条智能生产流水线的产生，就意味着一批劳动者的失业，这是中国制造业转向中国智造必须要经历的阵痛。其实这样的变革在人类发展历史上并不少见，从第一次工业革命到信息技术革命，都伴随着大量的失业人口。

作为青年人，在机器人时代来临的浪潮之中，要想不被淘汰，只有顺应潮流不断进行自我提升，保持学习的热情，用新知识新技能充实自己。一位企业家说得好，“工人不会因为新设备的到来而被淘汰，但会因为不适应或不学习而被淘汰”。

目前的工业机器人投入生产的领域还非常有限，但今后“人＋机器人”组合将是最普遍的劳动呈现方式。要在机器人时代保住饭碗，人必须随同产业一起“转型升级”。

在新时代的“人＋机器人”中，你想成为机器人的“主宰者”还是“助手”？这其中技术含量的差异将带来岗位、薪酬的天壤之别。未来，采用机器人的生产线将形成“技术人员＋普通作业员”的格局，而且未来企业对懂智能技术的人才需求将越来越大。这种因技术水平差异而形成的岗位层次分级，预示着一个新机器人技工群体的崛起。

4. 智能时代对人才需求的变化①

我们已进入移动互联网时代，现正朝着人工智能时代迈进。新时代对未来人才的需求也截然不同。未来社会，将需要更多深度思考的、更有创意的人才。未来人才应该具备以下三大特征：

一是未来人才应该具有能够深度思考、分析问题的能力。与工业化大生产中重复的体力劳动被机械所取代类似，未来重复的脑力劳动有望被人工智能取代，但是不可重复的部分，针对不同场景分解问题的能力是很难被取代的，这也是未来人才必备的核心竞争力。

二是未来人才应该具有能够人机对话的能力。就像现代社会的我们能够操作机械一样，未来的人才需要和人工智能共存，尤其是作为专业人才，需要掌握和机器人对话的技能，以及计算思维、逻辑思维能力等。

三是未来人才需要具备对于人性、文化、情感等方面敏锐感知的能力。这可能是未来社会中个体的差异化发展以及个人和整个社会良性、健康发展的基础。

匠人匠心

1. “大国工匠”胡双钱35年无悔的坚守②

胡双钱，中国商飞上海飞机制造有限公司高级技师，现任中国商飞上海飞机制

① 蒋忠波.人工智能时代人才应该具备三大特征[EB/OL]：东方网：http：//www.chinanews.com/business/2017/11-29/8388364.shtml.

② 哲良：“大国工匠”胡双钱：35年无悔的坚守.[J]大飞机，2015(2).

造有限公司数控机加车间钳工组组长，主要负责 ARJ21－700 飞机项目零件生产、C919 大型客机项目技术攻关及青年员工的培养。

“学技术是其次，学做人是首位，干活要凭良心。”胡双钱喜欢把这句话挂在嘴边，这也是他技工生涯的注解。

胡双钱是一位坚守航空事业 35 年、加工数十万飞机零件无一差错的普通钳工。他对质量的坚守，已经是“融入骨子里”的习惯。他心里清楚，一次差错可能就意味着无可估量的损失，甚至要以生命为代价。他用自己总结归纳的“对比复查法”和“反向验证法”，在飞机零件制造岗位上创造了 35 年零差错的纪录，连续 12 年被公司评为“质量信得过岗位”，并授予产品免检荣誉证书。

他不仅无差错，还特别能攻坚。在 ARJ21 新支线飞机项目和大型客机项目的研制和试飞阶段，设计定型及各项试验的过程中会产生许多特制零件，这些零件无法进行大批量、规模化生产，而钳工是进行零件加工最直接的手段。胡双钱几十年的积累和沉淀开始发挥作用，他攻坚克难，创新工作方法，圆满完成了 ARJ21－700 飞机起落架钛合金作动筒接头特制件制孔、C919 大型客机项目平尾零件制孔等各种特制零件的加工工作。

一定要把我们自己的装备制造业搞上去，一定要把大飞机搞上去。已经 55 岁的胡双钱现在最大的愿望是：“最好再干 10 年、20 年，为中国大飞机多做一点。”

2. 管延安：5 年坚守，港珠澳大桥“超级工程”书写“大国工匠”传奇[①]

管延安，港珠澳大桥岛隧工程首席钳工。在工作时，管延安要进入完全封闭的海底沉管隧道中安装操作仪器。按照相关技术规定，接缝处间隙误差要小于 1 毫米，他却能做到零缝隙。只有初中文化的他，全凭自学成为这项工作的第一人。他所安装的沉管设备，已成功完成 16 次海底隧道对接。他说，参与国家工程，是自己抛家舍业的初衷，也是甘受寂寞的精神支撑，更是他铭记终生的荣誉。

港珠澳大桥连接珠海、澳门和香港，是迄今为止世界上最长，施工难度最大的跨海大桥。工程中最大的挑战就是在茫茫大海中央修建一条 5.6 千米的海底隧道，长度、规模、施工工艺都是我国首次尝试，因此一些经验丰富的老技师都面临着全新的挑战，钳工管延安就是其中的一个。

因为要避让空中航线和海面货轮，大桥两头是桥面，中间用一条 5.6 千米的海底隧道连接。考虑到地质条件和生态保护，港珠澳大桥海底隧道并没有采用传统的

---

① 刘爽：《大国工匠》5：深海钳工管延安.[EB/OL].央视新闻网：http：//www.scio.gov.cn/32621/32629/32755/Document/1438678/1438678.htm.

挖掘作业,而是用33节水泥沉管在海底一一对接而成。一节沉管长180米、宽38米、高11.4米、重量近8万吨,相当于8万辆小轿车的重量,这么重的东西下沉到四五十米的深海中与另一根对接,误差要以毫米计算,可以说是海底绣花。海底隧道完全封闭,大型机械无法进入,对接时只能依赖事先安装好的各种操作设备。

管延安所安装的设备中有一种叫截止阀。沉管对接时,它的作用是控制入水量,调节下沉速度,从而让两节隧道在深海中精准对接。同样是安装阀门、拧螺丝,如果是普通设备,只需要牢固稳定就行了,但在深海中操作,要做到设备不渗水、不漏水,安装接缝处的间隙必须小于1毫米,这样的间隙无法用肉眼判断,管延安只能凭借手感来操作。

凭着手上的感觉,就能判断1毫米的间隙,从2013年港珠澳大桥完成第一次海底隧道对接到现在,经管延安的手安装的设备已经成功对接16节海底隧道,操作零失误。管延安的技术不仅超越了当时挑中他的师傅,连两名大学生都成了他的徒弟。

别看管延安现在这么牛,刚刚到港珠澳大桥海底隧道当钳工时,满怀信心的他,就遭遇了一次不小的打击。第一次安装设备,干过20年钳工的他轻车熟路,半个小时完成,没想到,模拟调试时,设备漏水了。所幸只是测试,问题又很快解决,没有造成太大损失,但上百名工友几天的活儿白干了,一切必须从头再来。

这一次失败让管延安认识到,港珠澳大桥的活儿是一次全新的挑战,技术必须要更加精益求精。他索性把宿舍搬到设备仓库附近,从早到晚地练习。要找到最佳感觉,需要耐心,更需要时间,平时半个小时就能安好的设备,在这里需要四五个小时。为了训练自己的手感,干活的时候,他很少戴手套。

管延安工作的隧道内不透风,闷热、潮湿,他每天要在这里工作近10个小时。他说:“我不怕吃苦,不怕累,就是这个执着,我认准的事,我需要把它完完好好地干好,必须把它圆满地干好,不管出现什么问题,我会走到底。”

管延安的家远在千里之外的青岛。这两年,他很少回家,有时连春节都没有和家人团聚,妻子对此还比较理解,但他刚上初中的儿子往往难以理解。平时儿子住校,和他联系很少,偶尔打一个电话,说出的话总让他心酸。不过,随着儿子慢慢长大,开始理解父亲干的工作了。

现在港珠澳大桥已经开通,尽管管延安只有初中文化,却成为安装海底隧道对接设备的第一人,甚至专业院校的大学生都成了他的徒弟。能成就这一切,是管延安对技工这个职业的尊重,管延安以匠人之心追求技艺的极致,让海底隧道成为他实现梦想的平台。每个大工程背后，离不开这些技工人才，他们是颗颗闪光的螺丝钉，是中国制造不可或缺的人才。

学思践悟

1. 中国智造需要新型劳动者，我们应该怎样去适应时代的发展？
2. 你怎么看待智能时代的无人工厂、无人驾驶汽车的出现？
3. 在日常生活中，你接触过哪些智能产品，有什么样的感受？

下篇

个人·人生

第四章　志存高远　梦想起航

第一节　价值为先　起航人生

一、践行社会主义核心价值观　内化于心外化于行

小贴士

1. 价值观：是指人们认识和评价周围客观事物、现象能否满足自身或社会需要所持有的内部标准。也就是说，价值观是人们关于价值问题的某种判断，是对人的全部生活实践的自觉认识。

2. 职业价值观：是人生目标和人生态度在职业选择方面的具体表现，也就是一个人对职业的认识和态度以及他对职业目标的追求和向往。理想、信念、世界观对于职业的影响，集中体现在职业价值观上。

3. 社会主义核心价值观：党的十八大提出，倡导富强、民主、文明、和谐，倡导自由、平等、公正、法治，倡导爱国、敬业、诚信、友善，积极培育和践行社会主义核心价值观。富强、民主、文明、和谐是国家层面的价值目标，自由、平等、公正、法治是社会层面的价值取向，爱国、敬业、诚信、友善是公民个人层面的价值准则。这 24 个字是社会主义核心价值观的基本内容。

思想之光

国家富强，民族复兴，人民幸福，最终要体现在千千万万个家庭都幸福美满上，体现在亿万人民生活不断改善上。

——2018 年习近平总书记在春节团拜会上的讲话

当前，中国正在建设中国特色社会主义法治体系，推进全面依法治国，坚持依法治国、依法执政、依法行政共同推进，坚持法治国家、法治政府、法治社会一体建设，全面推进科学立法、严格执法、公正司法、全民守法，营造法治化、国际化、便利化的

营商环境，建设社会主义法治国家。

——2018 年习近平总书记致第十三次上海合作组织成员国最高法院院长会议的贺信

我们要立足中国，面向现代化、面向世界、面向未来，巩固马克思主义在意识形态领域的指导地位，发展社会主义先进文化，加强社会主义精神文明建设，把社会主义核心价值观融入社会发展各方面，推动中华优秀传统文化创造性转化、创新性发展，不断提高人民思想觉悟、道德水平、文明素养，不断铸就中华文化新辉煌。

——2018 年习近平总书记在纪念马克思诞辰 200 周年大会上的讲话

青年的价值取向决定了未来整个社会的价值取向，而青年又处在价值观形成和确立的时期，抓好这一时期的价值观养成十分重要。这就像穿衣服扣扣子一样，如果第一粒扣子扣错了，剩余的扣子都会扣错。人生的扣子从一开始就要扣好。“凿井者，起于三寸之坎，以就万仞之深。”青年要从现在做起、从自己做起，使社会主义核心价值观成为自己的基本遵循，并身体力行大力将其推广到全社会去。

——2014 年习近平总书记在北京大学师生座谈会上的讲话

要认真汲取中华优秀传统文化的思想精华和道德精髓，大力弘扬以爱国主义为核心的民族精神和以改革创新为核心的时代精神，深入挖掘和阐发中华优秀传统文化讲仁爱、重民本、守诚信、崇正义、尚和合、求大同的时代价值，使中华优秀传统文化成为涵养社会主义核心价值观的重要源泉。要处理好继承和创造性发展的关系，重点做好创造性转化和创新性发展。

——2014 年习近平总书记在中共中央政治局第十三次集体学习会上的讲话

思想荟萃

1. 扣好人生的第一粒扣子[①]

2014 年五四青年节，中共中央总书记、国家主席、中央军委主席习近平在北京大学考察时强调，核心价值观承载着一个民族、一个国家的精神追求，是最持久、最

① 冯继巍.扣好人生的第一粒扣子[N].吉林日报，2017-08-26.

深层的力量。广大青年要从现在做起,从自己做起,勤学、修德、明辨、笃实,使社会主义核心价值观成为自己的基本遵循,并身体力行大力将其推广到全社会去,努力在实现中国梦的伟大实践中创造自己的精彩人生。

勤学,这是做好事情的前提,“一勤天下无难事”,古训已经说得极为明白,学是正确的学习观。所谓“勤”,一是学习的态度,二是学习的技巧。光有苦学的态度还不够,还应该掌握学习的技法,不仅要清楚为了什么而学,还应该了解学什么才能达到预期的目的。因此,勤学是一门学问,达到“勤”的程度并不容易,要有积极的态度和掌握学习技能的韧劲。

修德,这是作为好人的前提,“君子以厚德载物”,德要越积越厚,这是良性的道德观。做人做事第一位的是崇德修身。这就是用人标准为什么要德才兼备、以德为先,因为德是首要、是方向,一个人只有明大德、守公德、严私德,其才方能用得其所。修德,既要立意高远,又要立足平实。要立志报效祖国、服务人民,这是大德,养大德者方可成大业。同时,还得从做好小事、管好小节开始起步,“见善则迁,有过则改”,踏踏实实修好公德、私德,学会劳动、学会勤俭,学会感恩、学会助人,学会谦让、学会宽容,学会自省、学会自律。

明辨,这是走向成功的重要途径,是非明,方向清。面对世界的深刻复杂变化,面对信息时代各种思潮的相互激荡,面对学业、情感、职业选择等多方面的考量,一时有些疑惑、彷徨、失落,是正常的人生经历。关键是要学会思考、善于分析、正确抉择,做到稳重自持、从容自信、坚定自励。要树立正确的世界观、人生观、价值观,掌握了这把总钥匙,再来看看社会万象、人生历程,一切是非、正误、主次,一切真假、善恶、美丑,自然就能做出正确判断、做出正确选择。

笃实,是为人处事的态度,青年有着大好机遇,关键是要迈稳步子、夯实根基、久久为功。心浮气躁、朝三暮四、学一门丢一门、干一行弃一行,无论为学还是创业,都是最忌讳的。做老实人,说老实话,办老实事,那些具有笃实心态的人,才能一步一个脚印走出困境,迎来新生。

青年人应该有什么样的价值观,习总书记用“勤学、修德、明辨、笃实”八字箴言给出了明确答案,这是当代青年人身上最需要的品质。

习近平总书记强调,青年的价值取向决定了未来整个社会的价值取向,而青年又处在价值观形成和确立的时期,抓好这一时期的价值观养成十分重要。这就像穿衣服扣扣子一样,如果第一粒扣子扣错了,剩余的扣子都会扣错。人生的扣子从一开始就要扣好。核心价值观的养成绝非一日之功,要坚持由易到难、由近及远,努力把核心价值观的要求变成日常的行为准则，进而形成自觉奉行的信念理念。广大青年树立和培育社会主义核心价值观，要在勤学、修德、明辨、笃实上下功夫，下得苦功夫、求得真学问，加强道德修养、注重道德实践，善于明辨是非、善于决断选择，扎扎实实干事、踏踏实实做人，立志报效祖国、服务人民，于实处用力，从知行合一上下功夫。

2. 习近平总书记在知识分子、劳动模范、青年代表座谈会上的讲话（摘选）

广大青年要自觉践行社会主义核心价值观，不断养成高尚品格。要以国家富强、人民幸福为己任，胸怀理想、志存高远，投身中国特色社会主义伟大实践，并为之终生奋斗。要加强思想道德修养，自觉弘扬爱国主义、集体主义精神，自觉遵守社会公德、职业道德、家庭美德。要坚持艰苦奋斗，不贪图安逸，不惧怕困难，不怨天尤人，依靠勤劳和汗水开辟人生和事业前程。“看似寻常最奇崛，成如容易却艰辛。”青年的人生之路很长，前进途中，有平川也有高山，有缓流也有险滩，有丽日也有风雨，有喜悦也有哀伤。心中有阳光，脚下有力量，为了理想能坚持、不懈怠，才能创造无愧于时代的人生。

“人才有高下，知物由学。”梦想从学习开始，事业靠本领成就。广大青年要自觉加强学习，不断增强本领。人生的黄金时期在青年。青年时期学识基础厚实不厚实，影响甚至决定自己的一生。广大青年要如饥似渴、孜孜不倦学习，既多读有字之书，也多读无字之书，注重学习人生经验和社会知识。“纸上得来终觉浅，绝知此事要躬行。”所有知识要转化为能力，都必须躬身实践。要坚持知行合一，注重在实践中学真知、悟真谛，加强磨练、增长本领。

广大青年要自觉奉献青春，为全面建成小康社会多作贡献。青年时光非常可贵，要用来干事创业、辛勤耕耘，为将来留下珍贵的回忆。广大农村青年要在发展现代农业、建设社会主义新农村中展现现代农民新形象，广大企业青年要在积极参与生产劳动、产品研发、管理创新中创造更多财富，广大科研单位青年要在深入钻研学问、主动攻克难题中多出创新成果，广大机关事业单位青年要在提高为社会、为民众服务水平中建功立业。

广大青年要保持初生牛犊不怕虎的劲头，不懂就学，不会就练，没有条件就努力创造条件。“志之所趋，无远弗届，穷山距海，不能限也。”对想做爱做的事要敢试敢为，努力从无到有、从小到大，把理想变为现实。要敢于做先锋，而不做过客、当看客，让创新成为青春远航的动力，让创业成为青春搏击的能量，让青春年华在为国家、为人民的奉献中焕发出绚丽光彩。

3. 习近平总书记对广大青年的希望

2018年五四青年节，习近平总书记在北京大学师生座谈会上发表重要讲话，给青年提出了几点希望：

一是要爱国，忠于祖国，忠于人民。爱国，是人世间最深层、最持久的情感，是一个人立德之源、立功之本。孙中山先生说，做人最大的事情，“就是要知道怎么样爱国”。我们常讲，做人要有气节、要有人格。气节也好，人格也好，爱国是第一位的。我们是中华儿女，要了解中华民族历史，秉承中华文化基因，有民族自豪感和文化自信心。要时时想到国家，处处想到人民，做到“利于国者爱之，害于国者恶之”。爱国，不能停留在口号上，而是要把自己的理想同祖国的前途、把自己的人生同民族的命运紧密联系在一起，扎根人民，奉献国家。

二是要励志，立鸿鹄志，做奋斗者。苏轼说：“古之立大事者，不唯有超世之才，亦必有坚忍不拔之志。”王守仁说：“志不立，天下无可成之事。”可见，立志对一个人的一生具有多么重要的意义。广大青年要培养奋斗精神，做到理想坚定，信念执着，不怕困难，勇于开拓，顽强拼搏，永不气馁。幸福都是奋斗出来的，奋斗本身就是一种幸福。1939年5月，毛泽东同志在延安庆贺模范青年大会上说：“中国的青年运动有很好的革命传统，这个传统就是‘永久奋斗’。我们共产党是继承这个传统的，现在传下来了，以后更要继续传下去。”为实现中华民族伟大复兴的中国梦而奋斗，是我们人生难得的际遇。每个青年都应该珍惜这个伟大时代，做新时代的奋斗者。

三是要求真，求真学问，练真本领。“玉不琢，不成器；人不学，不知道。”知识是每个人成才的基石，在学习阶段一定要把基石打深、打牢。学习就必须求真学问，求真理、悟道理、明事理，不能满足于碎片化的信息、快餐化的知识。要通过学习知识，掌握事物发展规律，通晓天下道理，丰富学识，增长见识。人的潜力是无限的，只有在不断学习、不断实践中才能充分发掘出来。建设社会主义现代化强国，发展是第一要务，创新是第一动力，人才是第一资源。广大青年珍惜大好学习时光，求真学问，练真本领，更好为国争光、为民造福。

四是要力行，知行合一，做实干家。“纸上得来终觉浅，绝知此事要躬行。”学到的东西，不能停留在书本上，不能只装在脑袋里，而应该落实到行动上，做到知行合一、以知促行、以行求知，正所谓“知者行之始，行者知之成”。每一项事业，不论大小，都是靠脚踏实地、一点一滴干出来的。“道虽迩，不行不至；事虽小，不为不成。”这是永恒的道理。做人做事，最怕的就是只说不做，眼高手低。不论学习还是工作，都要面向实际、深入实践，实践出真知；都要严谨务实，一分耕耘一分收获，苦干实干。广大青年要努力成为有理想、有学问、有才干的实干家，在新时代干出一番事业。

匠人匠心

1. 第六届全国道德模范——张超①

张超，男，汉族，湖南岳阳人，1986 年 8 月出生，2004 年 9 月入伍，2009 年 5 月入党，海军少校军衔，生前为某部队一级飞行员。

2016 年 4 月 27 日，张超驾驶歼—15 战机进行陆基模拟着舰训练时，飞机接地后突发电传故障，机头急剧大幅上仰。危急关头，他首先选择推杆全力挽救战机，直至飞机几乎垂直于地面才被迫跳伞，错过跳伞最有利时机，坠地受重伤后经抢救无效壮烈牺牲，他用 4.4 秒的生死一搏谱写了激荡海天的人生壮歌。

张超生前始终执着于“飞行梦”“航母梦”“强军梦”，把全部心思和精力倾注在挚爱的飞行事业上，累计飞行 2 072 架次、900 多小时。他自觉把个人理想抱负融入建设强大海军的伟大事业，一次又一次选择到海军建设最需要的地方去。投身舰载事业以来，他与全体舰载机飞行员一起，在人民海军走向深蓝的道路上并肩战斗、奋力前行，以实际行动诠释了对党和人民的无限忠诚。

张超生前先后飞过歼—6、歼—8、歼—11B、歼—15 等 8 型战机，每型飞机、每个课目都飞到极致，练就了拔尖过硬的飞行本领，是名副其实的“海空雄鹰”“飞鲨勇士”。在受领编写歼—15 武器使用教学法的任务后，他仅用 20 多天就整理出视频资料 200 余份、心得体会 2 万余字，极大地丰富了舰载飞行的“资料库”。

张超生前勇于挑战极限，每次高难课目都主动请缨，先后 3 次成功处置重大空中飞行险情，数十次带弹紧急起飞执行战备任务。加入舰载战斗机部队后，他作为“插班生”，为尽快赶上培训进度，熟练掌握反区操作要领。他抱定“一切重新开始”的决心和毅力，不断自我加压，恶补课程，多飞多练，只用了同班次战友一半的时间，就顺利进入到歼—15 改装。他把每次飞行都当成第一次来认真对待，凭借着近乎疯狂的训练劲头，在不到一年时间里，就完成了上舰前 93.24%的飞行架次，所学所训课目成绩全部优等。

2016 年 11 月 5 日，习近平总书记签署命令，追授张超烈士“逐梦海天的强军先

① 王瑶，张超.激荡海天　矢志航母[N]新华网，2017－8－8.

锋”荣誉称号。2016年中宣部授予张超“时代楷模”荣誉称号。2017年2月，张超获评“感动中国2016年度人物”。

2. 第六届全国道德模范——周艳梅①

周艳梅，女，汉族，1995年3月出生，共青团员，内蒙古通辽职业学院学生，曾先后荣获2014年9月“中国好人榜”孝老爱亲好人、2014年第四届内蒙古自治区孝老爱亲道德模范、2016年获得“感动内蒙古人物”提名奖、2016年荣获“敦品励学 成才圆梦”内蒙古大学生“桃李之星”奖等荣誉称号。

周艳梅从小是不幸的，因为她刚刚出生，就被家人狠心抛弃，是养父周全将她捡回抚养。2003年11月，养母李素英在外出时遭遇严重车祸，经医院诊断为闭创胸外伤、双侧血胸、双侧多根肋骨骨折、骨盆粉碎、脑出血、脊椎断裂。因为需要高额的医疗费，周全不得已把妻子一人留在医院，每天走乡串村去卖油条赚钱。照顾李素梅的重担就落在了小艳梅的身上，那年她才9岁，刚上二年级。

母亲在医院里一住就是一年。一年里，周艳梅每天给母亲端屎接尿，擦洗身子。为了节省下钱给母亲治病，小艳梅和母亲整整喝了一年的粥，吃了一年的咸菜。到了第二年春季，母亲的医药费花完了，医生把药停了。小艳梅没有办法只好去找院长说情。小艳梅给院长跪下，抱着院长的腿一边喊着叔叔一边磕头，院长被她的孝顺感动了，自己出钱帮她们垫付了医药费。

李素英的命保住了，可从此高位截瘫，只能与轮椅为伴。由于没钱治疗，李素英只好回到家中疗养，此时李素英胸椎以下没有脊髓，胸部以下完全不能动，脑部插着分流管。那时10岁的周艳梅还不会做饭，父亲就手把手地教她。母亲生活完全不能自理，大小便失禁是常事。母亲的肠胃不好，艳梅每次做饭时都把饭菜嚼得很碎，一口一口地喂。为了不让母亲生褥疮，小艳梅每天给母亲按摩的同时，夜晚还要经常起来给母亲翻身子，这对于一个只有10岁的孩子来说，困难可想而知。

除了照顾好母亲外，周艳梅还要帮助父亲，她每天早晨4点半起床，帮父亲炸油条、烧水、做饭，给母亲擦脸、擦身子、按摩活动筋骨，喂母亲吃饭，收拾屋子、做作业，然后再一个人匆忙步行2.5千米路到学校上课。中午12点放学，艳梅又匆匆忙忙地跑回家给妈妈做饭，下午两点再赶回学校。一年四季，寒来暑往，十几年来周而复始。

2009年，父亲周全突发脑血栓。虽经治疗保住了生命，但却不得不拄起了双

① 宋彦慧.周艳梅——用双手托起家的希望[N].赤峰日报，2017-12-4.

拐，完全丧失了劳动能力。一头是瘫痪在床生活无法自理的妈妈，另一头是流着口水、眼斜嘴歪、口齿不清、拄双拐的父亲，小艳梅的生活变得更加忙碌。给父母喂饭端药，洗澡、洗衣，是她日日要做的事。输液、打针、吃药、喂饭，小艳梅一个人每天忙得团团转，照顾病人的活虽然十分繁重，但她无怨无悔。

如今，周艳梅已成长为护理专业的一名优秀大学生。她说，希望懂得一些医学知识的自己，以后会更好地照料父母，能帮助她们康复，同时为社会做贡献！

学思践悟

1. 请结合实际思考并回答，自己应该具备什么样的品行和能力？

2. 谈一谈自己应该如何践行社会主义核心价值观？

二、充实大学生活　成就人生梦想

小贴士

1. **大学**：是指综合性的提供教学、研究条件和授权颁发学历、学位的高等教育机构。

2. **专业**：指的是专门的学问，是高等学校或中等专业学校所分的学业门类，也指专门从事某种学业或职业。

3. **人文精神**：是一种普遍的人类自我关怀，表现为对人的尊严、价值、命运的维护、追求和关切，对人类遗留下来的各种精神文化现象的高度珍视，对一种全面发展的理想人格的肯定和塑造；而人文学科是集中表现人文精神的知识教育体系，它关注的是人类价值和精神表现。

4. **科学精神**：科学精神是人们在长期的科学实践活动中形成的共同信念、价值标准和行为规范的总称。科学精神就是指由科学性质所决定并贯穿于科学活动之中的基本的精神状态和思维方式，是体现在科学知识中的思想或理念。

思想之光

必须坚持马克思主义，牢固树立共产主义远大理想和中国特色社会主义共同理想，培育和践行社会主义核心价值观，不断增强意识形态领域主导权和话语权，推动中华优秀传统文化创造性转化、创新性发展，继承革命文化，发展社会主义先进文化，不忘本来、吸收外来、面向未来，更好构筑中国精神、中国价值、中国力量，为人民提供精神指引。

——2017 年习近平总书记在中国共产党第十九次全国代表大会上的报告

要更加注重以文化人以文育人，广泛开展文明校园创建，开展形式多样、健康向上、格调高雅的校园文化活动，广泛开展各类社会实践。要运用新媒体新技术使工作活起来，推动思想政治工作传统优势同信息技术高度融合，增强时代感和吸引力。

——2016 年习近平总书记在全国高校思想政治工作会议上的讲话

你们要注意培养追求真理、报效祖国的志向，爱祖国、爱人民、爱劳动、爱科学、爱社会主义，时刻把祖国和人民放在心中，从小听党的话、跟着党走，努力做祖国和人民需要的好孩子，做祖国和人民事业发展的接班人。

——2016 年习近平总书记在北京人民大会堂会见中国少年先锋队第七次全国代表大会全体代表时的讲话

思想荟萃

习近平同志指出，教育强则国家强。高等教育发展水平是一个国家发展水平和发展潜力的重要标志。当前，我国对高等教育的需要比以往任何时候都更加迫切，对科学知识和卓越人才的渴求比以往任何时候都更加强烈。办好中国的大学，必须有中国特色，必须扎根中国大地办大学。让事业发展融入时代进程，让大学精神照亮创新征程，我国高校必将为实现“两个一百年”奋斗目标、实现中华民族伟大复兴的中国梦作出新的更大贡献。

1. 青年兴则国家兴，青年强则国家强

青年一代要敢于拼搏奋斗，超越和升华自己的人生。习近平同志在 2013 年“五四”青年节曾说：“人的一生只有一次青春。现在，青春是用来奋斗的；将来，青春是用来回忆的。”在十九大报告中，习总书记再一次强调了青年一代要奋斗，有本领。的确，奋斗与拼搏应该是年轻人的本色，在挫折中学习，变挫折为动力，从中吸取的教训启迪人生，使人生获得升华和超越。

时代在变、环境在变，青年是国家和民族的希望，这一点始终没变。进入新时代的中国，早已摆脱了积贫积弱、任人宰割的悲惨命运，13 亿多人民正奋进在民族复兴的大道上。中国在国际上的声音也越来越有分量，一条条高速铁路贯穿南北，一排排高楼平地而起，一个个穷困村脱贫致富……在民族复兴的道路上，无不浸润着青春的汗水，镌刻着青年的奉献。不忘初心、继续前进，唱响新时代的青春之歌，承载起国家和民族的光明未来。

2. 作为高等职业院校的学生应树立责任意识

高职人才是适应经济发展需要的高技能人才，随着经济建设的发展和产业结构的不断优化调整，高新技术带来了新兴行业，如电子、信息、新材料等，传统农业也要走现代农业的路子；各行各业生产由劳动密集型逐渐向技术密集型的转化，由对熟练劳动者和中初级人才的需求，转化为对中高级人才的需求，这样就为高职人才大显身手提供了广阔的空间。[①] 作为高职学生不仅要掌握专业知识、技能，还要具有承担责任、奉献社会的意识和品质，把自己学到的知识技能服务于社会和人民。

责任是什么？是做你应该做的事情，不管你是否喜欢，你都必须得做，这就是责任。是范仲淹笔下的“先天下之忧而忧，后天下之乐而乐”，是林则徐的“苟利国家生死以，岂因福祸避趋之”，是文天祥的“人生自古谁无死，留取丹心照汗青”，是孟郊的“谁言寸草心，报得三春晖”。

今天的高职生即将担当起现代化建设事业的重任，成为生产、建设、管理、服务第一线的高级技术应用型人才。其责任意识的有无与强弱直接影响着社会产品质量的优劣、生产效益和经济建设水平的高低。通俗地说，责任意识意味着个体与用人单位签订了劳动协议，在协议规定的期限未到一般来说就不能不辞而别、擅自走人；或者说在领得一个任务后，在规定的时间内、以约定的成本、完成约定的目标，应当被领受任务者视为自己的责任。一些资料表明，有些学生对自己签署的协议不负责，与用人单位签署了聘用协议，往往是在协议规定期限未到之前就不辞而别、擅自走人，有的是“人在曹营心在汉”、频频跳槽，不管自己的任务是否完成，就很草率地“炒老板鱿鱼”，这些都是缺乏责任感的表现。

匠人匠心

1. 立足岗位、踏实奋进——上海交通职业技术学院优秀毕业生、大国工匠、十九大代表张彦

2004 年，张彦从上海交通职业技术学院毕业踏上了工作岗位，成为上海港生产一线的一名桥吊司机。10 年的时间，在建设上海国际航运中心的大舞台上，在组织的关怀和伙伴们的帮助下，从普通学徒成长为企业的高级技师，他和他的团队先后打

① 陈子服.高职教育与区域经济发展的探讨[J].商场现代化，2008(9).

破 7 项集装箱作业效率世界纪录，也成为名副其实的桥吊“状元”，跻身上海首批 88 名“上海工匠”之列，先后获得了全国优秀共产党员、全国劳动模范等多项荣誉称号。

很多人看到他今天的成绩都会说：“80 后就当上全国劳模啦？厉害！”他觉得自己很幸运，选对了行业。他认为对于一般产业工人而言，职业道路上能走多快多远，不仅依托于企业的整体发展，也取决于自身的努力和付出。

刚入职的时候，张彦也曾是同期学徒中的“差生”。在学习初期，他上手很慢，考核成绩最差，师傅甚至说他可能不适合开桥吊，当时张彦十分失落，但并不服气，觉得“自己不比别人笨，为什么不能开好桥吊”？为了争这口气，更为实现自己心中成为最好桥吊司机的梦想，张彦决定要比别人花更多的时间来学习和钻研操作技能。他细心观察师傅的操作，在脑海一遍一遍回忆模拟操作过程，体会自己的想法与师傅的实际操作存在的差别，并把重点部分记录下来，从中吸取师傅的操作经验。就这样，他几乎将班组里所有优秀司机的操作方式都观察了 10 多遍，相互比较和印证、取长补短。下班回家后，他也在脑海中反复回放当天上班时所看、所听、所思，寻找自身不足，在下一次操练时加以改进，这样的工作习惯保留至今。

世上无难事，只怕有心人。经过这样不间断的观察、学习、总结、实践、改进，自己的操作技能一天天不断提升，当即将结束自己学徒生涯的时候，张彦已经在同期学徒的考核中由“最差生”挺进到“最优生”。凭借着高超的技术，在 2008 年、2009 年、2010 年、2011 年，张彦和团队先后 4 次刷新了集装箱装卸作业效率的世界纪录，并最终创造了目前每小时装卸 197 箱/小时的桥吊作业效率世界纪录。

在洋山深水港区工作 10 年来，张彦获得了很多荣誉，并成为“2016 感动上海年度人物”，2017 年 10 月张彦还作为党代表赴京出席中国共产党第十九次全国代表大会。很多新同事会羡慕地追问他成功的秘诀是什么，回顾自己的成长经历，张彦说道：“立足岗位、踏实奋进、功到自然成！”

2. 职业学校走出的“大国工匠”——电焊能手张冬伟①

张冬伟，沪东中华造船（集团）有限公司液化天然气（LNG）船焊接专家，国宝级技术工人，被评为“全国技术能手”“中央企业技术能手”“全国职业道德建设标兵个人”，获全国五一劳动奖章。

1998 年，17 岁的张冬伟进入沪东中华所属的高级技工学校学习电焊专业。在校学习期间，由于成绩优异，他被学校派出去参加在上海船厂船舶有限公司举办的

① 章磊，张冬伟.在钢板上“绣花”的“大国工匠”[J].浦东开发，2016(2).

技术交流活动。

2001 年，张冬伟从技校毕业进入沪东中华工作。他非常幸运，一进厂，就被派到沪东中华最年轻的焊接高级技师、全国技术能手和中央企业劳动模范秦毅门下，拜师学艺，一起工作。把轻薄如纸的一张张殷瓦钢，焊接得天衣无缝，是世界焊接领域的一个技术高峰，也是许多电焊工人梦寐以求的技能。张冬伟从一名技校学生成长为顶尖的焊接技能人才，遇到了很多的困难和挑战，但他从来没有退缩过。“不管面对再大的阻碍，我都没有想到过放弃，一次都没有。”他说。造船行业与其他行业相比，并不光鲜，十分艰苦，来自外界的诱惑很多也很大。不过，坚持到底是他一贯的作风，他不会为外界的诱惑所动。经过勤学苦练，从技校毕业后工作仅仅十多年，就能在殷瓦钢板上“绣”出一朵朵漂亮的“焊花”。

学思践悟

1. 在未来的生涯发展过程中，你将如何充实自己？
2. 结合实际谈谈你在张彦、张冬伟身上学到了什么？

第二节 榜样激励 飞扬青春

一、理想指引人生方向 信念决定事业成败

小贴士

1. 理想：是人们在自身发展与社会进步的过程中所向往和追求的奋斗目标。

2. 信念：信念是人们对某种观点、原则和理想等所形成的内心的真挚信仰。信念是人的精神支柱，是意识的核心部分，是认知情感和意志的有机统一。

3. 事业：是指人们所从事的、具有一定目标规模和系统的对社会发展有影响的经常性活动，有时也指个人的成就。

思想之光

办好中国特色社会主义大学，必须坚定马克思主义理想信念，自觉把中国特色社会主义理论体系贯穿教书育人全过程。中国的高校，必然要有鲜明的社会主义属性，必然要坚持中国共产党的领导，这是我们中国大学的最大特色。

——2016 年习近平总书记在全国高校思想政治工作会议上的讲话

95年来，共产主义远大理想激励了一代又一代共产党人英勇奋斗，成千上万的烈士为了这个理想献出了宝贵生命。“砍头不要紧，只要主义真”，“敌人只能砍下我们的头颅，决不能动摇我们的信仰”，这些视死如归、大义凛然的誓言生动表达了共产党人对远大理想的坚贞。理想之光不灭，信念之光不灭。

——2016年习近平总书记在庆祝中国共产党成立95周年大会上的讲话

青年的人生之路很长，前进途中，有平川也有高山，有缓流也有险滩，有丽日也有风雨，有喜悦也有哀伤。心中有阳光，脚下有力量，为了理想能坚持、不懈怠，才能创造无愧于时代的人生。

——2016年习近平总书记在知识分子、劳动模范、青年代表座谈会上的讲话

对马克思主义、共产主义的信仰，对社会主义的信念，是共产党人精神上的“钙”。没有理想信念，理想信念不坚定，精神上就会得“软骨病”，就会在风雨面前东摇西摆。

——2015年习近平总书记在纪念陈云同志诞辰110周年座谈会上的讲话

理想信念是共产党人的精神之“钙”，必须加强思想政治建设，解决好世界观、人生观、价值观这个“总开关”问题。

——2014年习近平总书记在党的群众路线教育实践活动第一批总结暨第二批部署会议上的讲话

思想荟萃

1. 理想是人生的奋斗目标

一个人的生命是有限的，要使有限的生命变得有意义，就必须树立明确的人生目标。崇高的理想对人生、对社会有着重大的指导和促进作用。

理想作为一种社会意识，对人们的社会存在具有能动的反作用，崇高的理想对人生、对社会有着重大的指导和促进作用。

无数事实证明，目标能激发出人的无限潜能，一个人有了崇高的理想，就会在黑暗中看到光明，在平凡中发现伟大，在困难中坚定信心，在失败中走向胜利。

(1) 鲁迅为救国救民决心弃医从文

鲁迅是我国现代最伟大的文学家、革命家和思想家。早年他怀着科学救国的梦

想,在日本仙台医学专科学校学习。

一天,在上课时,教室里放映的片子里一个被说成是俄国侦探的中国人,即将被手持钢刀的日本士兵砍头示众,而许多站在周围观看的中国人,虽然和日本人一样身强体壮,但个个无动于衷,脸上是麻木的神情。这时身边一名日本学生说:“看这些中国人麻木的样子,就知道中国一定会灭亡!”鲁迅听到这话,忽地站起来向那说话的日本人投去两道威严不屈的目光,昂首挺胸地走出了教室。他的心里像大海一样汹涌澎湃。一个被五花大绑的中国人,一群麻木不仁的看客一一在脑海闪过……鲁迅想到如果中国人的思想不觉悟,即使治好了他们的病,也只是做毫无意义的示众材料和看客,现在中国最需要的是改变人们的精神面貌。他终于下定决心,弃医从文,用笔写文唤醒中国老百姓。从此,鲁迅把文学作为自己的目标,用手中的笔做武器,写出了《呐喊》《狂人日记》等许多作品,向黑暗的旧社会发起了挑战,唤醒了数以万计的中华儿女,起来同反动派进行英勇斗争。直到生命的最后一刻,他仍夜以继日地写作。

(2) 周恩来为中华之崛起而读书

周恩来在沈阳读书的时候,只是个十二三岁的少年。他学习非常勤奋、刻苦,常常和老师同学一起讨论自己在阅读书报时思考的问题。当时他们讨论得最多的是怎样救国和宣传救亡的问题。

周恩来在课堂上认真听讲,认真完成课外作业,尊敬老师,团结同学,有礼貌,守纪律。他特别注意课外阅读,来弥补课堂上学习的不足。他所读的书报,范围也比较广泛,除了社会科学的书籍外,自然科学和军事科学的书籍也是他喜爱的读物。他还能把几本书的内容对照起来阅读,加以比较,探求最科学的内容和答案。有一天,东关模范高等学堂的魏校长把同学们召集起来,问大家:“读书为了什么?”有的同学说:“为了给自己将来找条出路。”有的同学说:“为了能发财致富。”还有个同学说:“为了帮助父母记账。”原来他的父亲是个商人。魏校长问周恩来:“你呢,为什么读书?”周恩来站起来,大声地说:“为中华之崛起而读书。”就是说为了中华民族的强大兴盛,像巨人一样挺立在世界而读书学习。老师和同学们都敬佩地望着他。

周恩来在小学三年,学习成绩始终名列前茅,他的作文曾经被选送到省里,作为小学生的模范作文印行,一篇题目为“东关模范学校第二周年感言”的文章,后来还被收入上海进步书局出版的《学校国文成绩》和上海大东书局出版的《中学国文成绩精集》书里。这篇900多字的文章写得非常精彩,其中对于老师、同学充满着热情的希望,希望师生一道以担负“国家将来艰巨之责任”。这对一个13岁的孩子来说是非常难能可贵的。

周恩来中学毕业以后，赴日本留学前，曾经回到沈阳母校看望师友。他给一个要好的同学写了临别赠言："志在四方""愿相会中华腾飞世界时"。相约当中华民族独立、繁荣的时刻再相见言欢。这位同学一直把这个题字珍藏了 40 年，1957 年，又送给周恩来总理，两位老同学终于在解放了的新中国重逢，畅谈了祖国天翻地覆的变化。

为中华崛起而读书，我们从中可以看出，少年周恩来已有了崇高的爱国主义理想，也是周恩来毕生为之奋斗的目标。

2. 理想与信念的关系

在人生的历程中，理想和信念总是如影随形，密不可分。理想是信念的载体，理想因信念而变得方向更加清晰、准确，信念因理想而变得更加坚固，风雨无阻。理想是信念的根据和前提，信念则是实现理想的重要的保障。理想是目的地，信念是动力。没有目的地，就会失去方向；没有动力，就永远也到不了目的地。在很多的情况下，理想亦是信念，信念亦是理想。当理想作为信念时，它是指人们确信的一种观点和主张；当信念作为理想时，它是与奋斗的目标联系的一种向往和追求。

理想和信念是激励人们向着既定目标奋斗前进的动力，是人生力量的源泉。一个人有了坚定正确的理想和信念，就会以惊人的毅力和不懈的努力，成就事业，创造奇迹。古今中外多少英雄豪杰之所以能在充满困难的条件下，最终成就伟业，一个重要的原因就在于，他们胸怀崇高的理想信念，因而具有锲而不舍的动力。

如果说社会是大海，人生是小舟，那么理想和信念就是引导的灯塔和推进的风帆。人生是一个在实践中奋斗的过程，要使生命富有意义，就必须在有意义的奋斗目标的指引下，沿着正确的人生道路前进。不论前进的道路多么的曲折，人生的境遇多么的复杂，都可以使人透过乌云和阴霾，看到未来的希望和曙光，永不迷失前进的方向。

3. 高职学生为什么要坚定理想信念

对于人的生命而言，要存活，只要一碗饭，一杯水就可以了；但是要想活得精彩，就要有精神，就要有远大的理想和坚定的信念。理想信念使贫困的人变成富翁，使黑暗中的人看见光明，使绝境中的人看到希望，使梦想变成现实。高职学生，作为青年人中的一员，不能没有理想和信念。

理想信念是生命的灵魂，是事业的支撑，是激励一个人不怕失败、历尽艰辛最终走向成功的原动力。一个失去理想信念追求的民族是难以起飞的；一个缺乏抱负的人，也必难攀上成功的巅峰。只有树立理想信念，才能用理想信念之砖撞开成功的大门，用志向之犁耕耘事业的田园。凡是取得成功的做出重大贡献的人，都是理想信念坚定的人。因为崇高的理想会产生巨大的力量，坚定的信念使人在困难面前不动摇、不退缩、不迷失方向。因为当一个人身处逆境时，理想会给他以巨大的鼓舞，令他不会气馁、退却；当一个人身处顺境时，理想信念又能使他保持清醒的头脑，自始至终以坚定的信念、高昂的热情和巨大的勇气向前迈进。

新时代的号角已经吹响，作为青年学子应坚定理想信念，志存高远，脚踏实地，勇做时代的弄潮儿，为实现中华民族伟大复兴的中国梦贡献青春的智慧和力量。

匠人匠心

1. 马云的成功之路

马云的成功之路就像是一部童话。马云虽然在语言学习方面有着异常的天赋，但是在数学方面却表现糟糕，这让他付出了连续两年高考失利的代价。他曾经想成为一名警察，但是最终以失败告终；他曾经报考过哈佛大学，依然失败；他还曾经去肯德基申请过工作，最终还是失败。

但是正是这许多失败的经历，让马云做好了准备，并且最终成为这个时代最成功的创业者之一。那么马云成功的秘诀是什么呢?

马云曾说过，对所有创业者来说，永远要告诉自己一句话：从创业的第一天起，你每天要面对的是困难和失败，而不是成功！你最困难的时候还没有到，但有一天一定会到。困难不是不能躲避，但不能让别人替你去扛。创业的经验告诉我，任何困难你都必须自己去面对，创业就是面对困难。

成功的路很艰辛，有很多的坎坷，有很多的无奈、失败、寂寞、孤独……当你苦苦追求时，却还看不到成功的希望，这时候，成功与否就要看你是否耐得住寂寞，经得起考验。

马云说，他最担心的就是员工因为看到现在所拥有的一切而失去理想。如果一个组织失去理想，每天思考的就是赚钱，那就变成了赚钱的机器。他强调："阿里巴巴可以失去一切，但不能失去理想主义。"

2. 放飞理想的"货运之花"——上海交通职业技术学院优秀学生周思语[①]

周思语同学是上海交通职业技术学院2016级"国际商务"专业的学生。

---

① 袁莺.上海交通职业技术学院"货运之花"迎战世界技能大赛首设项目[N].上海教育新闻网，2017-10-20.

2017年10月，在阿联酋阿布扎比举行了第四十四届世界技能大赛，来自世界技能组织的59个成员国和地区的1 200多名选手在50个项目上展开角逐。上海交通职业技术学院的95后女生周思语，以全国第一名的成绩代表中国参加国际货运代理项目的比赛。此项目是大赛首次设立的新项目，这位被誉为世赛"货运之花"的选手，走过了怎样的职业技能学习之路，才得以在世界的舞台上绽放呢？

回想刚就读上海交通职业技术学院时，对专业的了解还处于懵懂状态，但立志要努力学好本领的周思语，不放过老师讲的每一个重点；课下，她花别人3倍的时间去巩固知识。由于对专业的了解越来越多，也使得她慢慢钟情于国际单证的制作，周思语反复练习方案的策划及运费的计算。

2016年，学院组织"技能节"及相关技能培训，周思语觉得这是一次难得的学习机会，在老师的介绍和自己的兴趣驱使下，她便加入了这个以国际货运代理学习为主的培训集体。

在集训基地，魔鬼式的训练异常艰难，每天周思语至少要奋战10个小时，有时候为了锻炼一项技能，甚至在盛夏连续40多度的酷暑天气里坚持训练、反复练习，攻坚克难不停歇，高强度的训练让周思语的心理素质越来越稳定。在周思语看来，熬过每一天的训练都是战胜一场小的磨难，解决每一道技术难题都是完成一次小小的成长。

作为首位出征世赛国际货运代理项目的选手，周思语凭借扎实的专业基础和技能水平，奋力拼搏，在与世界技能高手同台竞技中实现了自己的人生新跨越。

学思践悟

1. 你从鲁迅、周恩来身上学到了什么？
2. "货运之花"周思语同学的事例对你有何启发？
3. 你的理想追求是什么，你准备如何去实现？

二、要以持之以恒的奋斗搭建梦想前行的阶梯

小贴士

1. **持之以恒**：持，坚持；恒，恒心。就是长久坚持下去，有恒心、有毅力，坚持不懈。

2. **砥砺奋进**：砥砺，本义为磨刀石，引申为磨炼。砥砺奋进，即在磨炼中奋勇

前进。

3. 奋斗：指为达到一个目标而努力去战胜各种困难的过程，这个过程可能会充满压力、痛苦、挫折。

4. 担当：指承担、担负任务、责任等。

思想之光

“玉不琢，不成器；人不学，不知道。”知识是每个人成才的基石，在学习阶段一定要把基石打深、打牢。学习就必须求真学问，求真理、悟道理、明事理，不能满足于碎片化的信息、快餐化的知识。

——2018 年习近平总书记在北京大学师生座谈会上的讲话

全党全社会要坚持绿色发展理念，弘扬塞罕坝精神，持之以恒推进生态文明建设，一代接着一代干，驰而不息，久久为功，努力形成人与自然和谐发展新格局，把我们伟大的祖国建设得更加美丽，为子孙后代留下天更蓝、山更绿、水更清的优美环境。

——2017 年习近平总书记对河北塞罕坝林场建设者感人事迹作出的批示

只有不忘初心、牢记使命、永远奋斗，才能让中国共产党永远年轻。只要全党全国各族人民团结一心、苦干实干，中华民族伟大复兴的巨轮就一定能够乘风破浪、胜利驶向光辉的彼岸。

——2017 年习近平总书记带领中央政治局常委瞻仰一大会址时的讲话

思想荟萃

1. 要让“勤学”成为生活习惯[①]

习近平总书记指出，“知识是树立核心价值观的重要基础”，强调青年要“注重把所学知识内化于心，形成自己的见解”。在工作生活节奏日益加快的今天，有的青年忽视读书学习，热衷于网络时代的快阅读、浅阅读、碎片化阅读，有的青年理想追求少了，过分注重物质利益的多了。面对这些状况，青年要把静心读书学习当作一种精神追求和生活方式，让书籍成为成长进步的伴侣。养成爱读书、会读书、读好书、

① 共青团中央书记处.用社会主义核心价值观培育当代新青年[J].求是，2015(5).

读经典，深入学习党的科学理论和党史国史，积极学习中华优秀传统文化，用各方面知识精华充实头脑、丰富心灵、强化精神脊梁，坚定地把个人奋斗融入实现中国梦进程，写好人生的“大我”。同时，在日常工作学习生活中处处体现公德遵守、美德传承、品德修养，写好人生的“小我”。青年要在“实干”、“韧劲”两个方面下功夫，立足实际，埋头苦干，勤奋耕耘，不浮躁、不气馁，在一点一滴的知识积累、本领长进中施展才华、实现梦想①。

2. 做有理想有本领有担当的人

“广大青年要坚定理想信念，志存高远，脚踏实地，勇做时代的弄潮儿，在实现中国梦的生动实践中放飞青春梦想，在为人民利益的不懈奋斗中书写人生华章!”这是习近平总书记在十九大报告中对广大青年的殷切期望。中国特色社会主义正处于进入新时代的关键时期，作为新时代的青年人，要肩负起新时代所赋予的重任，做一个有理想、有本领、有担当的人。

青年有了理想，国家才有未来；青年仰望星空，民族才有希望。有理想、有抱负，是青年人健康成长的内在动力，是实现自我、回报社会的重要因素。一个人有什么样的追求，就会成就什么样的事业。作为高职学生要树立远大理想，切实把个人理想与党和人民的事业，与社会的发展紧密联系在一起，把个人命运与党和国家、民族的命运联系在一起，为党的事业、国家的繁荣昌盛贡献力量，满怀激情投入到改革发展的实践之中去②。

3. 梦想的实现需要持之以恒的奋斗

在任何一个时代中，青年都是社会上最富有朝气、最富有创造性、最富有生命力的群体。习近平总书记在十九大报告中明确指出，“青年兴则国家兴，青年强则国家强。青年一代有理想、有本领、有担当，国家就有前途，民族就有希望。中国梦是历史的，现实的，也是未来的；是我们这一代的，更是青年一代的。中华民族伟大复兴的中国梦终将在一代代青年的接力奋斗中变为现实。”

人的一生只能享受一次青春，一个人在青年时代就应树立远大志向，并且要为实现这个志向而顽强努力，不论遇到什么困难和挫折，都不改初衷，矢志不渝。

当今时代，信息交流日益广泛，知识更新大大加快。青年要善于创新，善于实践，在实践中继续求得真知，增长才干，勇敢地肩负起历史重任，为托起伟大中国梦贡献青春正能量。

---

① 袁莺.上海交通职业技术学院“货运之花”迎战世界技能大赛首设项目[N].上海教育新闻网，2017 - 10 - 20.

② 共青团中央书记处.用社会主义核心价值观培育当代新青年[J].求是，2015(5).

匠人匠心

1. 地铁匠心——职业院校毕业的大国工匠严如珏[①]

严如珏,女,1971 年 3 月生,上海地铁第一运营有限公司大师工作室首席技师,曾获第八届上海市技术能手、第九届上海市杰出技术能手、"上海市第十届十大工人发明家"之一、"上海市技能大师"等荣誉称号,2016 年首批 88 位"上海工匠"之一。

严如珏的岗位是守护地铁消防设施设备的可靠与稳定,守护着上海成千上万乘客的安全,她 22 年如一日,在平时工作中善于钻研、敬业刻苦,练就了火眼金睛和手到病除的本领,积累了丰富的技术经验,获得发明专利和各类技术成果奖项几十种,是一位名副其实的大国工匠。

作为上海地铁第一运营有限公司的一名高级技师,严如珏入行二十二年通过刻苦学习和积极钻研,成功实现了从普通技术工人向"工人发明家"的身份跨越[②]。

(1) 不积跬步,无以至千里

1993 年从电力中专毕业后,严如珏成为一名地铁环控值班员,主要负责地铁内设备的巡视检查工作。"巡检"听上去简单,但要做到全面巡检设备、精准汇报情况,需要环控值班员全面了解与设备相关的各种知识。严如珏说:"环控值班员对设备故障的描述是检修人员做出判断的重要依据,就好像病人叙述病情,越准确越有利于医生治疗。"入行后,师傅带着严如珏查看每个车站的每台设备,带着她学习给排水、环控通风、车站照明等多专业领域知识。在四年的工作中,严如珏逐步了解了地铁内各种设备的原理、系统构成和使用功能。这四年的"巡检"工作,为她日后的"转型"奠定了坚实的基础。

俗话说,"师傅领进门,修行靠个人"。1998 年,严如珏从环控值班岗位调到检修岗位,正式成为一名地铁技术工人。地铁车站机电设备检修团队汇聚给排水、低压配电、环控系统、电梯系统等各个专业的技术人员。在解决设备故障时,要求各专业人员并肩作战,因此故障处置过程也成了跨专业的技术交流。勤学好问的严如珏充分利用设备检修的机会,在实践中学习并掌握了多种专业的系统构架。

2014 年,严如珏带领团队开发地铁 10 号线车站卷帘门智能控制系统,设计适应轨道交通车站卷帘门特殊要求的自动开关功能,并在此基础上,增设了语音提示、碰撞感应等智能功能。这一成果取得了国家专利,不仅提高了卷帘门设备运行的安全性和可靠性,还极大地便利了环控值班员的日常操作。谈起这次技术创新,严如珏

---

① 张家愉,严如珏.轨交"工匠"如何炼成"工人发明家"[N].新民晚报,2018-06-19.

② 叶海.既要仰望星空,也要脚踏实地[N].新华日报,2017-12-20.

说:“创新的灵感源于一线工作的经验,这些年从环控值班到检修岗位,学到的知识一点一滴积累起来,才有了今天的创新成果。”

(2) 办法总比困难多

“我觉得我蛮能坚持的,即使遇到检修难度很大的情况,我也不会轻易放弃。我觉得,只要坚持,就一定有办法解决问题。”严如珏这么说的,也是这么做的。

2013 年盛夏,轻轨 5 号线剑川路基地消防电话出现噪声大、通话严重不清晰的问题。这一问题有可能会造成基地发生火情后,现场与消防控制室无法通话,妨碍火灾快速处置的情况。在调研后制订的初步方案中,需要将原消防系统布局“推倒重来”,这不仅工程巨大,而且施工费用很高。几经考虑,严如珏决定放弃这个方案,重新对现场进行情况分析。严如珏顶着酷暑,多次前往实地踏勘排摸,在不改动基地原有消防系统布局的基础上,对消防电话系统进行小范围技术改造,达到了提高消防电话通话质量的目的。此项改造为公司节约了 40 多万元,并获得了 2013 年上海市工程建设优秀 QC 成果一等奖。

顺利完成检修任务,让设备正常运行,给严如珏带来巨大的成就感,也是激励她坚持在一线工作的重要动力。“有一次,(地铁)人民广场站的风机不能启动,我在维修基地和人民广场站之间跑了几十次,对着电路板上的电子元器件仔细研究。后来风机修好了,我觉得自己很了不起。”谈起这件事,严如珏脸上浮现了孩子般的笑容。

严如珏的这股倔劲也体现在其他方面。在检修工作中,会碰到各种不利的工作环境,爬高、钻电缆沟的情况时有发生。作为女同志,严如珏从不退缩,总是冲在检修工作的第一线。换烟感探测器,要爬到十几米高的变压器上,这种时候,她也坚持亲自上。地铁检修工作要避开地铁的运行时间,很多工作要在夜间进行,她每次在晚上工作几个小时后,早上还要继续坚守岗位。如果遇上紧急突发情况,不管刮风下雨,她也总是随时待命,一叫就到。

(3) 把经验传授给更多年轻人

在地铁徐家汇站工作区有一个 60 多平方米的房间,里面集聚了上海地铁 1 号线、5 号线、9 号线和 10 号线的优秀检修工,这里就是“严如珏大师工作室”。成立于 2012 年的“综合监控工作室”是上海地铁第一运营有限公司的技术攻坚型组织,在集团首席技师严如珏的带领下,这些年轻人通过不断地学习,提高了自身的技能水平。“在师傅身上我学到了很多,首先对工作要有热情,有积极性。其次要肯吃苦。师傅常和我说,‘所有东西都要先有付出,再有成果,不要任何事情先想着有成果’。”高级技师的刘志君是在 2010 年拜严如珏为师的。2012 年,他代表上海市及申通地铁集团，参加了第四届全国职工职业技能大赛维修电工专业的决赛，获得了个人第九名的好成绩。

不仅仅言传身教，严如珏还利用业余时间编写教材、为地铁员工进行岗位培训，将自己的所学所能传授给更多有志青年。“我觉得现在的工匠不仅要动手做，也要善于总结，要把经验转化为文字，传递给更多的年轻人。”严如珏说。

荣誉的背后是高度的责任心和辛勤的汗水，正因为有许许多多像严如珏这样的地铁人用他们的艰苦创业、无私奉献和自主创新，终将梦想变为现实。

2. 从“优秀毕业生”到“汽修专家”——上海市交通学校优秀毕业生张振华

梦想就像一颗种子，平凡的人也可以成就梦想。从上海市交通学校“丰田班”班长到上海由由丰田汽车销售服务有限公司员工，从车间的一名汽车维修技术员到过程检验员，再到售后服务前台接待员，从一名优秀学生到一名优秀员工、汽修专家，上海市交通学校2006届优秀毕业生张振华的成长发展之路，也是青年学生为梦想不懈追求、勇于拼搏、破茧成蝶的优秀例证之一。

从小就是汽车发烧友的张振华，于2002年7月考入上海市交通学校汽车运用与维修专业。对专业非常热爱的他，从此一头扎进汽车维修的世界里，勤学苦练，刻苦钻研，逐渐成长为一名品学兼优的学生。张振华进入“丰田班”后，他如鱼得水，学习劲头十足，成绩也更加优秀。2005年，在一年一度的“丰田日”校园招聘会上，张振华的优秀表现获得了来校选聘人才的上海由由丰田汽车销售服务有限公司领导的青睐，2006年7月，张振华被该企业正式录用。

进入工作单位以后，张振华被分配到车间担任汽车维修技术员，在踏上工作岗位短短一年的时间里，他就达到了汽车维修业界一般需要三年才能达到的精通技术的程度，成为公司最年轻的机修工副主修，能够独立完成丰田全系列轿车的保养作业、发动机大修作业和事故车辆的修理，并参与了诸如丰田顶级轿车雷克萨斯等汽车故障的诊断，甚至还带着两个学弟组成了专门的维修班组。

为了培养出更多像张振华这样的人才，学校邀请张振华担任学校“丰田班”专家顾问团顾问，直接参与“丰田技术教育计划”，这使得张振华有更多机会回到母校，为学弟学妹们传授经验，与他们分享自己学习工作中的体会和收获，成为在校学生学习的榜样。梦想就像一只茧，只有坚持不懈，勇于拼搏，才能破茧成蝶。

学思践悟

1. 从严如珏的经历中，可以发现梦想的实现有哪些因素？

2. 如何做有理想、有本领、有担当的人?

第三节　同行共进　立志担当

一、与祖国同行　奋发有为书写精彩的人生

小贴士

1. 祖国：祖国就是自己的国家。简单来说，祖国是祖先开辟的生存之地。人们对祖国的感情包括了对国家主权，大好河山，灿烂文化以及骨肉同胞的感情。

2. 成就：在人生道路上实现价值目标。可指精神的崇高，即做人的成功。一个人如果得到了社会、历史、人民的认可，就可以认为是个有成就的人。

思想之光

这么大一个国家，责任非常重、工作非常艰巨。我将无我，不负人民。我愿意做到一个“无我”的状态，为中国的发展奉献自己。

——2019 年习近平总书记在罗马会见意大利众议长菲科时的讲话

爱国，是人世间最深层、最持久的情感，是一个人立德之源、立功之本。孙中山先生说，做人最大的事情，就是要知道怎么样爱国。我们常讲，做人要有气节、要有人格。气节也好，人格也好，爱国是第一位的。我们是中华儿女，要了解中华民族历史，秉承中华文化基因，有民族自豪感和文化自信心。

——2018 年习近平总书记在北京大学师生座谈会上的讲话

天下为公、担当道义，是广大知识分子应有的情怀。我国知识分子历来有浓厚的家国情怀，有强烈的社会责任感。“修身齐家治国平天下”，“为天地立心、为生民立命、为往圣继绝学、为万世开太平”，“先天下之忧而忧，后天下之乐而乐”，这些思想为一代又一代知识分子所尊崇。

——2016 年习近平总书记在知识分子、劳动模范、青年代表座谈会上的讲话

祖国的命运和党的命运、社会主义的命运是密不可分的。只有坚持爱国和爱党、爱社会主义相统一，爱国主义才是鲜活的、真实的，这是当代中国爱国主义精神

最重要的体现。今天我们讲爱国主义，这个道理要经常讲、反复讲。

——2015年习近平总书记在中共中央政治局第二十九次集体学习会上的讲话

思想荟萃

1. 国家地方齐推进，政策体系齐保障

2012年上海国际职业技术教育大会发布《上海共识》等文件以来，中国职业教育事业发展进入到一个黄金时期。国家和地方教育部门重视职业院校发展，具体进展包括：

一是重视政策保障。把职业教育作为统筹经济社会发展和人力资源开发的重要举措，努力完善法律法规政策体系。中国形成了以《中华人民共和国职业教育法》为引领，涵盖学校设置、专业教学、教师队伍、学生实习、经费投入、信息化建设等的一系列制度和标准。职业教育法律法规、政策标准体系基本建立，从“参照普通教育做”走向“依据专门制度和标准办”，依法治教、规范办学的体制机制日益健全完善。

二是构建体系框架。中国各级各类职业教育统筹发展，职教、普教、继教沟通衔接，高职学校与普通高校考试招生相对分开，初步构建了人才成长的“立交桥”。目前，全国职业院校共开设近千个专业、近10万个专业点，基本覆盖国民经济各领域，具备了大规模培养高素质劳动者和技能型人才的能力。中高等职业教育培养质量也保持较高水平。中职毕业生就业率连续10年保持在95%以上，高职毕业生半年后就业率超过90%。职业院校毕业生成为支撑中小企业集聚发展、区域产业迈向中高端的生力军。

三是坚持特色发展。中国深入推进产教融合、校企合作，国家层面组建了62个行业职业教育教学指导委员会，全国建成约1 300个职教集团，广泛开展订单培养、校中厂、厂中校、现代学徒制等，基本形成产教协同发展和校企共同育人的格局。职业教育作为一个教育类型，逐步形成了具有自身特色的办学体制机制和培养模式，与经济社会的融合度、契合度不断提升，办学活力持续增强。

四是持续促进公平。国务院把职业教育作为教育投入的重点倾斜领域。“十二五”以来，国家实施了示范性中等和高等职业学校建设、现代职业教育质量提升计划等重大工程，中央财政投入超过800亿元，打造了一批骨干学校、专业和师资。家庭经济困难学生资助体系逐步健全，中职免学费、助学金分别覆盖超过90%和40%的学生，高职奖学金、助学金分别覆盖近30%和25%以上学生。职业教育为人人出彩提供了更多机会。

五是不断优化氛围。中国把每年5月的第二周定为“职业教育活动周”。自活

动周举办以来，定期组织各地开展开放校园、开放企业、为民服务等宣传展示和交流体验活动。全国职业院校技能大赛、学生文明风采竞赛等活动持续举办，展示了职业学校学生德技并重的风采。近年来，中国还加强了国际交流与合作，向世界发出了中国职业教育的声音。发展职业教育越来越成为社会各界的广泛共识，受到国内外广泛赞许。

2. 一份专注，一辈子坚守——传承职业精神

唐代张祜有诗云："精华在笔端，咫尺匠心难。"这大概是汉语中关于"匠心"二字的最早记载。"匠心"它代表了对传统手工艺的技艺传承，以及一种对每个环节、每道工序、每个细节都精工细作的匠心精神。在很早之前的手工艺时代，匠字作为后缀，所代表的多是某一类职业属性，比如木匠、鞋匠、铁匠。而今，"匠心"被提炼和赋予了更多的内涵，代表了对传统手工艺的技艺传承，以及一种对每个环节、每道工序、每个细节都精工细作的匠心精神。

匠心精神，匠人情怀。真正的匠心，不是以情怀为号召，不是以灵感为动力，而是耐得住寂寞，经得起考验的坚守与专注：每天重复同样的工作，但始终以完美主义的追求，将简单的事情做到极致。

广义修笔店位于北京东四南大街。尽管它是一间不到 10 平方米的小屋，却时常客人络绎不绝。那些修钢笔的物件，自开业那天起就从未减少过；墙上、桌面上的"先进个人"、各种书法等物件，都是这些年积累下来的。它们安静地摆放在那里，泛黄的纸不仅显示出广义修笔店的年代久远，更见证了钢笔这一具有文化意义的工具的发展、辉煌和衰落。

一开始，修笔店的老板张广义只是跟着父亲卖钢笔，以此作为谋生的手段，后来"觉得钢笔坏了就扔挺浪费"，于是他自己摸索着修钢笔。60 多年来，经过他手的钢笔大概有 40 多万支。尽管现在流行无纸化办公，使得用钢笔的人越来越少，但他依然"固执己见"，坚持开着这京城唯一的一家修笔店。

张广义的修笔独门诀窍是点尖，"只要笔尖没有断，都能修好。"那个直径不到一毫米的钢笔笔尖上的小圆粒，张广义能手动把它焊上去。再用他自己开刃的锯片，把金尖锯成两个半球，墨水就能顺利从那儿出来。这活，一般人做不了，在工厂都是用激光做的。点尖的技术，让顾客们称赞，也许正因为如此，这冷冰冰的钢笔有了温度，更加让人怀念。

由于常年和钢笔、碳素打交道，修笔店关门后，张广义做的第一件事就是洗手。可是几十年如此，手依然很黑。而且卸笔尖很需要力气，张广义的两个大拇指开裂

得很严重，这使得他不得不戴上橡胶指套。

从张广义的店铺里可以发现，这里面的几乎所有东西都是古董级的，几十年没动过的物件沾满了灰尘。“半厘小肆客争临，笔好人诚惬众心。若问缘何常灿烂，只因骨内有真金。”在张广义这间小店里，墙上除挂满了各个年代“先进个体户”“信得过个体户”的奖状，很多名人题字都让人惊叹这个不起眼小店的与众不同。

时代楷模

1. 让“种子精神”薪火相传——复旦大学教授植物学家钟扬事迹

钟扬（1964 年 5 月—2017 年 9 月）生前是复旦大学生命科学学院教授、博士生导师，长期从事植物学、生物信息学研究和教学工作，取得一系列重要创新成果。他胸怀科技报国理想，长期致力于生物多样性研究和保护，率领团队在青藏高原为国家种质库收集了数千万颗植物种子；他艰苦援藏 16 年，足迹遍布西藏最偏远、最艰苦的地区，为西部少数民族地区的人才培养、学科建设和科学研究做出了重要贡献；他以德修身、以德立学、以德施教，用心尽力帮助学生成长成才；他热心社会公益事业，连续 17 年参与科普志愿服务，是深受欢迎的“科普明星”。钟扬同志生前荣获“全国先进工作者”“全国优秀教师”等荣誉称号，以及国家技术发明二等奖等多项奖励。2017 年 9 月 25 日，钟扬在赴内蒙古为民族干部授课途中遭遇车祸，不幸逝世，年仅 53 岁。2019 年 3 月 29 日中央宣传部向全社会宣传发布钟扬的先进事迹，追授他“时代楷模”称号。“他用生命诠释了爱国报国人生理想。”

他是忠于祖国奉献人民、不懈探索追求的杰出科学家，是立德树人、教书育人的优秀教师，也是自觉践行社会主义核心价值观的先锋模范。

2. 平凡中包孕伟大——著名全国劳模、上海电气液压气动有限公司液压泵厂数控工段长李斌

李斌（1960 年 5 月 18 日—2019 年 2 月 21 日）出生于上海，1980 年 12 月进入上海液压泵厂工作，2017 年 5 月 12 日，在上海市第十一次党代表大会上被选举为上海市出席党的十九大代表。

李斌曾五次被评为上海市劳动模范，两次荣获全国劳动模范和全国“五一劳动奖章”，先后获得过“全国十大杰出工人”、中国青年五四奖章、中华技能大奖、全国知识型职工标兵、“全国十大高技能人才楷模”、上海市优秀共产党员等荣誉。

李斌进入工厂后，在师傅们指点下，勤学苦练，从掌握车、钳、磨、铣等金属切削加工技术开始，后来又逐步掌握了工装夹具、机械维修等技术。他还利用业余时间，

自学了高中课程。1982 年,他进入上海电视大学,花了三年时间攻读机械工艺与设备专业。1998 年,他又进入上海市第二工业大学机械电子工程本科专业学习,用了3 年时间获得工学学士学位。这为他以后的发展打下了良好的基础。

李斌始终立足生产一线,不断学习和掌握当今数控科技领域新技术,以过硬的本领,在数控编程、工艺改进、刀具革新及产品的技术攻关上,创造了可观的经济效益。

为解决长期困惑企业的斜轴泵质量问题,以李斌为首的斜轴泵质量攻关小组,在近 3 年中,通过对缸体工艺的重大改进,使产品能级上了新台阶,为企业产品扩大国内工程机械市场份额、进入国际市场打下了坚实基础。

多年来,在李斌的带领下,攻关小组共完成数控编程 1 600 多个,工艺改进 230 多项,直接创造经济效益 1 000 万元,仅刀具革新就为企业节约了 300 多万元人民币,同时还申请了专利;成功开发了 5 种类型、17 台进口设备的加工功能,产品攻关 57 项,创造了 2 200 多万元的经济效益。他还是编外的数控设备维修工,几乎是人到“病”除。以李斌名字命名的上海电气李斌技师学校成为培养高技能人才的基地,已培养了 5 800 名学员。他近年无偿授课 1 950 小时,通过“李斌师徒网站”使大批技术工人成长。李斌也因此成为现代“蓝领”的楷模。

他生前曾经说:“中国工人的技术并不比外国工人差,只要我们好好干,产品也能做得同外国的一样好,只要我们有一颗追求高标准、高品质的匠心,有一种不达目标决不放弃的精神,始终对自己所从事的职业充满感情、充满忠诚,你一定会走得更好更远”。

学思践悟

1. 祖国制造业的发展给我们带来什么机遇?
2. 通读文中时代楷模案例,你将怎样规划自己的职业人生?

二、进入新时代 立志成为高技能人才

小贴士

1. 新时代: 十九大报告提出了中国发展新的历史方位——中国特色社会主义进入了新时代。进入新时代,是从党和国家事业发展的全局视野、从改革开放的历程和十八大以来取得的历史性成就和历史性变革的方位上,所做出的科学判断。

2. 职业技能：对学生来说，是按照国家规定的职业标准，通过政府授权的考核鉴定机构，对劳动者的专业知识和技能水平进行客观公正、科学规范地评价与认证的活动。职业技能，即指学生将来就业所需的技术和能力。学生是否具备良好的职业技能是能否顺利就业的前提。

思想之光

青春理想，青春活力，青春奋斗，是中国精神和中国力量的生命力所在。今天，在实现中华民族伟大复兴新征程上，北大师生应该继续发扬五四精神，为民族、为国家、为人民作出新的更大的贡献。

——2018 年习近平总书记在北京大学师生座谈会上的讲话

青年是社会上最富活力、最具创造性的群体，理应走在创新创造前列。广大青年要有敢为人先的锐气，勇于解放思想、与时俱进，敢于上下求索、开拓进取，树立在继承前人的基础上超越前人的雄心壮志，“以青春之我，创建青春之国家，青春之民族”。

——2013 年 5 月 4 日，习近平总书记在同各界优秀青年代表座谈时的讲话

思想荟萃

1. 产业转型升级，时代呼唤工匠

习近平总书记在 2015 年庆祝“五一”国际劳动节暨表彰全国劳动模范和先进工作者大会上的讲话中指出：“一切劳动者，只要肯学肯干肯钻研，练就一身真本领，掌握一手好技术，就能立足岗位成长成才，就都能在劳动中发现广阔的天地，在劳动中体现价值、展现风采、感受快乐。”

在中国古代璀璨的文明里，小到器物，大到建筑，一代代匠人的手中诞生过无数巧夺天工的艺术珍品。从鲁班造锯、卖油翁、庖丁解牛等脍炙人口的故事里，到今天的华为、中国高铁等世界著名品牌，无不包含着令人敬仰的“工匠精神”，它是我们民族的瑰宝、强国的希望。工匠们凭借数十年如一日的专注和坚守，创造出工艺上的奇迹，展现出极致化的追求，令人惊叹、让人敬佩。现代社会，即便科学技术日新月异，具有“工匠精神”的优秀产业工人在生产中的创造力和能动性依然举足轻重。重拾“工匠精神”，我们任重道远。期待有更多身边的工匠大师从“小众”的坚守逐步走向“大众”的传承。

国务院已正式印发了《中国制造 2025》，明确了从制造大国迈向制造强国的时

间表、路线图，提出2025年迈入制造强国行列，2035年制造业整体达到世界制造强国阵营中等水平。为此，国务院成立国家制造强国建设领导小组，推进实施制造强国战略。我国已成为世界瞩目的制造业大国，但距离制造业强国还有相当长的距离。从制造业大国向制造业强国转变的过程，需要成千上万的优秀产业工人来提升国际竞争力，弘扬“工匠精神”正契合了这一时代需求。在小作坊生产模式下，工匠只有技术相对精湛才能更好地存活，由此衍生出以“精益求精，追求极致”为特征的“工匠精神”。许多延续至今仍然兴旺的“老字号”正是体现“工匠精神”的典范，比如同仁堂坚守“炮制虽繁必不敢省人工，品味虽贵必不敢减物力”的信条。

“工匠精神”与核心价值观国家层面的“富强”同样息息相关。制造大国向制造强国的发展靠什么支撑？人们对于“中国制造”的理解，曾仅仅局限于投入简单的加工，甚至代工。我们现在对“强”字的理解有时囿于狭隘，通常认为与先进的管理、完善的设计、高科技等关系更大一些。事实上，倡导“工匠精神”，不光可以提高工人群体的社会地位和自我认同，而且能培养一批技术过硬、追求卓越的工人。他们将成为整个国家迈向制造业强国的坚实基础。与此同时，在全社会弘扬“工匠精神”，有助于提升全社会各行业的敬业精神。只要每个人都踏实做好本职工作，追求将每件事做到最好，自然会助推更快、更好地实现国家富强的目标。

2. 校企协同发展，培育未来工匠[①]

《教育部关于开展现代学徒制试点工作的意见》明确提出，“现代学徒制是深化产教融合、校企合作，进一步完善校企合作育人机制，创新技术技能人才培养模式，推进现代职业教育体系建设的战略选择”。河北省承德工业学校是全国现代学徒制试点单位，经过实践探索出“双主体、双身份、双导师、双结合、双进入、双渗透、双评价、双育人”的校企一体化育人新式。

“双主体”强化校企双方新责任。现代学徒制的基础理念是校企联合培养的“双主体育人”，校企双方都要积极承担自己的责任与义务，其关键是企业要参与人才培养全过程，有了企业主体的支撑，才能实现专业设置与产业需求对接、课程内容与职业标准对接、教学过程与生产过程对接。学校火电厂设备运行与检修专业的企业合作方是承德热力集团，该企业管理规范，与学校有着多年的合作历史。确定试点以来，校企双方主动协商校企共赢的制度文件，明确了双方的“双主体地位”，强化了双

① 张新启，校企协同培育未来新工匠[N].中国教育报 2018-9-4.

方的责任义务。

“双身份”彰显学生学徒新特征。校企共同研究招生招工方案与标准,改革新生入学考核方式、内容和办法,校企共同面试录取,招生与招工一体化展开,并在企业和学校同时备案,从一开始就明确了新生的“学生”和“学徒”双重角色,使学生的“双身份”特征得以彰显。校企共商课程标准与岗位标准,课程标准的要求是起点,针对的是学校学生;职业岗位标准的要求是终点,针对的是企业员工。现代学徒制的“双身份”特征决定了学生和学徒是同一个人,只有将起点与终点形成闭环、融为一体、有机结合,才能使培养目标一致。

“双导师”建设培育人才新队伍。校企共建师资队伍,教学任务由学校教师和企业师傅共同承担,形成“双导师”制度。学校将指导教师企业实践和技术服务纳入教师考核,并作为晋升专业技术职务的重要依据。师傅选拔通过个人申请、企业推荐的形式,优选吃苦耐劳、敬业爱岗、作风正派的能工巧匠、业务骨干、技术负责人等纳入师傅资源库。制定师傅考核管理办法,加强师傅之间、专任教师和师傅之间、师徒之间的交流和沟通,加强与师傅所在企业的沟通,使带徒工作纳入企业工作的一部分,为师傅开展工作创造良好环境。

“双结合”构建课程体系新模式。校企共同探讨专业技术技能人才成长规律和工作岗位的实际需要,共同研制人才培养方案,开发“学习与岗位结合、工作与学习结合”课程体系。课程体系融入企业员工代表性工作任务,由易到难、由低到高、由浅到深、由单一到复杂,结合企业实践分阶段从职业认知到简单岗位操作、轮岗实训,使教育规律与职业人才成长规律有机结合。把企业课程合理融入专业课程体系,针对专业培养目标及对应岗位能力,确定通识课程、公共课程、企业核心能力课程模块、专业课程模块,整合企业岗位能力所对应的课程并将其贯穿于整个教学过程。

“双进入”激发人才培养新动能。在学校培养过程中,有意识地邀请企业师傅参与其中,通过集中授课、定点辅导、技术讲座的方式,将企业声音不失时机地呈现在教学过程中,增加企业氛围影响;在企业育人过程中,及时派专业教师跟进,随时解答学生在岗位技能训练过程中遇到的技术理论问题,个别辅导结合集中授课,为学生的岗位实践学习过程助力加油。“双进入”模式增加了学生学徒学习的新鲜感,同时也使工作和学习、学习和岗位紧密结合起来,大大地激发了人才培养新动能。

“双渗透”涵养学校企业新文化。“双渗透”是校企双方在合作中文化互融的过程。利用“技能节”，开展企业文化进校园系列活动，试点班更是将企业愿景、经营理念、文化精神、员工素养要求布置于教室中，并用企业名字给班级命名。学校文化元素也主动向企业渗透，使企业树立“优秀的企业既能生产出优质的产品、提供优质的服务，同时更关注员工发展成长，培养优秀员工”的育人思想，校企共同树立“百年品牌、百年树人”的理念。这样的互动过程，涵养了校企新文化，丰富了双方文化内涵。

“双评价”衡量人才培养新规格。学校把考试考核工作放在校企两个维度来设计，以学生的综合职业能力达标为目标。学校的规制式考试测评，企业的岗位能力达标，都是考试体系的必要科目。学校的理论试卷定期测试，工学结合一体化课程的过程考核，学习任务的“双单过关”，评价了学生学校学习的成果和效率；企业基于岗位工作能力标准的达标测试，则考核评价了学生学徒的效果和成绩。两个维度对综合职业能力体系化测评，科学地衡量了现代学徒制人才培养的新规格。

“双育人”培养未来产业新工匠。学校和企业在人才培养中处于同样重要且必需的主体地位，校企一起研究育人标准及实施体系，把课程内容与职业标准对接、教学过程与生产过程对接，提高人才培养质量和针对性。在“双育人”过程中，校企双方实施综合职业能力的全面素质教育，把提高职业技能和培养职业精神融合起来，培养学生社会责任感、创新精神、实践能力，形成校企分工合作、协同育人、共同发展的长效机制，为培养支撑未来产业发展的新工匠打下坚实基础。

校企一体化育人新模式的实践探索，实现了学校和企业“双主体”育人、教师和师傅“双导师”教学、学生和学徒“双身份”成长，有效地提升了人才培养水平。

匠人匠心

1. 坚持让我们“能行天下”——少年工匠李森[①]

烹饪技能全国职业院校技能大赛为国家级一类大赛，参赛者需要通过层层选拔，最终获得参赛资格。2015 年，李森作为南京商业学校的唯一代表，参加了这个在职业院校学生心目中“殿堂级”的比赛。李森表示，一般会提前五六个月为重要的比赛做准备。这期间他除了积累素材寻找灵感之外，更多的是练手，通过几个月的练习，单是黄瓜就会用掉 1 万多根。除了充足的比赛准备，更重要的还在于平时练

① 少年工匠：信仰和坚持让我们“能行天下”[N].龙虎网，2018-03-12.

就一手扎实的基本功。李森表示，进学校这几年，手上全是血口子，经常旧伤没好又添新伤，10 个手指头不知道被切了多少次。

雕刻除了需要熟练掌握雕刻技巧，还需要具备很强的创新能力，以及赋予作品美的感受。李森表示，由于各种大赛都是需要根据命题创作雕刻作品，自己平时除了阅读专业书籍外，还会抽空阅读美术专业的书籍，有空自己还会画上几笔，为以后的创作积累素材。这样勤学苦练的精神让李森的付出没有白费，他在 2015 年度获得了全国职业院校技能大赛中职组果蔬雕刻一等奖。“准备大型比赛身心压力都是很大的，我有空就会出门散散步来放空自己，解压。”谈起自己的业余时间，李森表示几乎没有，最多就是抽空散步，其余时间都是在练习和看书。说起自己成功的原因，他也只是淡淡地表示：“身边的人都很努力，我只能在坚持前行过程中多钻研。”

2. 追逐自己的梦想——追梦少年团①

黄征宇、吴培民、缪阳、陆赟浩，四个年龄相仿的男孩因为电子商务这个爱好走到了一起，他们也是 2018 年江苏省职业学校技能大赛电子商务运营项目中职组金牌获得者(团队项目)。说起自己的电子商务运营团队，四个男孩仿佛都有说不完的话。黄征宇是大家一致推选的队长，他颇为自豪地介绍了自己团队的运营情况，“我们的团队 4 个人都有明确的分工，我是负责店面首页展示和质检证书，缪阳是 PS 小能手，负责商品的拍照和详情页的设计，吴培民文笔特好，负责微信推广和物流，陆赟浩是负责微博推广和客服工作”。

为了自己热爱的“事业”，他们都默默付出了很多努力。“(从)早上 8 点开始训练到晚上 11 点，是常有的事，最晚的一次直接熬了个通宵，周末也要在教室里训练。”缪阳笑称，这是为了自己的信仰，“因为我们不知道比赛的时候出的是哪种商品，所以我们每种商品都要去尝试。”虽然课业辛苦，但在 4 个男孩脸上几乎看不到一丝愁容，除了有爱好作为支撑外，这和融洽的同学、师生情也有分不开的关系。缪阳介绍说，老师们经常在平时训练结束后请大家吃夜宵，生病了也会帮忙买药，这让很多外地同学感受到了家一般的温暖。

说起自己未来的人生规划，吴培民称，当初选电子商务这个专业是有原因的。初三那年微商很火，自己也干过一段时间的微商，卖二手手机。这几年自己都很关注和马云以及电商相关的新闻，毕业之后自己还是想开个店，卖一些数码产品。缪阳则是想毕业后先进入电商企业提升自己的实践经验，之后有机会的话将选择和吴

---

① 少年工匠：信仰和坚持让我们“能行天下”[N].龙虎网，2018-03-12.

培民一样自己创业。

说到自己对于少年工匠的理解，黄征宇表示，工匠精神在自己心中就是一种坚持不懈、坚定地追求自己梦想的精神。

学思践悟

1. 没有耀眼的学历，没有过人的天赋，上述同学为何能取得今天的成就？

2. 这些少年工匠们给我们展示了另外一种人生追求，说说从他们身上学到了什么。

第四节　与时俱进　自律修身

一、与时俱进，匠心传承

小贴士

1. **与时俱进**：是指准确把握时代特征，始终站在时代前列和实践前沿，始终坚持解放思想、实事求是和开拓进取，在大胆探索中继承发展。

2. **传承**：泛指对学问、技艺等的传授和继承的过程。

3. **中华老字号**：指历史悠久，拥有时代传承的产品、技艺或服务，具有鲜明中华民族传统文化背景和深厚文化底蕴、取得社会广泛认同、形成良好信誉的品牌。中华老字号的品牌要求创立于1956年（含）以前。

思想之光

中国梦是历史的、现实的，也是未来的；是我们这一代的，更是青年一代的。中华民族伟大复兴的中国梦终将在一代代青年的接力奋斗中变为现实。

——2017年习近平总书记在中国共产党第十九次全国代表大会上的报告

过去几年来改革已经大有作为，新征程上改革仍大有可为。各地区各部门学习贯彻党的十九大精神，要注意把握蕴含其中的改革精神、改革部署、改革要求，接力探索，接续奋斗，坚定不移将改革推向前进。

——2017年习近平总书记在十九届中央全面深化改革领导小组第一次会议上的讲话

今天，历史的接力棒交到了我们手里。担当这份重任，我们既充满信心，又如履薄冰。充满信心，是因为我们有马克思主义的真理力量，是因为我们有党的坚强领导，是因为我们有中国特色社会主义的正确道路，是因为我们有全党全军全国各族人民的伟大团结。如履薄冰，是因为中国特色社会主义需要继续艰辛探索，是因为应对各种风险和挑战需要不断披荆斩棘，是因为抵御各种腐朽思想侵蚀需要勇于自我革命。

——2017年习近平总书记在十九届一中全会上的讲话

中华优秀传统文化是中华民族的突出优势，中华民族伟大复兴需要以中华文化发展繁荣为条件，必须大力弘扬中华优秀传统文化。

——2013年习近平总书记在参观考察孔府、孔子研究院时的讲话

我们的责任，就是要团结带领全党全国各族人民，接过历史的接力棒，继续为实现中华民族伟大复兴而努力奋斗，使中华民族更加坚强有力地自立于世界民族之林，为人类作出新的更大的贡献。

——2012年习近平总书记在十八届中央政治局常委与中外记者见面会上答记者问

思想荟萃

1. 创新与传承工匠精神是职业教育的灵魂

职业教育在人才培养上应加入传承与创新"工匠精神"的教育，从学生一开始接受职业教育，就应该让工匠精神扎根心中。因此职业教育有责任将职业精神的教育融合到课程中，尤其需要标准化的课程设置。

现代学徒制的引入，是提升"工匠精神"一剂良药。从偏重于理论模型的讲解，转向注重动手能力和实践能力的培养，学徒制是极具传承意蕴的，它不仅注重对技术的传授，更是在老匠人的传帮带中，实现了对"工匠精神"的传承。

在工作的指导思想上，要从职业教育的内在规律要求出发，摒弃普通教育目标的制约，正确认识"工匠精神"对于职业教育的价值，从而为深化职业教育教学改革提供思想武器，奠定现实基础。利用校企合作的人才培养模式改革平台，加强"工匠精神"的养成教育、体验教育和实践教育，从而使"工匠精神"与技术活动、技能培育有机结合起来，并内化于学生的精神之中。在师生共同成长的实践中，要以"工匠精

神”培育为抓手和载体，给学生、教师一个密切互动、共同成长的机制，只有这样，精神培养才可能成为一个有机而又有效的、教与学统一的过程。我们经常以为技能的培育是学生的事，精神的培育也是学生的事，殊不知，精神的培育离开了师生的共同成长，是不可能真正实现的。所以“工匠精神”的培育，对于职业院校的所有教师，都是一次全新的教育改革、教育理念创新的挑战。

2. 马云对创新的理解

马云曾经在清华创新论坛上说过一句话：“我不相信有一流的人才，我只相信有一流的努力。创新不是与对手竞争，而是跟明天竞争。”

马云谈及人才时说，我们公司需要的是平凡的人、肯学习的人和乐观的人。我希望我们的公司是个动物园，而不是农场。农场永远做不出创新，农场就是一群鸡一群鸭都一样，服装都统一的。我们需要的是各类动物，有开心，有快乐，有自己的想法，做自己想做的事。

创新有时候听起来是很矛盾的事情，创新是没有模式的，往往只是个人的一种感触，一种对待问题的看法。有时创新就是一些常规的事情或者为物品点缀上一点个人的想法，就像在网上可以搜到很多创意的图片，都是常规的内容加些特别内容的组合，最后就是创意了，但是加上的这个内容可不是乱加，要适当合理而且美观。

马云在说到企业的时候说，企业的创新就是创造新的价值，创新不是要去打败对手，不是为更大的名，而是为了社会、为了客户、为了明天，真正的创新一定是基于使命感。

匠人匠心

1. 雕刻火药的大国工匠——徐立平[①]

徐立平，中国航天科技集团公司第四研究院（以下简称航天科技四院）7416厂航天发动机固体燃料药面整形组组长，国家高级技师、航天特级技师，“时代楷模”“中国好人”，被誉为以国为重的“大国工匠”。

他的工作就是对填有高能量推进剂的固体发动机燃料药面进行整形，因此被形象地称为“雕刻火药的大国工匠”。由于这个工种技术要求高、危险性大，后续人才上哪找曾一度是徐立平担心的事。

---

① 邢翀.“雕刻火药的大国工匠”徐立平：中国航天后继有人[N].中国新闻网.2018-3-21.

火药如何“雕刻”？在航天固体发动机上“动刀”，0.5毫米是发动机药面精度允许的最大误差，稍有不慎蹭出火花，就会产生3 000摄氏度高温。在火药整形这个世界性难题上，目前还无法完全用机器替代人工。

从1987年步入航天行当，今年已是徐立平在一线工作的第32个年头。经他之手“雕刻”出的火药药面误差不超过0.2毫米，为了杜绝安全隐患，他还发明设计了20多种药面整形刀具，多次获得国家专利，一种还被命名为“立平刀”。

徐立平的工作处于一枚导弹制作过程中最危险的环节，被称为“雕刻火药”，就是用特定的工具通过一系列挖补，对固体火药进行加工，使之达到设计标准。这道工序直接决定导弹能否进行精准发射，若稍有误差，就有可能导致导弹在飞行过程中偏离预定轨道，甚至发生爆炸，但他雕刻的精度误差不超过0.2毫米，还没有两张A4纸厚。

30多年来，徐立平忍耐着常人难以想象的危险与寂寞，凭着对事业的忠诚和担当，练就出高超的技艺绝活，以精湛技艺和过人胆识“雕刻”火药，多次出色完成急难险重的任务，将一件件大国利器送入云霄，从航天“蓝领”一步步成长为以国为重的大国工匠，用堪称完美的产品为我国的航天事业发展做出自己的贡献。

徐立平先后荣获“全国五一劳动奖章”“中华技能大奖”，并当选“感动中国2015年度人物”。2017年3月中央宣传部授予徐立平“时代楷模”荣誉称号。

2. “与时俱进的工匠精神”——朱炳仁父子①

朱炳仁、朱军岷父子是中华百年老字号“朱府铜艺”的传承人，他们以超常的才情和非凡的勇气，超越传统，把握机遇，使铜雕艺术获得了现代意义上的发展，将中国传统铸铜工艺和现代艺术理念和谐融汇一体，无不闪耀着中国传统文化的光彩，体现出当代铜雕艺术的高水准。

非物质文化遗产只有通过创新才能保持旺盛的生命力，朱炳仁一直行走在创新的路上。他首创的“熔铜”和“庚彩”，使现代青铜工艺达到了新的高度。从此，铜在自由的熔凝中被赋予了新的生命，在朱炳仁的手中呈现出千变万化的姿态，凝结成五彩斑斓的世界，而这些正来自于朱炳仁对于铜金属的深切体悟，来自于抒发情怀的艺术自觉。几十年来，朱炳仁始终站在中国传统文化高地上向前迈出坚实的步伐，正如许多评论家所说，“他的作品没有别人的影子，没有西方艺术的影子，是我们中国自己的艺术”。这正是朱炳仁素来秉持的创作理念，不盲目追随，不因循守旧，

---

① 庄燕琳，邹萍.与时俱进的工匠精神[N].美术报.2019-6-1.

要为中国传统手工艺创造出一条新路。

朱炳仁在领衔参与制作G20杭州峰会场馆铜系列作品过程中，都尽可能地运用了“朱府铜艺”的最新工艺，而这些精湛的工艺在建筑中的使用，某种程度上也展现了整个建筑文化的发展前景，这在会场设计中也是一种全新的表现。

朱炳仁的传承和创新践行了一位当代中国手工艺者的风采，做我们中国自己的，不脱离时代风格的艺术。

学思践悟

1. 谈谈传承传统和与时俱进的联系。

2. 新时代，我们从先进人物的身上看到了哪些与时俱进的做法?

二、自律修身，琢业传承

小贴士

1. **自律**：指在没有他人现场监督的情况下，通过自己要求自己，主动、自觉地遵循法规并约束自己的言行。

2. **修身**：陶冶身心，涵养德性，修养身心。修身的具体表现就是在日常生活中择善而从，博学于文并约之以礼。

3. **琢业**：琢，雕刻玉石，使成器物。琢业常比喻对所做的每一件事，都做到精耕细作、精益求精。

思想之光

修身琢业，匠人匠心。党员干部加强道德修养，重要的是自觉从中华优秀传统文化中汲取营养，老老实实向人民群众学习，时时处处见贤思齐，以严格标准加强自律，接受他律。

——2018年《平“语”近人——习近平总书记用典》第六集

严以修身、严以用权、严以律己，又谋事要实、创业要实、做人要实。

——2014年习近平总书记在十二届全国人大二次会议安徽代表团参加审议时的讲话

一个人能否廉洁自律，最大的诱惑是自己，最难战胜的敌人也是自己。

——2014 年习近平总书记在中央办公厅各单位班子成员和干部职工代表座谈会上的讲话

作为党的干部，就是要讲大公无私、公私分明、先公后私、公而忘私，只有一心为公、事事出于公心，才能坦荡做人、谨慎用权，才能光明正大、堂堂正正。作风问题都与公私问题有联系，都与公款、公权有关系。公款姓公，一分一厘都不能乱花；公权为民，一丝一毫都不能私用。领导干部必须时刻清楚这一点，做到公私分明、克己奉公、严格自律。

——2014 年习近平总书记在十八届中央纪委三次全会上的讲话

思想荟萃

总书记的家国情怀①

"古之欲明明德于天下者，先治其国；欲治其国者，先齐其家；欲齐其家者，先修其身……身修而后家齐，家齐而后国治，国治而后天下平。"

"修身、齐家、治国、平天下"这九个字，是中国古代圣贤智慧的结晶，同时也正是习近平总书记立身行事、治国理政的生动写照。

1. 严以修身良好示范

"我到农村插队后，给自己定了一个座右铭，先从修身开始。一物不知，深以为耻，便求知若渴。上山放羊，我揣着书，把羊拴到山坡上，就开始看书。锄地到田头，开始休息一会儿时，我就拿出《新华字典》记一个字的多种含义，一点一滴积累。我并不觉得农村七年时光被荒废了，很多知识的基础是那时候打下来的。现在条件这么好，大家更要把学习、把自身的本领搞好。"这是 2013 年 5 月 4 日习近平总书记在中国航天科技集团公司中国空间技术研究院对青年们讲的一番话，以此激励青年要重视自我提升，勇于担当。

"修身"一词始终贯穿于习近平总书记的过往经历之中。

2007 年出版的《之江新语》记录了习近平总书记主政浙江时的思考。他在《做人与做官》中阐明了修身对于为官的重要性。他引用王安石《洪范传》里的一句"修其心治其身，而后可以为政于天下"，表明领导干部既是一个要有高尚品德的普通

① 郭梦媛."从这九个字读懂习近平的家国情怀"[N].央视网，2019-02-13.

人，也是一言一行对社会具有重要导向作用的不普通的人。

做官先做人，做人必修身。2014 年全国两会期间，习近平总书记在参加安徽代表团审议时，提出党员干部特别是各级领导干部要做到严以修身、严以用权、严以律己，谋事要实、创业要实、做人要实，并对其内涵作了系统阐述。“三严三实”专题教育将“严以修身”置于首位，进一步突出了严以修身作为党员干部最基本的政治品格和作风标尺的重要地位。

2018 年全国两会期间，习近平总书记特别强调领导干部要立政德，包括：明大德、守公德、严私德。

古人云：“其身正，不令而行；其身不正，虽令不从。”党的十八大以来，以习近平总书记为核心的党中央坚定不移全面从严治党，先后出台“八项规定”，整治“四风”，开展“三严三实”“两学一做”教育，将“讲政治、有信念，讲规矩、有纪律，讲道德、有品行，讲奉献、有作为”作为一个合格党员的标准，重拳反腐，抓关键少数，正确引导党员的成长。

2. 强调家风优良传承

“天下之本在国，国之本在家。”2013 年 12 月 31 日晚间，习近平总书记作为国家主席第一次发表新年贺词，他的办公室首度被曝光。透过镜头，我们清晰地看到书架上摆放的几张照片，分别是：习近平总书记与家人推着轮椅上的父亲、习近平总书记牵着母亲的手散步、他与夫人的合影、他骑着自行车载着女儿。

家和万事兴，家齐国安宁。习近平总书记指出：“不论时代发生多大变化，不论生活格局发生多大变化，我们都要重视家庭建设，注重家庭、注重家教、注重家风……”

习家有着从严教子、勤俭持家的家风。2012 年 12 月 23 日，新华社播发人物特稿《“人民群众是我们力量的源泉”——记中共中央总书记习近平》，其中谈到习近平走上领导岗位后，习仲勋的夫人齐心专门开家庭会，要求其他子女不得在习近平的工作领域从事经商活动。

家风连着党风，党风关乎民心。2015 年 10 月 18 日，中共中央印发《中国共产党廉洁自律准则》，将廉洁、齐家列为党员领导干部廉洁自律规范的重要内容之一，为党员和党员领导干部树立了一个看得见、够得着的标准，展现了共产党人的高尚道德追求。

制度保障是外力约束，而家风建设却是内在的提升。一个党员干部在新的社会发展阶段中要处理好各种“中国式关系”，抵御不良诱惑，坚定信念和初心，离不开优良家风的建设与捍卫。正如习近平总书记所说，健康的家庭生活，可以滋养身心，鼓励领导干部专心致志工作。反过来，领导干部的思想境界和一言一行，又直接影响着家庭其他成员，在很大程度上决定着自己的家风家教。

2016 年 1 月 12 日上午，习近平总书记在第十八届中央纪律检查委员会第六次全体会议上直指干部子弟的教育问题："……要留留神，防微杜渐，不要护犊子。干部子弟也要遵纪守法，不要以为是干部子弟就谁都奈何不了了。触犯了党纪国法都要处理，而且要从严处理。"

家庭是社会的基本细胞，千千万万个家庭的家风好，才能有整个社会的风清气正。

3. 勤政为民责任担当

"我个人的时间都去哪儿了？当然是都被工作占去了。"2014 年 2 月 7 日，习近平总书记在俄罗斯索契接受俄罗斯电视台专访时说。

考察、调研、慰问，出访、参加会议，发表讲话……习近平总书记几乎无日不在为国为民兢兢业业。

"全党同志的重托，全国各族人民的期望，是对我们做好工作的巨大鼓舞，也是我们肩上的重大责任。"责任担当始终贯穿在习近平总书记的治国理念当中。他指出敢于负责、勇于担当是好干部必须具备的基本素质，"担当大小，体现着干部的胸怀、勇气、格调，有多大担当才能干多大事业"。

"我的执政理念，概括起来说就是：为人民服务，担当起该担当的责任。""中国的发展成果，一定要让 13 多亿人民共享。"

这份念念不忘的初心，注入一个个民生工程，将对百姓的关心变成安心和放心。

"我不是痛并快乐着，而是累并快乐着。"习近平总书记以一国领袖率先垂范，践行了 2012 年 11 月 15 日他在十八届中央政治局常委同中外记者见面时的承诺："责任重于泰山，事业任重道远。我们一定要始终与人民心心相印、与人民同甘共苦、与人民团结奋斗，夙夜在公，勤勉工作，努力向历史、向人民交一份合格的答卷。"

4. 心怀天下美美与共

世界大同，天下一家。立足当下世界，着眼人类发展。习近平总书记引领中国不断前行，从顶层设计到深耕细作，为世界和平发展、合作共赢贡献智慧、提供方案。

2013 年 3 月，习近平总书记访问俄罗斯。这是他当选国家主席后的首次出访，也是他首次在国际场合向世界提出"命运共同体"这一概念。随后，习近平总书记在一系列双边和多边重要外交场合多次强调树立"人类命运共同体"意识，提出共建中国一东盟命运共同体、亚洲命运共同体、中拉命运共同体、中非命运共同体等，同世界各国共同致力于促进世界的和平、稳定、繁荣与进步。

匠人匠心

1. 琢业与传承的“蓝领工匠”——张黎明[①]

张黎明是天津市滨海电力公司的一名普通员工，党的十九大代表，曾获“全国优秀共产党员”“全国劳动模范”“时代楷模”“改革先锋”等多项荣誉称号。他 30 多年扎根电力抢修一线，带领团队累计开展技术革新 361 项，获国家专利 148 项，产生了巨大的经济和社会效益。

工匠精神，练就快速处理故障绝活。1987 年，18 岁的张黎明从天津电校毕业，入行第一天，就进入一个“红旗班组”，谁有技术特长、急难险重谁冲得上去谁就是“英雄”，这让他坚定了扎根一线的决心，31 年来，他不愿升到管理岗，主动请缨重回一线。

张黎明服务的辖区是滨海新区，落户其中的世界 500 强企业达 140 多家。作为班组负责人，保障区域用电安全、及时排除故障隐患是首要任务。巡视、抢修、操作……他坚持把简单的事重复做、重复的事用心做，工余时间巡线 8 万多千米，亲手绘制线路图 1 500 多张，累计完成故障抢修、倒闸操作等 2 万余次，从未发生过安全事故，梳理分析上万个故障，练就了快速处理故障的绝活，积淀出电力一线工人的工匠精神。

不忘初心，工作 31 年常在抢修一线。配网抢修工作不分昼夜，需要随时待命，特别是风雨雪雾等恶劣天气。31 年来，张黎明极少不在岗位，即使是除夕之夜、儿子高考、父亲病重……“我极少关手机，有时夜里听到下雨，就起来穿戴好，把电话握在手里，或者干脆到班里看看，为的就是能第一时间赶到抢修现场。”翻开抢修工作单，大多数都有“张黎明”的名字。2012 年 7 月 26 日，天津地区遭遇 60 年一遇的暴雨突袭，当时张黎明正在病房陪伴病危的父亲。没有丝毫犹豫，他留下前来送饭的妻子，毅然赶到抢修班，刚进门就接到新港四号路港 39 线路电线断落的故障电话，立即出发赶往现场。

那一晚，张黎明和同事跋涉在雨水中，车陷下去，就用手推，小区路窄，就一起蹚水走；那一晚，张黎明没喝一口水、没吃一口饭，和同事在暴雨中奔波近 8 小时；从 17

---

① 陈欣，王涛.“蓝领工匠”张黎明的“灯火故事”[N].人民网，2018－05－25.

时开始，共完成报修工作 81 件，所有抢修任务全部完成已是次日凌晨 1 时。工作服由干到湿，又由湿到干，疲惫不堪的张黎明回到医院，看到重症病房里的父亲和忙碌的妻子，愧疚地流出了泪水。

勇于创新，新时代产业工人新面貌。张黎明从一名普通工人逐渐成长为行业里响当当的创新先锋。在以他的名字命名的劳模创新工作室中，实现技术革新 200 余项，大家创新成果的经济效益超过 1 亿元。“可摘取式低压刀闸”就是典型一例。张黎明发现，社区用电超负荷或遭遇暴雨雷电天气时，线路变压器易发生保险片短路烧毁故障。以前，作业人员要爬上电线杆带电更换保险片，正常抢修耗时 45 分钟左右。而一个变压器出故障，起码会影响 150 户居民正常用电。为攻克这一难题，张黎明和同事反复试验，终于发明出一种一体式绝缘拉杆。利用物理学重力跌落原理，巧妙地将刀闸设计成可摘取式，抢修员在地面就能摘取更换，修复时间缩短至 8 分钟，既安全又省时。这项发明获得国家专利并得到广泛推广，仅这一项小革新每年就可创造经济效益 300 多万元。

2011 年张黎明创新工作室成立，创新孵化基地、创新工作室和班组创新工作坊的“三级联动”机制应运而生，着力打造“众创、青创、班创”平台。在张黎明的带领下，滨海供电公司先后孵化出“志鹏”“蒲公英”“金种子”等班组创新工作坊 8 个，创客队伍由最初的十几人，逐步发展到 157 人，获国家专利 140 多项，并在生产实践中得到广泛应用。

2017 年以来，为解决带电作业安全风险，张黎明和同事利用传感、识别、认知等人工智能技术，开展带电作业机器人研究，成功研发导线上的“钢铁侠”——基于人工智能的配网带电作业机器人。

我们要学习张黎明同志扎根一线、爱岗敬业、勇于创新、甘于奉献的先进事迹和崇高精神，努力学好专业技能，为中华民族伟大复兴做出贡献。

学思践悟

1. 自律修身的内涵是什么？
2. 从习总书记的家国情怀中，我们看到哪些自律修身的细节？

第五章　脚踏实地　匠心笃行

第一节　认知自我　发挥潜能

一、知己为先　百战不殆

小贴士

1. 职业观：是人生目标和人生态度在职业选择方面的具体表现，是个体衡量社会上某种职业优劣和重要性的内心尺度，是个人对待职业的一种信念，并为其进行职业选择、努力实现工作目标提供充分依据。

2. 交通精神：是民族精神和时代精神在交通实践中的生动体现，是对交通行业先进典型精神内核的高度概括，是交通行业广大从业人员共同创造的精神财富，是交通行业履行自身使命、实现共同愿景的强大动力，代表了交通行业广大从业人员的思想意志和精神风貌。

思想之光

要以国家富强、人民幸福为己任，胸怀理想、志存高远，投身中国特色社会主义伟大实践，并为之终生奋斗。

——2016 年习近平总书记在知识分子、劳动模范、青年代表座谈会上的讲话

加快发展职业教育，让每个人都有人生出彩机会。

——2014 年习近平总书记就加快发展职业教育作出重要指示

职业教育是国民教育体系和人力资源开发的重要组成部分，是广大青年打开通往成功成才大门的重要途径，肩负着培养多样化人才、传承技术技能、促进就业创业的重要职责，必须高度重视、加快发展。

——2014 年习近平总书记在全国职业教育工作会议上的讲话

当代大学生志存高远、脚踏实地，转变择业观念，坚持从实际出发，勇于到基层一线和艰苦地方去，把人生的路一步步走稳走实，善于在平凡岗位上创造不平凡的业绩。

——2013年习近平总书记在天津考察时的讲话

思想荟萃

1. 职业观形成与变化

职业观与个人的需求是相联系的。当前一般均认可将个人的需求从低到高分为生理、安全、归属、自尊和自我实现五个层次。在经济不景气时，人们所呈现的价值观可能与求得温饱的心理及安全需求有关，其所形成的工作价值观就是经济上的报酬以及不会被解雇的安全感。职业观是一种持久的信念，也是一个人据以判断行为好坏对错的标准，同时也是一个人选择时的参考架构。

职业观并非一成不变，随着人的年龄、际遇、周遭环境或生涯发展阶段不同，他的需求会发生变化，从而导致职业观变化。虽然职业观可能随着年龄而变化，但是真正的核心职业价值观，在经过一段时间以后会变得稳固。这需要时间的沉淀，在清楚自己的价值观的同时，也就能理解自己所定义的生命意义。

2. 大学生如何正确科学认识自己的职业观

有些人也许一直都不知道自己的职业观是什么，直到不得不做出某种重大选择的时候，一个人过去的所有工作经历、兴趣、资质、性向等才会集合成一个富有意义的模式。这个模式会告诉人们，对个人来说，到底什么东西是最重要的。一般来说，职业观分为以下五种：

(1) 技术或功能型职业观

具有较强的技术或功能型职业观的人往往不愿意选择那些带有一般管理性质的职业。相反，他们总是倾向于选择那些能够保证自己在既定的技术或功能领域中不断发展的职业。

(2) 管理型职业观

有些人则表现出成为管理人员的强烈动机，承担较高责任的管理职位是这些人的最终目标。当追问他们为什么相信自己具备获得这些职位所必需的技能的时候，许多人回答说，他们之所以认为自己有资格获得管理职位，是由于他们认为自己具备以下三个方面的能力：① 分析能力（在信息不完全以及不确定的情况下发现问题、分析问题和解决问题的能力）；② 人际沟通能力（在各种层次上影响、监督、领导、操纵以及控制他人的能力)；③ 情感能力(在情感和人际危机面前只会受到激励，而不会受其困扰和削弱的能力以及在较高的责任压力下不会变得无所作为的能力)。

(3) 创造型职业观

有些大学生有这样一种需要：建立或创设某种完全属于自己的东西——一件署着他们名字的产品或工艺、一家他们自己的公司或一批反映他们成就的个人财富等。

(4) 自主与独立型职业观

有些毕业生在选择职业时似乎被一种自己决定命运的需要所驱使着，他们希望摆脱那种因在大企业中工作而依赖别人的境况，因为当一个人在某家大企业中工作的时候，他或她的提升、工作调动、薪金等诸多方面都难免要受别人的摆布。这些毕业生中有许多人还有着强烈的技术或功能导向。然而，他们却不是到某一个企业中去追求这种职业导向，而是决定成为一位咨询专家，要么是自己独立工作，要么是作为一个相对较小的企业中的合伙人来工作。

(5) 安全型职业观

还有一部分毕业生极重视长期的职业稳定和工作的保障，似乎比较愿意去从事这样一类职业：这些职业应当能够提供有保障的工作、体面的收入及可靠的未来生活。这种可靠的未来生活通常是由良好的退休计划和较高的退休金来保证的。对于那些对地理安全性更感兴趣的人来说，如果追求更为优越的职业，意味着将要在他们的生活中注入一种不稳定或保障较差的地域因素的话，那么他们会觉得在一个熟悉的环境中维持一种稳定的、有保障的职业对他们来说是更为重要的。对于另外一些追求安全型职业锚的人来说，安全则是意味着所依托的组织的安全性。他们可能优先选择到政府机关工作，因为政府公务员看来还是一种终身性的职业。这些人显然更愿意让他们的雇主来决定他们去从事何种职业。

3. 交通精神是行业价值体系的精髓

交通精神的核心要素是“艰苦奋斗、勇于创新，不畏风险、默默奉献”。

艰苦奋斗是交通行业的优良传统。在艰苦奋斗的传统下，交通人涌现了以“一代人要有一代人的作为、一代人要有一代人的贡献、一代人要有一代人的牺牲”的“青岛港精神”，“胸怀祖国、热爱边疆的爱国精神，刻苦钻研、勤奋好学的进取精神，不懈探索、敢于突破的创新精神，恪尽职守、忘我工作的敬业精神，淡泊名利、清正廉洁的自律精神，生命不息、奋斗不止的拼搏精神”这一“刚毅精神”，以及“勇闯新路、改革进取的精神，干字当头、艰苦奋斗的精神，遵纪守法、诚实劳动的精神，领导干部以身作则、吃苦在前、享受在后的精神”这一“华铜海精神”等为代表的彰显艰苦奋斗精神的先进典型。

勇于创新是交通行业的时代追求。锐意进取、勇于创新是交通行业在长期的改革与发展实践中不断适应新的形势变化和发展要求，有效解决突出矛盾和问题，不断取得重大进展与突破的成功经验。长期以来，交通行业抓住机遇、与时俱进，注重理念创新、科技创新、体制机制创新和政策创新，为实现交通事业又好又快发展提供不竭动力，涌现了以“报效祖国，服务人民的主人翁精神，立足本职、追求卓越的敬业精神，求真务实、勇攀高峰的科学精神，锲而不舍、勇于拼搏的进取精神，团结协作、淡泊名利的团队精神”这一“起帆精神”，“爱岗敬业、无私奉献的主人翁精神，艰苦奋斗、努力开拓的拼搏精神，与时俱进、争创一流的创新精神，团结协作、互相关爱的团队精神”这一“振超精神”，“恪尽职守、忘我工作的敬业精神，立足岗位、刻苦自励的拼搏精神，敢为人先、勇攀高峰的创新精神，凝心聚力、团结协作的团队精神”这一“孔祥瑞精神”，以及“凝心聚力的和谐意识，拼搏奉献的创业精神，敢为人先的创新精神，追求卓越的创优精神”这一“润扬大桥精神”等为代表的凸显勇于创新精神的先进典型。

不畏风险是交通行业的突出意志。交通建设逢山开路、遇水架桥，车辆行驶于陡峭险峻的群山之间，船舶航行于风急浪高的水面之上，无不存在一定风险。艰苦奋斗是交通行业的优良传统，立足我国建设任务繁重、经济基础薄弱的基本国情，交通行业各条战线广大员工，本着高度的使命感和责任感，始终保持勤俭节约、艰苦朴素、拼搏进取、努力奋斗的优良传统，大力推进我国的现代化交通建设，确保交通发展的质量、效益和效率，创造了无数可圈可点的光辉业绩。长期以来，中国航海者面对风浪惊涛的海洋环境和突如其来的各种困难，总是勇往直前、镇静应对、团结协作，圆满完成国家和人民交付的各项运输任务，彰显了“乘风破浪、不畏艰险、同舟共济”的“航海精神”。尤其在发生海上安全事故的情形下，我国海上搜救队伍更是凭借精湛的技能和过人的胆略，不顾个人安危，及时赶赴现场，全力施行搜救，确保人民生命与财产安全，凸显了“把生的希望送给别人、把死的危险留给自己”的“救捞精神”，是交通行业坚强意志力和大无畏精神的突出体现。

默默奉献是交通行业的真情付出。我国公路水路交通建设、运输和管理大多是在气候恶劣、地形复杂、人烟稀少的特殊条件下展开的，广大交通建设、运输和管理人员，无数的铺路工、养路工和航标工，寒来暑往、经年累月，不顾风吹雨打、不计名利得失，在平凡的岗位上、在艰苦的条件下，恪尽职守、真诚奉献，用宝贵的青春和人生，铺就了无数大道，送去了万家温暖，确保了万家平安，留下了无数可歌可泣的感人事迹，涌现了以“为人民服务到白头”的“小扁担精神”，“爱岗敬业、默默奉献”的“铺路石精神”，“燃烧自己、照亮别人、奉献社会”的“航标灯精神”，“尚法弘德，为民负责，执法为民，服务社会”的“海事精神”，以及“尽职在岗、奉献在船”的“孙彪精神”等为代表的凸显默默奉献精神的先进典型。

校友风采

1. 交通精神的传承者之一——上海市交通学校毕业生陈达

2000 年 7 月毕业于上海市交通学校汽车运用与维修专业的陈达，就是一个在岗位上艰苦奋斗的优秀员工。他说：“我的成长过程虽然是辛苦的，但是我却一直觉得，更该用幸福与幸运来形容我的成长。”

在 1996 年 7 月，陈达第一次踏入了上海市交通学校的大门，开始了四年的学习生涯。刚开学没多久，班主任老师便与他作了一次面谈，说学汽车运用这个专业，今后工作上就一定要吃得起苦，而且要迎苦而上，要不怕苦。从那一刻起，“吃得起苦，懂得吃苦”就深深烙印在他的心中，并成为日后他生活和工作的支撑。

在校的四年中，老师总是孜孜不倦地教导他，告诉他该怎么做，问题出在哪里，并且还教会他很多做人的道理。陈达觉得他很幸福，因为遇到了这么好的一位老师。通过老师和学校的共同培养，在校四年期间，陈达不断获得学校颁发的一、二等奖学金。母校对他的影响很深，学校曾派他去参加上海市应用文比赛。他知道，那是学校对他的信任，他不辱使命，获得大赛三等奖的好成绩。为了回报学校与老师的教导，更为了让自己学会吃苦，懂得吃苦，他参加了校方组织的勤工俭学活动，在活动中，他不断地提升自身的素质，使自己成为一个勤劳肯干、脚踏实地的人。

2000 年 7 月，陈达从交通学校毕业了，作为一个刚刚踏出学校大门的学生，总对学校有着许多的不舍，因为在那里，有着像兄弟般支持他的同学，有着朋友般和蔼可亲的老师，有着教会他无数技能的学校，那里就像他的家。但他知道，他只有将自己所学的知识最好地展现在社会这个大舞台上，充分发挥自己的才能，才是报效学校、老师的最好方式。在这样的情况下，他更加努力了，他要让大家知道“我的学校有多好”，那里能培养出的都是真正的人才。

毕业后，陈达进入了上海某汽车维修公司从事与专业相关联的工作。通过努力，在2004年，公司给了他参加"BMW全球技能竞赛"的机会，他知道证明自己实力的时候到了。在比赛中，他表现出色，获得了世界第三名、亚洲区第一名的优异成绩。他说："是学校的培养让我打下了坚实的基础，是公司的磨练让我披荆斩棘。尽管目前我取得了小小的成绩，今后我将以更扎实的工作回报公司、回报母校。"

2. 交通精神的传承者之二——上海市交通学校优秀毕业生陈毅荣

陈毅荣是2009年钣喷专业毕业生，他曾获得"全国中职钣喷专业技能大赛"二等奖的好成绩。谁也不会想到，这样一名专业技能优秀的同学，曾有过中途退赛的想法。在技能大赛的第一轮，因为一个低级错误，他的名次靠后，而这将大大影响总决赛的排名。"要么不做，要做就做最好"是他的一贯信念。既然拿不了一等奖，干脆就放弃比赛，他萌发了退赛的念头。其他参赛同学听说后，都极为关心他，哪怕平时不熟的，也都心情十分急切，有的找他谈心，有的陪他练习，他们真的很在乎这位"战友"。其中一位带队老师还对他说，"拿不了一等奖，还可以拿二等奖，你一定行的"。在同学和带队老师真切的帮助下，他最终鼓起勇气，以二等奖的好成绩，给自己也给他的"战友们"做了个圆满的总结。获奖后，陈毅荣感慨地说："虽然相对于五个获得第一名的同学来说，第二名可能差了点，但我在老师和同学们的帮助下，我调整了心态，最终转败为胜，可以说，我获得了除名次以外更难能可贵的东西——友谊和信任。"

学思践悟

1. 大学生如何正确认识自己？
2. 结合自己实际，谈谈如何继承和发扬交通精神。

二、发挥潜能　成就人生

小贴士

1. 能力：是个体顺利实现某项活动所表现出的心理条件，是一种心理特征。它不仅包括一个人现在已经达到的水平，还包括一个人所具有的潜力。个体可以通过培养与学习将潜能转化为实际表现的能力。

2. 技能：是能力结构的基本组成成分，是人们通过后天练习而获得的。只有那些能够广泛应用和迁移的技能，才能转化为能力。

3. 能力的测量：能力通常是用人单位招聘选拔过程中比较看重的素质，也是在选拔时的重点考察内容，可以通过笔试、面试、无领导小组讨论等多种形式加以考察。为了客观、全面地了解个体的能力特点，个体可以用能力测验工具进行评价。

思想之光

“纸上得来终觉浅，绝知此事要躬行。”学到的东西，不能停留在书本上，不能只装在脑袋里，而应该落实到行动上，做到知行合一、以知促行、以行求知，正所谓“知者行之始，行者知之成”。每一项事业，不论大小，都是靠脚踏实地、一点一滴干出来的。“道虽迩，不行不至；事虽小，不为不成。”这是永恒的道理。做人做事，最怕的就是只说不做，眼高手低。不论学习还是工作，都要面向实际、深入实践，实践出真知；都要严谨务实，一分耕耘一分收获，苦干实干。广大青年要努力成为有理想、有学问、有才干的实干家，在新时代干出一番事业。我在长期工作中最深切的体会就是：社会主义是干出来的。

——2018 年习近平总书记在北京大学师生座谈会上的讲话

只有奋斗的人生才称得上幸福的人生。奋斗是艰辛的，艰难困苦、玉汝于成，没有艰辛就不是真正的奋斗，我们要勇于在艰苦奋斗中净化灵魂、磨砺意志、坚定信念。

——2018 年习近平总书记在春节团拜会上的讲话

梦想从学习开始，事业靠本领成就。广大青年要自觉加强学习，不断增强本领。人生的黄金时期在青年。青年时期学识基础厚实不厚实，影响甚至决定自己的一生。广大青年要如饥似渴、孜孜不倦学习，既多读有字之书，也多读无字之书，注重学习人生经验和社会知识。

——2016 年习近平总书记在知识分子、劳动模范、青年代表座谈会上的讲话

思想荟萃

1. 能力理论

传统能力理论认为语言能力和数理逻辑能力是智力的核心，智力是以这两者整合方式而存在的一种能力。研究者们从 20 世纪 70 年代开始，从心理学不同领域对智力进行了重新检验，其中影响最大的是三元智力理论（分析性智力、创造性智力、实践性智力）。

20 世纪 80 年代出现的多元智能理论——定义智能是人在特定情景中解决问题

并有所创造的能力——是目前职业发展领域较为认可的理论。该理论认为我们每个人都拥有 8 种主要智能：语言智能、逻辑—数理智能、空间智能、身体—运动智能、音乐智能、人际交往智能、内省智能、自然探索智能。

(1) 语言智能

这种能力主要是指有效地运用口头语言及文字的能力，即指听说读写能力，表现为个人能够顺利而高效地利用语言描述事件、表达思想并与人交流的能力。

(2) 逻辑—数理智能

从事与数字有关工作的人特别需要这种有效运用数字和推理的能力。他们学习时靠推理来进行思考，喜欢提出问题并执行实验以寻求答案，寻找事物的规律及逻辑顺序，对科学的新发展有兴趣。即使他人的言谈及行为也成了他们寻找逻辑缺陷的好地方，对可被测量、归类、分析的事物比较容易接受。

(3) 空间智能

空间能力强调感受、辨别、记忆、改变物体的空间关系并借此表达思想和情感的能力比较强，表现为对线条、形状、结构、色彩和空间关系的敏感以及通过平面图形和立体造型将他们表现出来的能力。能准确地感觉视觉空间，并把所知觉到的表现出来。这类人在学习时是用意象及图像来思考的。

(4) 身体—运动智能

善于运用整个身体来表达想法和感觉，以及运用双手灵巧地生产或改造事物的能力。这类人很难长时间坐着不动，喜欢动手建造东西，喜欢户外活动，与人谈话时常用手势或其他肢体语言。他们学习时是透过身体感觉来思考。

(5) 音乐智能

这种能力主要是指人敏感地感知音调、旋律、节奏和音色等能力，表现为个人对音乐节奏、音调、音色和旋律的敏感以及通过作曲、演奏和歌唱等表达音乐的能力。

(6) 人际交往智能

人际关系智能，是指能够有效地理解别人及其关系、及与人交往能力，包括四大要素：① 组织能力，包括群体动员与协调能力；② 协商能力，指仲裁与排解纷争能力；③ 分析能力，指能够敏锐察知他人的情感动向与想法，易与他人建立密切关系的能力；④ 人际联系，指对他人表现出关心，善体人意，适于团体合作的能力。

(7) 内省智能

这种能力主要是指认识到自己的能力，正确把握自己的长处和短处，把握自己的情绪、意向、动机、欲望，对自己的生活有规划，能自尊、自律，会吸收他人的长处。

会从各种回馈渠道中了解自己的优劣，常静思以规划自己的人生目标，爱独处，以深入自我的方式来思考。喜欢独立工作，有自我选择的空间。

（8）自然探索智能

能认识植物、动物和其他自然环境的能力。自然探索智能强的人，在打猎、耕作、生物科学上的表现较为突出。自然探索能力应当进一步归结为探索能力，包括对于社会的探索和对于自然的探索两个方面。

2. 技能的分类①

技能一般分为三类：知识技能、自我管理技能和可迁移性技能（通用技能）。

（1）知识技能

知识技能是指那些需要通过教育或者培训获得的特别的知识或能力，如现行教育体系下的课程学习、学术研讨会、自学的专业知识等。知识技能不可迁移，必须经过有意识的、专门的培训与学习才能获得。

知识技能常与个体的专业学习或工作内容直接相关。求职应聘时，专业课程的成绩往往是企业比较关注的。在企业招聘广告中，也常常看到某岗位要求专业背景，这都是企业注重应聘者专业知识的表现。

（2）自我管理技能

这种技能经常被看作个性品质，而不是技能，因为这是被用来描述或说明人具有的某些特征的。这些技能可以从非工作领域迁移转换到工作领域，有助于推销个人和个人的才能，是成功所需要的品质。

自我管理技能通常不是通过专业课程学习而获得的，而是在日常生活中培养和积累的。在职场中，良好的自我管理技能能够帮助个体更好地适应迅速变化的工作世界，应对二作中的问题。

（3）可迁移技能

也被称为通用技能，是职业生涯中除岗位专业能力之外的基本能力，适用于各种职业，能适应岗位不断变换，是伴随人终身的可持续发展能力。在职业规划中，可迁移技能是需要被最先和最详细叙述的，是最能持续运用和最能够依靠的技能。专业知识技能的运用都是在可迁移技能基础之上。一般用行为动词来描述，是通用的，可迁移的；通常包括人际交往能力、沟通能力、解决问题能力、团队合作能力、领导力、适应能力等。

---

① 钟谷兰，杨开.大学生职业生涯发展与规划[M].上海：华东师范大学出版社，2008.

匠人匠心

1. “首届全国中等职业学校丰田杯汽车运用与维修大赛”个人项目一等奖——上海市交通学校毕业生郭富荣

2007 年 7 月毕业于上海市交通学校汽车运用与维修专业的郭富荣同学，是一名在服务方面优秀的代表。

郭富荣同学刚考入上海市交通学校汽车运用与维修专业学习时，对汽车专业学习还比较陌生，经过老师的耐心指导和自己的勤奋学习、刻苦钻研，学习上进步很快。学校有较强的师资队伍，有一流的实训场所，为他进入专业学习及技能提高提供了很好的学习氛围，使他全身心地投入到专业学习中去。在校学习中，他通过自己刻苦努力，专业技能得到很大提高，并在毕业时被评为优秀毕业生。他曾代表学校参加“上海市星光杯技能大赛”并获得一等奖；又代表上海参加了在重庆举办的“首届全国中等职业学校丰田杯汽车运用与维修大赛”，获得个人项目一等奖。毕业后他被推荐到上海某汽车销售服务有限公司。刚到公司上班时，他被分到车间从基本的机电工开始学起，学习简单的轮胎拆卸、全车保养、拆装发动机、基本的电路排故等。由于工作认真负责，得到领导的认可和赏识，又经过半年多的车间轮岗学习，很快他被调到维修接待的岗位上。

维修接待必须了解车间的整个运作流程，有一定的谈吐技巧，一开始到这个岗位的时候，他有点不适应，不知道什么时候要做什么事情。慢慢地通过同事的帮助，领导适时的指点，他开始逐渐进入轨道，合理地安排好自己的工作时间，同时安排好客户的需求；他还开始注意同事和领导同客户的交谈，慢慢学习待人接物，使自己在业务和处事上同时进步，在 2008 年年底他被评为上海通用 J. D. Power 客户经理的“当月之星”。

2. 职业技能大赛两个第一名获得者——上海市交通学校冯佳斌同学

冯佳斌同学系上海市交通学校 2003 年汽车专业毕业生，在 2003 年举行的“交运杯汽车技术大比武”汽车资料检索项目比赛中获得第一名的好成绩，同年代表锦江集团参加“徐汇区职业技能大赛”，荣获汽车类比赛个人第一名的优异成绩。

用冯佳斌同学的话说：“谁说做蓝领只是重复劳动？汽车专业不断有新技术问世，学汽车技术永无止境。”记得在初中毕业升学考中，他得知汽车专业是上海市交通学校的老牌专业，历届毕业生在母校毕业后都发展得很好，并取得了显著的成绩，于是他的第一志愿就是报考上海市交通学校汽车专业。进入学校四年学习中，在老师和同学眼里，冯佳斌同学是个读书狂，上课从第一分钟听到最后一分钟，一天的课上完，他会独自留在教室里继续复习预习，思考着一个个问题。到毕业时，他把书都翻烂了，满满一个储物箱里装的都是学习笔记，光一门专业课就有五六本。从书本知识的触类旁通到自己分析各种故障诊断，用他的话说："我把书都吃进了肚子里。"这还不够，夜高中、通用中级英语、办公自动化，都是他在课余时间里读完的。在学校里，每天吃完晚饭，他就泡实训室，一泡就是两三小时。实训室的老师人人都认识这个好学的小个子学生。毕业前夕的两星期，他还被老师选中当了助手，制作发动机故障排除用的台架。在这段日子，他学到了许多知识与技能，为以后的工作打下了良好的基础。

冯佳斌同学毕业后被学校推荐到某汽车维修中心从事汽车维修工作，他干一行爱一行，刻苦钻研，得到了公司领导和同事的赞扬。他担任机电车间班组长、团支部书记、公司客运事业部团委委员。由于各方面表现出众，被公司选送参加汽车维修技师培训，并于 2008 年 5 月获得了汽车维修技师证书。公司领导在多次会议中表扬冯佳斌，希望广大员工向冯佳斌学习。冯佳斌也虚心地说："我的母校是我成长的摇篮，我的企业为我的成功提供了宽广的舞台，我所取得的成绩离不开母校和企业对我的教育和培养。"用该维修中心领导的话说："我们公司为能有冯佳斌这样的同志而感到高兴，也希望学校在今后能培养输送更多像冯佳斌那样的学生，并成为我们的优秀员工，为国家和企业今后的发展添砖加瓦。"

学思践悟

1. 请在 5 分钟内写下自己最自豪/成功/开心的事情。回忆并尽可能写出事件的细节，明确时间、地点，做了什么，缺了什么，遇到了什么困难，并是怎样克服的。

2. 结合本节内容，思考在每个例子里面，体现出你具备怎样的通用技能、专业技能和自我管理技能。

第二节　兴趣探索　把握机遇

一、兴趣为师

小贴士

1. **兴趣**：个体以特定的事物、活动及人为对象所产生的积极的和带有倾向性的、选择性的态度和情绪。兴趣受到个体的价值观、家庭生活、社会阶层、文化和物质环境等因素的影响，它与特定的任务或活动相联系。

2. 职业兴趣：是兴趣在职业方面的表现，是指人们对某种职业活动具有的比较稳定而持久的心理倾向，使人对某种职业给予优先注意，并向往之。

思想之光

兴趣是激励学习的最好老师。“知之者不如好之者，好之者不如乐之者。”讲的就是这个道理。领导干部应该把学习作为一种追求、一种爱好、一种健康的生活方式，做到好学乐学。有了学习的浓厚兴趣，就可以变“要我学”为“我要学”，变“学一阵”为“学一生”。

——2013 年习近平总书记在中央党校建校 80 周年庆祝大会暨 2013 年春季学期开学典礼上的讲话

广大青年要牢记“空谈误国、实干兴邦”，立足本职、埋头苦干，从自身做起，从点滴做起，用勤劳的双手、一流的业绩成就属于自己的人生精彩。

——2013 年习近平总书记同各界优秀青年代表座谈时的讲话

思想荟萃

职业兴趣理论[①]

在 20 世纪 20 年代，中外学者就对职业兴趣理论开展了积极的研究，并就职业兴趣在职业指导中进行了探索和实践。目前，国际上具有广泛社会影响的职业兴趣理论认为，人的人格类型、兴趣与职业密切相关，兴趣是人们活动的巨大动力，凡是具有职业兴趣的职业，都可以提高人们的积极性，促使人们积极地、愉快地从事该职业，且职业兴趣与人格之间存在很高的相关性。

职业兴趣的理念是人的内在本质必须在职业生涯的领域中得以充分扩展，期待一个人能在适当的生涯舞台上充分地展现自我、实现自我。目前一般将职业兴趣分为现实型、研究型、艺术型、社会型、企业型和常规型 6 种类型。为了帮助描述这种情况，霍兰德建议将这 6 种性向分别放在一个正六边形的每一角。

从职业兴趣理论研究来看，个体的职业兴趣可以影响其对职业的满意程度，当

① 刘海玲，王利山.霍兰德职业兴趣理论及其价值分析[J].河北职业教育，2005(22).

个体所从事的职业和他的职业兴趣类型匹配时，个体的潜在能力可以得到最彻底的发挥，工作业绩也更加显著。在职业兴趣测试的帮助下，个体可以清晰地了解自己的职业兴趣类型和在职业选择中的主观倾向，从而在纷繁的职业机会中找寻到最适合自己的职业，避免职业选择中的盲目行为。

学子风采

1. 上海交通职业技术学院车身维修专业学生王鑫驰

上海交通职业技术学院16级车身维修班的王鑫驰，是一个性格稳重的年轻人，对汽车有着浓厚的兴趣。他学习勤奋刻苦，态度端正，成绩在班级名列前茅。

王鑫驰在日常生活中善于思考，喜欢动手实践，专业实训课上他的表现总是很出挑，很多老师对他赞许有加。机遇总是青睐有准备的人，在“第四十五届世界技能大赛”车身修理项目国内选拔开始时，学院从学生中精心挑选了四名参赛选手，他成了其中一员。那时的他并没有任何比赛经验，瞬间进入紧张的训练、选拔氛围，困难可想而知。他稳重的性格和扎实的功底使得他迅速调整状态，投入培训和训练，在校内选拔中脱颖而出拿到了上海市选拔赛的入场券，并以上海市选拔赛第二名的优异成绩成为上海世界技能大赛队的一员，在集训基地正式开始了紧张的集训。

新的起点，集训队的训练非常严格，王鑫驰同学每天早上8点到晚上9点必须进行高强度训练。他因此右手患上骨关节炎，脚底也发炎肿胀，行走与训练都有影响。带教老师看在眼里痛在心上，虽想尽办法却收效甚微，倔强的王鑫驰坚持紧跟训练进度，一次都没有落下过，以第五名的排名如愿进入“全国10强”。

此后，王鑫驰经历了一轮又一轮训练和比赛的洗礼。转眼，全国五进一选拔赛来了。比赛全部改为实车操作，他更加努力拼搏，立志为国争光，在专家教练的指导下，一步一步优化、完善操作流程，全身心冲刺。比赛开始了，巅峰对决，气氛紧张异常，他稳定发挥，多个模块获得高分，处于领先阵营。在这个全国高手云集的赛场上，其他选手们都有着3年以上的经验，都身经百战，他凭借过硬的心理素质和仅一年的训练经历，获得了来之不易的第三名。

王鑫驰自己对这个成绩略感遗憾，但他表示一年收获满满，成绩和技能方面都有了巨大的提升，这一切与学院经常开展的理想信念教育、与老师们的精心指导、言传身教，与自身对该专业的兴趣是分不开的。他相信，这一段经历将成为他人生道路上宝贵的财富。

2. 上海交通职业技术学院汽车运用与维修专业学生於康

“从小就喜欢车，喜欢拆了装，装了拆，不停地折腾。”在上海君泽汽车服务有限公司，有一位年轻、帅气的小伙，他叫於康，也是这家公司的老板。

上海交通职业技术学院毕业的於康，曾经任职于一家汽车4S店，刚毕业的他由于年纪轻、工作经验缺乏，在店内只能作为一名学徒工跟着师傅打打下手。在学徒期间，他不怕苦、不怕累，始终保持着谦逊的态度，即使工作中出现错误也总是先从自身找原因，对于他人的指正也能够虚心接受。他的表现令师傅非常满意，于是着重传授他维修技术，有时候会大胆地放手让他自己去进行尝试。就在这样不断地摸索中，於康的工作责任心和维修技能日益提高。

有一次，一位客户的汽车需要维修，当时师傅不在，於康在初步测试之后，发觉是个比较好解决的小问题，觉得自己可以处理。可是，当他想去拆汽车发动机的时候，客户却阻止了他，说他是学徒工技术肯定不行，不让他修。这句话深深刺痛了他，但是他并没有就此懊恼下去，反而对自己的工作投入了更大的热情，一头扎进去，刻苦钻研，只用了半年时间，就可以独立维修车辆了，同时自己创业的念头也在心中油然而生。

经过一年多的磨练，於康修车的技术已经和师傅不相上下，也从一名学徒工顺利“出师”。他在汽车修理行业摸爬滚打了多年，曾担任过公司部门经理。2011年初，他毅然决定辞职，同自己的几位好友一起开办了自己的汽车维修公司。

凭借自己几年的工作经验，於康深知汽车维修行业竞争激烈，如果公司没有良好的服务水平，很难在这块领域长久立足。于是，於康以身作则，对来店的每一位顾客都做到主动接待，热情引导，让顾客享受到周全而温馨的服务。在工作中，他很注重一些小的细节，比如要求员工统一制服、外貌端庄，保持接待室空气清新，环境整洁。他坚信当硬件条件都差不多的情况下，这些小的细节可以决定一个公司的成败。凭借过硬的修车技能、周到人性化的服务，经过一段时间的努力，公司逐渐建立了自己的客户群，很多顾客都对於康的维修中心赞不绝口。

学思践悟

1. 如果你的兴趣成了你的工作，你还会有兴趣吗?

2. 讨论一下你的兴趣在你的不同人生阶段的变化，它是如何影响你的职业生涯的。

二、把握机遇

小贴士

1. **机遇**：机会境遇，可理解为有利的条件和环境，是客观存在的主观判断。

2. **职业能力**：是个体将所学的知识、技能和态度在特定的职业活动或情境中进行类化迁移与整合所形成的能完成一定职业任务的能力；或通过知识技术学习、社会学习和应用实践而形成的，适应工作和变革工作的、介于“认知和理性能力”与“直觉和情境性能力”之间的一种胜任力。

思想之光

天道酬勤。勤劳勇敢的中国老百姓，日子一定会越过越红火！我们伟大的祖国，前程一定会越来越远大！

——2019 年习近平总书记在春节团拜会上的讲话

只要 13 亿多中国人民始终发扬这种伟大奋斗精神，我们就一定能够达到创造人民更加美好生活的宏伟目标！

——2018 年习近平总书记在第十三届全国人民代表大会第一次会议上的讲话

我们要拿出勇气、拿出干劲，在一代一代中国共产党人团结带领人民创造的历史伟业的基础上，创造出无愧于时代的业绩，大踏步走向充满希望的未来。

——2017 年习近平总书记在中国共产党第十九次全国代表大会闭幕会上的讲话

幸福不会从天降，美好生活靠劳动创造。全面建成小康社会的奋斗目标，为广大劳动群众指明了光明的未来；全面建成小康社会的历史任务，为广大劳动群众赋予了光荣的使命；全面建成小康社会的伟大征程，为广大劳动群众提供了宝贵的机遇。面对这样一个千帆竞发、百舸争流、有机会干事业、能干成事业的时代，广大劳动群众一定要倍加珍惜、倍加努力。

——2016 年习近平总书记在知识分子、劳动模范、青年代表座谈会上的讲话

思想荟萃

面对现实，忠于理想，实现个人价值观与社会价值观的统一。理想是青年大学生不断努力前进的源泉，和保持工作活力的发动机。“骐骥一跃，不能百步；驽马十驾，功在不舍”，切不可被某些急功近利浮躁取巧的风气所染，做事情一步一个脚印，勇于从基层做善于从小事做起，“踏石有印，抓铁留痕”，认认真真、勤恳恳地做好每件事，成长为“四型”复合人才，即：

思想型。有坚定的人生目标和理想信念，不随波逐流，不人云亦云，既博采众长又独立思考。

学习型。当今是一个信息大爆炸的时代，要掌握获取有效知识的方法，积累获取知识的有效途径，成为一名终生学习者。

实干型。“空谈误国，实干兴邦”，实实在在掌握工作技能和技巧，既能冲锋陷阵，又能领兵打仗。

沟通型。沟通是所思、所学、所干的基础，与人交流沟通，才会有更多的思想碰撞和智慧的火花，才能把自己的能力融会贯通。

砥砺品质，修身养德，培养百折不挠乐观向上的正能量。“天行健，君子以自强不息；地势坤，君子以厚德载物”，没有一个人能随随便便成功。“机会总是留给有准备的人”，青年大学生只有不断提升职业能力，才能把握机遇和使命。

学子风采

1. 上海市交通学校 2007 级钣喷专业学生梁清

梁清于 2011 年毕业后就职于上海东昌雷克萨斯 4S 店。那时不满 22 周岁的他，已经获得上海市劳动保障局颁发的汽车钣金中级工证书和汽车漆工高级工证书；2010 年获得“全国交通运输行业卡尔拉得杯机动车检测维修职业技能大赛”钣金项目三等奖；2011 年“全国职业院校技能大赛”的金牌得主；2013 年“第四十二届世界技能大赛”汽车喷漆项目的中国选手，同年 7 月他代表中国，走进德国莱比锡世界技能大赛赛场。

梁清从小是个汽车迷，最爱做的事是摆弄汽车模型，给不同汽车上色。“中考时，10 多个志愿栏里，我只填了一个。”他毫不犹豫地将职业学校作为唯一选择。父母了解孩子对汽车的痴迷，没有阻拦。梁清的两个哥哥全部在汽车行业工作，他曾经去过哥哥工作的地方，当他兴奋地穿梭在机电、钣金等车间，将每个工艺流程看了一圈之后，最终选择了汽车喷漆方向。

如愿以偿进入上海市交通学校之后，梁清感到自己的选择是正确的。他感到最幸运的是，交通学校拥有一流的教学设施和实力非凡的专业教师，这让他有更多的机会深入学习到扎实的专业知识；在良好的专业基础之上，他的动手能力找到了用武之地，有资深的老师指导，有充足的设备和耗材来练习。这一切使梁清如鱼得水，每每回忆起在交通学校学习的日子，他对学校和老师的培养心存感激，“让我坐着几小时看书、写试题，会很烦闷，可是在交通学校学习涂装专业完全不是这种模式——教室就在实训场地中，一节课学一段理论知识，老师就会带我们去实训。在这样的学习氛围里，让我待上一整天也不觉得枯燥；也正是这样的模式，造就了我的今天，让我能成为大家眼中一个优秀的技能型人才”。

在学校的精心培养下，梁清的技能水平日益进步和稳定，在学校每年举办的技能节赛场上总会出现他的身影，并且总是以出色的成绩夺得好名次。在 2010 年在“全国交通运输行业卡尔拉得杯机动车检测维修职业技能大赛”中，他荣获钣金项目三等奖；2011 年，“第五届全国职业院校技能大赛汽车”运用与维修项目的比赛中，梁清凭借扎实的基本功、清晰敏锐的思路，冷静判断、沉着应战，高质量完成了比赛，获得车身涂装（涂漆）项目金牌。梁清至今还记得那次大赛，车身涂漆项目中的调色要求调出“亮黄泛红”的颜色，调漆难度提升、颜色差异细微，稍有失误就会满盘皆输，然而梁清思路清晰、敏锐，他经过冷静判断选择了“铁锈红＋亮黄”这个方案。在进行“打磨中涂层”时，梁清是在最后 12 秒完成的，而他平时的正常水平是提前 2 分钟完成。当梁清把比赛中的这些细节告诉场外的老师们时，老师们都捏了一把汗，一是因为梁清的配色方案和大家的都不同，二是担心完成得不够迅速影响成绩。但梁清非常镇定，对于调色作品他相信自己的选择精准。打磨中，他在检查板件时花费了必要的时间，但保证了较高的打磨质量。事实证明，梁清的自信是对的，他正是凭借了扎实的基本功才能如此沉着冷静。

毕业后，梁清进入上海东昌雷克萨斯 4S 店就职。在接触汽车行业之初，其实他和所有刚刚步入职场的人一样并不适应，在工作中也有出现差错和迷茫的时候，他更深深体会到技术工种的辛苦——在企业需要经常加班，晚上 10 点以后回家是常有之事，“脑袋挨上枕头，就睡着了”。但不吃苦，哪能学到真本事？梁清牢记师傅曾说过的一句话“良好的工作态度是最应该具备的”，他重视每一次的学习机会，不断鼓励自己静心、坚持、钻研，在逐渐的学习过程中他发挥出了自己的能力、发现了自己的价值，工作能力得到了领导的认可。

就在此时，一个机遇来临了。梁清参加了“2012 年第四十二届世界技能大赛”

上海地区选拔赛，并且获得汽车喷漆项目个人一等奖。2013年，他和来自全国各地的选手们参加了第四十二届世界技能大赛汽车喷漆项目的全国选拔赛，逐步晋级四强、二强，直至成为该项目的种子选手。集训阶段的梁清总是穿着工作服、戴上防护面罩，潜心训练，有时一站就是一整天，但是他却享受着这样的状态。“车间里每一个工具，每一样零件，都像我的老朋友。我现在都有‘职业病’了，只要看见汽车，第一眼就是看漆面。”2013年的上海车展，梁清由于参加培训，不能前往。朋友发给他的车展照片看，他第一眼就观察汽车的漆面，“这些工艺多棒，是我努力的目标”。

2013年7月，梁清在德国举行的第四十二届世界技能大赛中，取得了第十六名的好成绩(共24个国家参加，中国是第一次参加该项技能大赛)。如今，梁清也已经实现自己的人生规划的第一步，成了公司的培训师。“今后，我将更加努力地提升自己的技能，为国家做出更多的贡献！”他如此表示。

2. 上海市交通学校2001年汽车运用与维修专业学生张振华

张振华正是以敢于吃苦、办老实事的精神，成为一个汽车维修行业的出色员工。2005年3月，他代表上海市交通学校参加了“上海市星光计划技能大赛”获得汽车修理项目全能冠军，并赢得上海市“星光能手”称号。

张振华家住上海市金山区，在校四年间一直住在学校，对汽车专业十分热爱。他除了抓紧日常的汽车理论学习外，一遇到实训、实验，就会投入到训练环节中去，不懂就问老师，热爱钻研，同时也充分利用住校的业余时间查阅汽车技术资料，做好笔记。特别是在下修理厂实习中，他始终抓紧机会，边学习边实践，碰到问题先思考，想办法予以解决，实在解决不了就虚心问师傅，一直到搞懂为止，然后再反复实践，维修技术提高很快。

张振华从交通学校毕业后，虽然被公司接连换了三个工作岗位，但他毫无怨言，在上海由由丰田汽车销售服务有限公司很快成为技术业务骨干。公司领导是这样评价他的：他住在单位，最早上班，却最晚收工。他对待工作认真负责，对车辆维修技术善于钻研，如遇到技术瓶颈会主动请教老师傅，在车间里每位师傅都被他问过了，技术钻研劲头很足。读书时打下的扎实基础对张振华帮助很大，尤其是对故障的判断比较敏锐、迅速，进单位不久就带了两个徒弟，一年多时间就成了最年轻的机修工副主修了。

公司领导根据张振华的技术水平，调他担任汽车过程检验员，负责抽检别人维修车辆的质量。每次检验，对他来说既是一次学习交流的机会，又是提高自己技术水平的平台。由于他做事踏实、技术过硬，待人有亲和力，2007年6月公司领导调他到售后服务部担任前台接待，虽然岗位换了，但他角色转变很快，在很短的时间进入角色，较出色地担任前台接待工作，并得到广大客户的一致好评。公司领导说：客户调查反馈每月打分，他是最高的。

张振华常常说自己是幸运的，也是幸福的。2012年初，凭借多年工作积累下来的丰富经验，以及对汽车服务市场的敏锐嗅觉，张振华邀请小伙伴们一起创业，开办了鑫澳丰汽车销售服务有限公司。如今公司有店面、有车间，还有稳定的大客户源，他并不急于扩张公司的规模，“只有把基础打扎实，才能水到渠成。专业的人要做最专业的事情”。张振华觉得，只要“用心”，就一定能在行业中站稳脚跟。

学思践悟

1. 回顾以往的人生经历，你抓住过什么机遇？
2. 从交通学校毕业生的经历中，你学到了什么？

第三节　匠心传承　成就未来

一、工匠精神彰显时代价值

小贴士

1. **匠心**：匠指灵巧、巧妙。原指文学艺术等方面创造性的构思，出自《〈孟浩然集〉序》：“文不按古，匠心独妙。”现指能工巧匠的意思。

2. **传承**：传是传递、传授。承指继承。传承，泛指对知识、技艺的传授和继承。

3. **工匠**：有工艺专长的匠人，专注于某一领域、技艺精湛，并全身心投入，精益求精地完成工作的人，可称其为工匠。

4. **工匠精神**：本意是指工匠对自己的产品或服务精雕细琢，精益求精，追求打造本行业最优质产品或服务的精神。从本质上讲，工匠精神是职业道德、职业能力、职业品质的体现，是一种追求卓越的创造精神、精益求精的品质精神、用户至上的服务精神。

思想之光

广大青年要坚定理想信念、练就过硬本领、勇于创新创造、矢志艰苦奋斗、锤炼高尚品格，在弘扬和践行社会主义核心价值观中勤学、修德、明辨、笃实、爱国、励志、求真、力行。

——2018 年习近平总书记在同团中央新一届领导班子成员集体谈话会上的讲话

党的十九大描绘了建设社会主义现代化强国的美好蓝图，成果人人有份，责任也人人有份。广大企业职工要增强新时代工人阶级的自豪感和使命感，爱岗敬业、拼搏奉献，大力弘扬劳模精神和工匠精神，在为实现中国梦的奋斗中争取人人出彩。

——2017 年习近平总书记在江苏徐州市考察时的讲话

建设知识型、技能型、创新型劳动者大军，弘扬劳模精神和工匠精神，营造劳动光荣的社会风尚和精益求精的敬业风气。

——2017 年习近平总书记在中国共产党第十九次全国代表大会上的报告

人类是劳动创造的，社会是劳动创造的。劳动没有高低贵贱之分，任何一份职业都很光荣。广大劳动群众要立足本职岗位诚实劳动。无论从事什么劳动，都要干一行、爱一行、钻一行。在工厂车间，就要弘扬"工匠精神"，精心打磨每一个零部件，生产优质的产品。

劳动模范是劳动群众的杰出代表，是最美的劳动者。劳动模范身上体现的"爱岗敬业、争创一流，艰苦奋斗、勇于创新，淡泊名利、甘于奉献"的劳模精神，是伟大时代精神的生动体现。

——2016 年习近平总书记同知识分子劳动模范青年代表座谈会上的讲话

思想荟萃

1. 弘扬"工匠精神"的时代意义①

实现中华民族伟大复兴的中国梦，不仅需要大批科学技术专家，同时也需要千千万万的能工巧匠。更为重要的是，"工匠精神"作为一种优秀的职业道德文化，它的传承和发展契合了时代发展的需要，具有重要的时代价值和现实意义。

弘扬"工匠精神"是制造出大量精品的需要。精品就是优质产品。中国虽已是世界第一制造大国，但李克强总理的"圆珠笔芯"之问，揭示了中国当时不能生产模具钢的短板，比如圆珠笔的"圆珠"都需要进口。中国制造能让高铁飞驰、蛟龙潜海、

① 张润君，张晓蓉. 弘扬工匠精神的时代意义[EB/OL]. 中国社会科学网，2018－9－8

玉兔登月，却为何造不出一支好用的圆珠笔？这一问题曾经戳中了中国制造业的“软肋”。只有打造更多的精品、优质产品，塑造更多的“中国品牌”，中国经济发展才能进入质量效益时代，中国制造业才能在做大做强中跻身世界前列。出精品要以精益求精的追求，从创新上找动力，在产品和服务两方面下苦功。在产品方面，应注重改进制造工艺、产品性能。在服务方面，应努力提升管理服务水平，不断满足用户对产品和服务品种多样化、品质高端化的需求。出精品要以品质为保证，在品种、品质、品牌等方面深耕细作，着力解决质量稳定性、消费安全性等问题。当前，应严格执行工序标准，普及卓越绩效、精益生产、质量诊断等先进生产管理模式，加强从研发设计、物料采购、生产制造到销售服务的全过程管理，让工匠精神体现到一件件精品、优质产品上。

弘扬“工匠精神”是企业竞争发展的需要。现代经济越来越呈现为一种品牌经济。品牌形象也是一种可经营的企业资本，是一种潜在的、无形的、动态的、能够带来价值增值的无形资本。高技能人才队伍中具备的“工匠精神”在企业品牌形象塑造和品牌资本创造过程中具有十分重要的作用。而我国高技能人才总量不足、结构问题突出、人才断档现象严重，与世界先进水平差距较大，与经济社会发展需要相比极不适应。在工业领域，正常的人才结构是1个科学家、10个工程师、100个技能人才。科学家和工程师可以引进，而各国都没有大规模引进技能人才的先例。目前我国很多地方高技能的技术工人处于严重短缺状态，仅制造业高级技工的缺口就达400余万人。因此，为了企业竞争发展的需要，培育“工匠精神”是企业品牌内涵的重要体现，也是企业品牌知名度、美誉度以及顾客忠诚度培育的有效途径，更是企业品牌资本价值增值的重要来源。

弘扬“工匠精神”是国家迈向制造强国的需要。经过改革开放40多年的发展，我国已成为世界第一制造业大国。如今，我国有约220种工业品产量居世界第一，成为名副其实的制造业大国。但在全球市场上，谈起品质、质量，却很少把“中国制造”排在前头。“中国制造”产量大，附加值偏低，产品主要集中在中低端市场，叫得响的国际大品牌很少。为实现中国从全球制造大国到制造强国的跨越，2015年5月8日国务院正式印发《中国制造2025》，提出了中国政府实施制造强国战略第一个十年的行动纲领。中国要迎头赶上世界制造强国，成功实现中国制造2025战略目标，就必须在全社会大力弘扬以“工匠精神”为核心的职业精神。只有“工匠精神”融入生产、设计、经营的每一个环节，在各行各业培育出千千万万具有“工匠精神”的劳动者，实现由“重视数量”到“重视质量”的突破，中国制造才能走向制造强国赢得未来。

弘扬“工匠精神”是实现中华民族伟大复兴的需要。物质财富要极大丰富，精神财富也要极大丰富，物质文明与精神文明是推动社会文明进步的“两个轮子”，是实现中华民族伟大复兴中国梦的“一双翅膀”，二者缺一而不可。从精神文明来看，“工匠精神”作为一种职业精神，在本质上它是同社会主义核心价值观特别是同其中的“敬业”“诚信”要求高度契合的。从物质文明来看，“工匠精神”在物质文明的创造过程中可以发挥强大的精神动力及智力支持作用。

2. 工匠精神的基本内涵

在2016年政府工作报告中，李克强总理首次提及“工匠精神”，“要鼓励企业开展个性化定制、柔性化生产，培育精益求精的工匠精神”。工匠精神的基本内涵包括敬业、精益、专注、创新等方面的内容①。

敬业。敬业是从业者基于对职业的敬畏和热爱而产生的一种全身心投入的认认真真、尽职尽责的职业精神状态。中华民族历来有“敬业乐群”“忠于职守”的传统，敬业是中国人的传统美德，也是当今社会主义核心价值观的基本要求之一。

精益。精益是从业者对每项研究、每件产品、每道工序都凝神聚力、追求极致的一种职业品质，体现在产品“从99%提高到99.99%”的过程中，它是认真、执着、精细、完美的代名词。正是从业者们精益求精、追求完美，让生产过程成为类似工艺品的雕琢过程，铸就了我国传统制造业曾经的辉煌。

专注。专注是从业者内心笃定而着眼于细节的耐心、执着、坚持的精神，这是“工匠”所必须具备的精神特质。从中外实践经验来看，工匠精神都意味着一种执着，一旦选定行业，就一门心思扎根下去，心无旁骛，即一种几十年如一日的坚持与韧性。古代工匠大多穷其一生只专注于做一件事，或几件内容相近的事情，在我国早就有“艺痴者技必良”的说法。《庄子》中记载游刃有余的“庖丁解牛”、《核舟记》中记载的奇巧人王叔远等大抵如此。

创新。创新是工匠精神的核心，工匠精神不仅体现在对产品精心打造、精工制作的理念和追求，更体现在不断研究新技术，创造新成果。无论是对某个工作内容或环节提质增效的革新，或是新产品、新技术的研发，都是工匠精神的具体体现。

3. 工匠精神让世界爱上中国制造

工匠精神是我们的优良传统，历史上的中国并不缺少工匠精神，中国曾是世界

① 2016年政府工作报告[J].中国人才，2016(6).

上最大的原创之国、匠人之国，像赵州桥、京杭大运河、故宫、都江堰等闻名于世的工程和建造物，就是工匠精神的结晶。今天，在高铁、航天、量子通信等某些高精尖端科技领域，中国处于世界领先地位。然而，我国的制造业总体水平与世界先进水平相比，大而不强的特征仍然十分明显。面对新形势、新要求，制造业应抓住机遇，在创新发展方面主动作为，实现提升和突破，就要发扬工匠精神。用工匠精神打磨中国制造，我们才能让中国制造走向世界的同时，让世界爱上中国制造。

匠人匠心

1. 独臂焊侠卢仁峰[①]

"我凭借一只手，完成了坦克制造核心焊接技术的攻关任务。你们没有理由畏难不前、浅尝辄止。"这是被誉为"独臂焊侠"的国家级技能大师、中国兵器工业集团内蒙古第一机械集团公司职工卢仁峰，面对内蒙古包头机械工业职业学校焊接技术专业(1511)班的30名学生说的一番话，因为他还有着更为特殊的身份——焊接(1511)班的兼职班主任。

卢仁峰是国家焊接方面的专业人才，他的绝活绝技曾在中央电视台报道过，但他谦逊的作风深深地打动了学生。他对学生们说："我能取得这样的成绩，并没有什么诀窍，唯有脚踏实地，才能有所作为。持之以恒的精神、不断钻研的毅力、精益求精的品质，是我能够做成事的关键。"

卢仁峰16岁那年，知青回城来到内蒙古一机集团做了焊工，就给自己定下了要学好学精焊接技术的目标。在师傅和工友们休息、下班后，他还拿起焊枪实践操作，勤学苦练。同时，从基础开始，他认真学习《机械制图》《电工基础》《焊接材料》《焊工手册》等书，刻苦钻研各种焊接技术方法。

正当在焊接岗位上潜心钻研焊接方法技术并开始大显身手的时候，1986年的一场事故让卢仁峰险些彻底失去左手，大拇指、食指、中指被勉强缝合后，基本不能工作。但他没有被吓倒，反而更加坚定有力。他给自己定下了每天要焊完50根焊条的任务。他常常一连几个月吃住在车间，一蹲就是数小时，直到厂房里空无一人。他左手残疾，仅靠右手练就一身电焊绝活，手工电弧焊单面焊双面成型技术堪称一绝。

有次某军品项目大型水压机1号高压泵体突然出现裂纹，该设备承担着13个

---

① 史林静."90后"裴先锋："匠人精神"成就"大国工匠"[N].新华网，2015-11-13.

品种、1 850余项、42万件军品生产任务，按照常规需更换泵体，可市场上没有相应的备件。如果设备不能及时修复，将会影响整体进度。卢仁峰主动请缨，在没有技术参数、没有可靠的技术保障的情况下，他反复思考、试验，52个小时里，手中的焊钳止住了高压水流，挽回损失近400万元。2009年，作为国庆阅兵装备的某型号轮式车辆首次批量生产，在整车焊接蜗壳部位过程中，由于新型装甲材料具有碳含量高、刚性极大和蜗壳壁薄等特点，焊接过程中焊接变形和焊缝成型难以控制，致使平面度超差，严重影响整车的装配质量和进度。卢仁峰再一次投入到了紧张的工作中。从焊丝的型号到电流大小的选择，他和工友们反复研究细节，确定操作步骤，最终利用焊接变形的特性，采用“正反面焊接，以变制变”的方法，使该产品生产合格率一下子由60%提高到96%。

卢仁峰性格很温和，但是教起徒弟，他就像变了一个人，理论和实践上都严格要求。为了提高徒弟们焊接手法的精确度，他总结出“强化基础训练法”，每带一名新徒弟，不管徒弟过去的基础如何，一年内每天必须进行5块板、30根焊条的“定位点焊”，每点误差不得大于0.5毫米，不合格就推倒重来。几年间，卢仁峰带出了40多名徒弟，个个都成了技术上的骨干，有的成了劳动模范。2011年国家授予50家“技能大师工作室”，内蒙古有两家，其中一家就是一机集团的“卢仁峰技能大师工作室”。卢仁峰技能大师工作室由卢仁峰牵头，聘请材料成型与控制专业领域工艺、技能兼职专家组成，围绕焊接、铸造、锻造等材料成型与控制专业、工种领域开展人才培养和技术攻关。

2. 从电焊工到大国工匠——何丽①

何丽是四川省攀枝花市一名普通的电焊工，党的十九大代表，她用自己的亲身经历诠释了不忘初心、中国梦与工匠精神。

1998年从攀枝花职业高中电焊专业毕业后，何丽成了攀枝花钢铁厂的电焊工。入职不久就被下岗分流，又被重新召回厂再做焊工后，她下了决心，一定要学好电焊技术。为了掌握焊接技术，何丽找资料，拜名师，一有空闲时间就在车间练习，看到任何有线条的墙，手指就不由自主地沿着线动起来。晚上睡觉前，看见天花板有条缝，脑子里就想着要怎么样把它给焊好。经过勤学苦练，她以高超的焊接技术年年被评为标兵，她在每次公司技能比武大赛中都能拿到冠军。

2013年她荣获了“全国五一劳动奖章”，以一名普通电焊工的身份与科学家袁

① 从电焊工到大国工匠她用手中“焊枪”讲述中国故事.［EB/OL］. http://news.cctv.com/2017/11/08/ARTIOWGWJSYdsrTYCx5bezZI171108.shtml.

隆平等一起受到习近平总书记的接见。此后，她获得了国务院颁发的特殊津贴，并当选为党的十九大代表。她高超的焊接技术用在了动车和高铁上。一名普通的电焊女工何丽成长为名副其实的国之“焊匠”。

学思践悟

1. 谈谈你对工匠精神的理解。

2. 了解大国工匠和一些企业工匠的案例，并指出他们所具有的共同特点和值得你学习的地方。

3. 请结合实际谈谈自己应该怎样传承工匠精神。

二、用工匠精神谱写新的青春之歌

小贴士

1. **大国工匠**：2015 年“五一”期间，中央电视台综合频道和新闻频道推出系列《大国工匠》，挖掘各行业顶级技工的典型故事，歌颂“以劳动托起中国梦”的劳动者。“大国工匠”是指具有精湛的技术和敬业奉献、精益求精的精神，即“德技双馨”的技能人才。

2. **青春之歌**：《青春之歌》原本是现代作家杨沫写的小说，现指青年人以特有的工作热情和聪明才智，立足岗位潜心钻研，通过敬业勤勉的奉献精神展现出青春风采。

3. **大任担当**：担当指承担，担负任务、责任等，大任担当指接受重大任务并认真负责，源自《大国工匠》系列纪录片片名之一。

4. **大术无极**：大术指高超的技术，无极本身是指无限的可能性。大术无极即高超的技术没有人能够赶得上，源自《大国工匠》系列纪录片片名之一。

思想之光

青年是整个社会力量中最积极、最有生气的力量，国家的希望在青年，民族的未来在青年。

奋斗不只是响亮的口号，而是要在做好每一件小事、完成每一项任务、履行每一项职责中见精神。

让青春成为中华民族生气勃发、高歌猛进的持久风景，让青年英雄成为驱动中华民族加速迈向伟大复兴的蓬勃力量！

——2019年习近平总书记在纪念五四运动100周年大会上的讲话

只有奋斗的人生才称得上幸福的人生。奋斗是艰辛的，艰难困苦、玉汝于成，没有艰辛就不是真正的奋斗，我们要勇于在艰苦奋斗中净化灵魂、磨砺意志、坚定信念。

——2018年习近平总书记在春节团拜会上的讲话

知识分子是工人阶级的一部分，劳动人民是国家的主人，青年是中国特色社会主义事业接班人、是国家的未来和民族的希望。我们要全面建成小康社会，进而建成富强民主文明和谐的社会主义现代化国家，实现中华民族伟大复兴，必须依靠知识，必须依靠劳动，必须依靠广大青年。这是我们国家和民族发展的力量所在，也是我们事业成功的力量所在。

——2016年习近平总书记同知识分子劳动模范青年代表座谈会上的讲话

青年是社会上最富活力，最具创造性的群体，理应走在创新、创造前列。

——2013年习近平总书记在同各界优秀青年代表座谈时的讲话

思想荟萃

1.《大国工匠》中展现青春力量和劳动之美

2015年"五一"劳动节期间，央视《新闻联播》连续播出专题片《大国工匠》，介绍在全国航空航天、高铁、造船等制造业领域精选出来的能工巧匠。他们中既有老一辈劳模的精神再现，也有当今高科技建设者的劳动创造，更有以奋斗作青春底色，以工匠精神为核心，描绘青春之歌的年轻人。电视镜头和荧屏画面展示了劳动者的风采，他们以敬业勤勉让劳动变成创造，让技术变成艺术，他们依靠内心秉持的工匠精神和拥有的精湛技艺演绎出一个又一个为中华民族复兴"匠心筑梦"的篇章。

《大国工匠》选取奋斗在生产第一线的杰出劳动者。这些工匠有的文化水平并不高，但他们以高超的技艺、精湛的技术、敬业的品德和灵巧的双手，在平凡的岗位上做出了不平凡的业绩。一个个真实案例为我们展示了什么是精益求精、追求极致的工作态度，什么是真正的爱岗敬业，什么是为国奋斗矢志不渝的精神。一幕幕感人至深的事迹，一项项全球领先的先进技术，一个个普通又不平凡的人物，让我们敬佩不已，让我们热血沸腾，催人奋进，在他们身上使我们看到了平凡的岗位中所彰显出来的劳动精神和劳动之美。

2. 职业教育培养的学生应该具备工匠精神①

一个社会拥有怎样的时代气质，通常都会在掌握着重要技术的工匠身上刻下烙印。习近平总书记在党的十九大报告中明确提出要大力弘扬劳模精神和工匠精神，这为职业教育指明了方向。职业教育不同于普通高等教育，它更注重技术人才的培养，"工匠精神"应该成为职业教育的灵魂，是高职学生应该树立的理想。职业院校学生培养工匠精神需要做到以下几点：

一是应该具备极强的专业性，在专业上专心致志、精益求精，掌握过硬的专业技术技能。

二是应该具备强烈的专业追求，把这种不懈的追求，贯穿自己的职业生涯，当作人生的一个目标，为了自己的专业坚持，舍得放弃诱惑，不断激发对自己所学专业的兴趣，将所学专业当作自己热爱的事业来对待。

三是应该具备一丝不苟的精神。具体来说就是要耐心、细致和专注，不放过学习和工作中的每个环节、每道工序和每个细节，处处、时时严格按照程序规范操作，包括实训前的准备，如工具顺序的摆放、工装的穿戴以及实训后清理整顿等看似小事的细节，都不能有丝毫马虎，因为这些细节恰恰是工匠精神的具体表现。在世界技能竞赛中，我国选手就曾在这方面失分。竞赛结果表明，凡是工具箱中所有工具刀具整齐有序、配备齐全的选手成绩都是领先的。可见，职业素养无小事，工匠精神是从不放过任何细节，从平时细节中培养起。学习和生活中的一切细微环节，都可成为工匠精神培育的资源。②

3. 以大国工匠为楷模勤奋学习谱写青春

大国工匠，技艺精湛，令人叹为观止，有人能在牛皮纸一样薄的钢板上焊接而不出现一丝漏点，有人能把密封精度控制到头发丝的五十分之一，还有人检测手感，堪比 X 光那般精准等。那么，这些大国工匠为什么具有普通工人无法企及的技能呢？原因就是他们身上闪耀着的"工匠精神"。这是一种对职业敬畏、对工作执着、对产品和服务追求完美的价值取向。具体到工匠个体，往往具有专注、坚守、耐心、创新，以及不断突破自我等优良品质；具体到产品和服务上，表现为以人为本、精心打造、精工制作、质量上乘等特质。如果缺乏工匠精神，那么即便是有相同的原料、相同的

---

① 王寿斌.职业教育要注重培养"工匠精神"[N].中国教育报，2016-8-11(02).

② 摘自：https://baike.baidu.com/item/%E5%8D%A2%E4%BB%81%E5%B3%B0/8672526.

生产线和管理制度，也难以生产出与制造业强国同等质量产品。因此可说，大国工匠是“工匠精神”的具体化身，代表着制造强国技术技能人才的最高水平。

毋庸置疑的是，精益求精的“工匠精神”虽然体现在生产和服务过程中，却是始于职业教育的培养，在工匠成长中，知识和技能学习是不可或缺的。

作为高职院校的学生，正处于学习的黄金时期，应该把学习作为首要任务，作为一种责任、一种精神追求、一种生活方式，树立梦想从学习开始、事业靠本领成就的观念，让学习知识、增长本领成为青春搏击的能量和动力，以大国工匠为榜样，坚持学以致用，苦练本领，努力成为掌握真才实学的高素质技术技能人才。

匠人匠心

1. “90后”世界技能大赛获奖者——追梦青年罗良

罗良，2015年10月13日入职上汽乘用车公司试验认证部试制车间，成为上汽集团最年轻的钣金技师。虽然工龄不长，但若论知名度，这位腼腆内向、言语不多刚刚20岁出头的他已是上汽技工里数一数二的老师傅了。罗良从小就喜欢做各种小玩意，动手能力很强，对汽车特别感兴趣。与很多初中生在填报志愿时都要征求父母意见、甚至完全由父母做主不同，罗良很早就希望从事自己喜欢的工作，他觉得自己动手能力不错，而且随着私家车的普及，汽车行业的发展前景会越来越好，便决定学一门修理汽车的技术，毕业后更容易找到一份满意的工作。

在职业技术学校，罗良的动手能力在“手工制件”等课程上很快表现出来，并引起老师注意，经常让他在课余时间去操作室练手。当国家和上海市要选拔选手参加第43届世界技能大赛时，职校圈定的四人集训名单里就有罗良。“先是学校集训，然后是残酷的淘汰赛。等到所有比赛项目完成，我成为代表中国参加世界技能大赛车身修理项目的唯一选手，已经整整过去了两年。”罗良回忆说，除了吃饭，几乎都在工作间里“鼓捣”汽车。罗良表示，自己能够在22小时的马拉松式世界技能大赛上完成电子测量、板件分离、焊接、板件加工、板件整形等修理任务并夺得银牌，与团队的集体付出和努力是分不开的。凭借在第43届世界技能大赛上的银牌佳绩，从巴西圣保罗回国没多久，罗良就被上汽集团破格录取，穿上蓝色技师服，入职了上汽乘用车公司试验认证部试制车间。

上海对青年才俊是敞开怀抱的，对罗良这样在世界技能大赛上获得优异成绩的中职生给予了重奖和落户的特殊待遇，罗良已成为非上海生源毕业生持中专文凭取得上海市户籍第一人。这枚世界大赛银牌“含金量”特别高，国家人社部重奖他12

万元，上海市人社局同样奖励他12万元，加上杨浦区政府奖励的6万元和上汽集团奖励的6.5万元，纳税后实际获得的奖金在35万元左右。罗良并不避讳自己对梦想的追求。他说，留在上海工作一直是自己的梦想，在这个梦想实现之后，他会有第二个梦想，期待不久的将来能拥有自己的第一辆车，选择自家上汽集团研发的新能源车，以及去实现更多的梦想。

刚刚走上工作岗位，罗良连改制图纸都看不懂。而作为一名钣金技师，其职责就是要将工程师完成的改制设计图纸在实车上实现。为了让罗良尽快成长，上汽集团特意安排上海市首席技师张荣新担任他的带教师傅。在张荣新看来，罗良属于实干型“90后”，如今他最大的进步是不仅能够看懂改制图纸，还能够给出好几套技术解决方案。罗良觉得，做任何一件事情，从不会到会做，再到能够做得出色，这样的过程让他非常有幸福感和成就感。在上汽的工作历练，让罗良意识到，荣誉已成过去，未来的路还得靠自己一步一步踏实地走下去。目前他已通过自考入学了华东理工大学，通过学习即将获得本科学历。

坚持“人力资源是第一资源”，上汽集团围绕“电动化、智能网联化、共享化、国际化”的发展战略，提倡工匠精神。截至2017年底，上汽集团全部从业人员22.7万人，约半数都为技能人才，其中高技能人才逾2.5万人。多年来，上汽坚持为人才培养打造“硬实力”。截至目前，已累计投入超过6.5亿元用于高技能人才培养基地建设，实训基地总建筑面积达3.2万平方米，建成实训室46个，被授予“国家级高技能人才培养示范基地”和“上海市高技能人才培养基地”。在上汽集团里，将选拔培养出更多的“罗良”们。

2. 大国工匠的无悔青春——沈赤枫①

沈赤枫，中核科技核工程阀门事业部数控组组长。1989年满师后，沈赤枫的首个任务就是打磨一把镗刀，站在砂轮机前，她紧盯着转动的刀头，右手谨慎地挪转，工具随着砂轮机的震动挤压着她的手。

第一天，沈赤枫的手心里满是血泡，手指僵硬，胳膊因长时间保持一个姿势而酸痛。但好在零件已打磨完成，她满心欢喜，将镗刀交给了师傅。“不行，刀头精度不够，明天继续磨。”师傅做事严谨，对工作要求极高。“好。”沈赤枫虽心有失落，但斗志仍在。第二天，刀头精度还是不够。她咬住下唇没有抬头，微握的右手，手心里的血泡早已破口。第三天，师傅看着眼前班组里唯一的女技工，转而缓和了语气：“成

① 千磨万砺成就大国工匠坚持不懈无悔制造青春[EB/OL].中国金属加工网，2017-05-22.

功的路，从来都不好走。坚持下去，我相信你。”沈赤枫眼盯着刀尖，强忍着将眼泪吞了回去。第四天，因长时间的站立，沈赤枫的双腿已略有浮肿。当师傅仔细测量后，发现经过再次精细打磨的镗刀的刀头精度公差竟只有一丝半（头发丝是七丝）。师傅不禁称赞道：“赤枫，好样的！”话音刚落，沈赤枫的眼泪已流到嘴角。四天，三十多个小时的站立、数百次的打磨；僵硬的胳膊、水肿的双腿、满是血泡的手；还有强忍而又落下的泪水。这其中沉甸甸的辛酸和渴望，已深扎在沈赤枫的心里，成了青春里最深的记忆，给青春写下了最好的注解——坚持。

28 年后，回忆过往，她说，“那段日子确实辛酸，但是，如果年轻的时候没有在刀尖上磨砺过，也就学不会坚持。”这位苏州市唯一的女性数控机床高级技师这样解读着自己的青春。

如今，人生早已磨砺出锐利锋芒的沈赤枫，凭着一股子“坚持、再坚持”的韧劲儿迎难而上、勇于创新，在数控机床技术方面取得了令人折服的成绩：创新“三合一”加工工艺；浓缩铀生产关键阀门加工中的刀具改进；攻克爆破阀零件加工难关，推动核电阀门国产化进程。

近十年间沈赤枫获得省市及国家级荣誉十余项，对此，她却语气轻缓平静地说，“荣誉都是过去式了。我还想在技术上再闯一闯呢。”刀尖上磨砺出的青春，一生都在熠熠闪光！

学思践悟

1. 观看《大国工匠》视频片段，并结合观看内容谈谈自己的体会。
2. 请谈谈自己今后的人生目标是什么，如何实现自己的人生目标。

第六章　掌握技能　报效祖国

第一节　技能报国　时代强音

一、中华民族的技能发展

小贴士

1. 职业教育：职业教育是指为使受教育者获得某种职业技能或职业知识、形成良好的职业道德，从而满足从事一定社会生产劳动的需要而开展的一种教育活动，又称职业技术教育。

2. 职业技能：即指学生将来就业所需的技术和能力。学生是否具备良好的职业技能是能否顺利就业的前提。

3. 校企合作：是学校与企业建立的一种合作模式，是一种注重培养质量，注重在校学习与企业实践，注重学校与企业资源、信息共享的“双赢”模式。校企合作实现了应社会所需，与市场接轨，与企业合作，实践与理论相结合的全新理念。

4. 工学结合：是一种将学习与工作相结合的教育模式，即有劳动报酬的半工半读学习形式。是以职业为导向，以提高学生就业竞争能力为目的，以市场需求为运作平台的教育理念。

思想之光

我们要以黄大年同志为榜样，学习他心有大我、至诚报国的爱国情怀，学习他教书育人、敢为人先的敬业精神，学习他淡泊名利、甘于奉献的高尚情操，把爱国之情、报国之志融入祖国改革发展的伟大事业之中、融入人民创造历史的伟大奋斗之中，从自己做起，从本职岗位做起，为实现“两个一百年”奋斗目标、实现中华民族伟大复兴的中国梦贡献智慧和力量。

——2017 年习近平总书记在对黄大年同志先进事迹作出的重要批示

职业教育是培养高素质技能型人才的基础工程。

——2016 年习近平总书记在考察贵州省时的讲话

希望当代大学生珍惜韶华。把学习成长同党和国家的事业紧紧联系起来,同社会和人民的需要密切结合起来,用青春铺路,让理想延伸。

——2016 年习近平总书记在赴江西看望慰问广大干部群众时的讲话

“要牢牢把握服务发展、促进就业的办学方向,深化体制机制改革,创新各层次各类型职业教育模式,坚持产教融合、校企合作,坚持工学结合、知行合一,引导社会各界特别是行业企业积极支持职业教育,努力建设中国特色职业教育体系。要加大对农村地区、民族地区、贫困地区职业教育支持力度,努力让每个人都有人生出彩的机会。”

——2014 年习近平总书记在全国职业教育工作会议上的讲话

希望全国 2.6 亿在校学生,珍惜学习时光,多学知识,多学道理,多学本领,热爱劳动,身心健康,茁壮成长。

——2014 年习近平总书记在北京师范大学师生代表座谈会上的讲话

思想荟萃

1. 中国科技发展历程

中华民族的科技活动有着悠久的历史,曾经为人类发展做出过巨大的贡献,并且在 16 世纪中期以前一直处于世界科技舞台的中心。西汉时期,中国人发明了造纸术,东汉时期蔡伦又改进和提高了造纸技术,从而使造纸技术在中国迅速推广开来。公元 3 世纪左右,中国人发明了瓷器,到唐朝,中国发明了火药。在宋朝,中国发明了指南针和活字印刷技术。15 世纪中期,明朝李时珍所著的《本草纲目》成为中国古代医学发展的集大成者。

长期实行“闭关锁国”政策,影响了近代科学技术在中国的传播和发展,并使之处于相对停滞状态。自 1840 年鸦片战争以后,中国还逐步沦为半殖民地半封建的国家,一个有着光辉灿烂历史的文明古国就这样退出了世界科技舞台。

19 世纪中叶,一批向西方寻求救国真理的中国先行者,倡导科学救国、教育救国,主张学习西方的先进科学技术。孙中山是近代中国主张科学救国的先驱。但是,20 世纪前叶的中国,动荡不安,科学技术事业发展的物质条件极差,发展依然很缓慢。

1949 年 10 月 1 日,新中国成立,激发了大批海外学子的殷殷报国心。著名数学家华罗庚,放弃了在国外的终身教授职务和优厚的生活待遇,毅然回国。钱学森,历经险阻,回国效力,为发展中国的国防科技做出了特殊贡献。

1964 年,周恩来总理在政府工作报告上首次提出要实现工业、农业、国防和科学技术现代化,即"四个现代化"。1964 年,中国第一颗原子弹爆炸成功;1965 年,生物学家们在世界上首次人工合成牛胰岛素。1966 年,中国第一颗装有核弹头的地地导弹飞行爆炸成功;1967 年,中国第一颗氢弹试爆成功;1970 年,"东方红一号"人造地球卫星发射成功。

1978 年改革开放以后,我国建成了正负电子对撞机等重大科学工程,秦山核电站并网发电成功,银河系列巨型计算机相继研制成功,长征系列火箭在技术性能和可靠性方面达到国际先进水平。1995 年 5 月召开的全国科学技术大会上,正式提出"科教兴国"战略。

进入 21 世纪以来,我国建成世界最大的望远镜——中国"天眼";自主研制的北斗卫星导航定位系统,标志着我国是世界上第三个建立了完善卫星导航系统的国家;神舟飞船,载人航天,则使我国成为世界第三个把飞行员送入太空的国家;嫦娥工程把飞船成功发射到月球,是在为人类和平使用月球迈出了新的一步;我国自主研制出的天舟飞船、天宫二号空间实验室、计算能力世界第一的"神威·太湖之光"计算机、世界独一无二的量子卫星墨子号、探寻水下五千米秘密的"蛟龙"号、世界第三的大型客机 C919 等科技成果向世界展示了中国人的智慧与创造。目前,开放的中国正以更加开放的姿态和视野展开新时代的科技事业。

2. 校企合作开启职业院校发展新天地①

高职教育是集职业能力与职业精神为一体的教育,其目标是培养具有高端专业技能与职业精神的复合型人才。为此,高职院校要利用校企合作的优势在教育过程中融入产业、行业、企业、职业和实践等要素,实现专业与岗位对接、课程内容与职业标准对接,以适应企业人才的需要。

第一,校企合作搭建了校企之间合作的桥梁。高职学生在校内学习与在企业工作相结合,使学生在学中做、在做中学,从而促使学用相长,这种培养模式把学校教育延伸到社会和企业,使学生真正融入企业的真实工作环境中学习、体验和锻炼,既

---

① 郝志翔.校企合作培养高职学生的职业精神[J].企业文明,2014(9).

能发挥学校和企业的各自优势，又能共同培养社会与市场需要的人才，是学校与企业双赢的模式。

第二，校企合作有助于培养学生职业精神。职业精神是对所要从事职业的一种态度，需要在职业的角色定位中去体会和培养。校企合作，工学结合有利于学生在实践中了解和领悟职业精神，并在融入企业的过程中能够践行职业精神。

第三，校企合作有助于提升学生责任意识。学生到企业“顶岗实习”，企业的实习指导师傅在对学生进行专业技能指导的同时，也在进行责任意识的示范和教育，让学生在职业实践环境中切身感受“职业人”的角色定位，促使其在实践中履行职业责任，遵守规章制度，强化服务意识，这不仅提高了学生的专业技能，而且促进了学生职业素养的养成。

校企合作是一项具有重要意义的事业，是贯彻科教兴国和人才强国战略，促进和谐社会建设的具体实践和重要举措。不仅实现了学校与用人单位的合作共赢，更可以为学生搭建起就业直通车。

3. 借助技能大赛成就职业梦想

2017 年 10 月 13 日，中国上海申办 2021 年第 46 届世界技能大赛成功！世界技能大赛享有“世界技能奥林匹克”的美誉，是最高层级的世界性职业技能赛事，代表着职业技能发展的世界先进水平。

申办世赛，是党和国家的大事。习近平总书记高度重视，不仅在申办报告中作书面致辞，更在申办现场陈述中发表视频讲话，是期盼更是坚定的支持。李克强同志在今年 4 月初，专门会见了到中国进行考察评估的世界技能组织主席西蒙·巴特利一行，表明了中国政府支持上海申办世赛，愿意同世界技能组织加强合作、推动技能运动理念传播、提升中国数以亿计劳动者技能水平的坚定态度。

申办成功并举办世赛，是加强技能人才队伍建设的盛事。当前，我国技能人才队伍正在蓬勃发展。我国拥有技能劳动者 1.65 亿，高技能人才达到 4 791 万人，每年接受职业教育和培训的人数超过 1 亿人次，为经济建设提供着强大的人力人才支撑。

随着产业升级、技术进步、动能转换步伐的加快，时代的新发展对技能人才队伍建设提出新要求。如期举办世界技能大赛，让全球最优秀的技能青年齐聚中国同台竞技，必将带动我国广大高技能人才瞄准国际先进水平，潜心钻研技术，不断提高我国技能人才素质和能力，形成支撑中国制造、中国创造的高素质技能人才队伍，为推动中国制造迈上中高端提供坚强保障。

世赛申办已经成功，筹备世赛却是刚刚开始。从现在到 2021 年，还有大量的艰苦工作要做。作为高职院校的学生要以上海举办世赛为契机，掌握专业知识，提升技能水平，勤学苦练，通过技能实现人生梦想。

学子风采

1. 大国工匠——上海市交通学校汽车专业毕业生陶巍①

谁可以因为修车而登上美国《时代周刊》？谁可以和外国政要面对面的“侃车”，并在海外有以自己名字命名的节日？他就是上海幼狮高级轿车修理有限公司总经理、董事长、博士陶巍，从事汽修40多年，被誉为“汽车神医”。

2007年，陶巍被美国机动车工程师学会认证为汽车诊断工程领域研究员资深高级工程师。他有对汽车疑难杂症“手到病除”的能力，许多在4S店都修不好的名车，都可以在他的整修后恢复如初。一次，陶巍曾修复了当时国内仅有的一辆因故障而沉睡车库多年的劳斯莱斯车，美国《时代周刊》曾报道了此事。后来，他又把解放初期陈毅担任上海市市长期间的专车——一辆基本报废的凯迪拉克整修一新，因此有了不小名气，很多领事馆外交官员都慕名找上门来请陶巍修车。1998年6月底，克林顿访问上海，所乘坐的高级防弹车突然无法启动，美国总领事馆找到陶巍，经过一系列检修后，总统的座驾又安全上路。在一些外交官员的举荐和穿针引线下，陶巍多次赴外学习、讲课和交流，先后成了美国麻省理工大学荣誉博士、底特律三角洲学院汽车维修国际高级教官，并获得了美国国会、加州政府颁发的最高“终身成就奖”等。陶巍访问俄罗斯期间，俄罗斯总领事还特意安排了他与苏联领导人戈尔巴乔夫会面，同聊汽车。在加拿大，埃德蒙顿市宣布2009年8月18日为该市的“陶巍日”。2016年8月上海总工会对88名2016“上海工匠”候选人进行了公示，陶巍毫无意外地入选。

为培养出更多的汽车修理人才，2014年5月，国家级“陶巍技能大师工作室（汽车修理）”批准成立。如今，陶巍还应邀担任了交通部机动车检测维修专业技术人员职业水平资格考试专家委员会副主任，全国机动车检测维修专业技术人员职业水平实际操作考官，全国交通运输行业机动车检测维修职业技能竞赛、全国职业院校技能大赛裁判长，上海交通大学、上海工程技术大学等五所高校的兼职教授。陶巍认为，“工匠精神”的核心不是把工作当作赚钱的工具，而是对所从事的工作精益求精、精雕细琢的精神。他说：“其实，工作就是一种修行，在修炼的道路上，要耐得住寂寞，受得了冷嘲热讽，不断完善自己，把自己变得越来越强大。因为态度决定一切，

① 刘尚君.“汽车神医”陶巍：修车修出来的国家尊严[EB/OL]中国青年网，2016-07-06.

细节决定成败。”

2. 学好专业，回报社会——上海市交通学校汽车专业毕业生朱立磊

朱立磊，1998 年汽车专业毕业生，在校四年，在学校的教育培养下，除了掌握基本的专业知识外，也在为人处事方面对他的职业发展打下了厚实的基础。该生毕业时取得通用英语中级，计算机应用高级证书外，应聘到天津佳能公司(主营业务为办公用品的销售和维修)，任职销售部门经理助理，工作六个月后，由于自身发展需要，应聘到上海在线信息科技有限公司任职。当时公司正值起步阶段，他本人借此机会，也为发展自身的特长，求职于该公司，五年来先后担任过公司的售后服务人员、网络维护人员、方案制作人员、业务部经理、培训部经理、总经理助理、副总经理等，分管公司的业务和营运工作。由于自身工作努力，使公司近几年不断致力于运用信息技术提升政府在互联网时代的办公效率。该公司已经成功地为上海市人事局、上海市交通局、上海市水务局、上海文广局、上海市农委、上海市环卫局、上海市消防局、上海市海洋局、上海海关、上海市慈善基金会、长宁区政府、虹口区政府等一大批政府机构开发了电子政务平台，并建立了稳定的长期业务合作关系，该公司每年的营业额逐年上升，为公司的发展奠定了基础。

朱立磊同学目前已获得复旦大学计算机应用专业本科学历，同时获取上海市社科院 MBA 学位证书，用他的话讲：“没有四年的中专学习，没有班主任祝老师的谆谆教诲，我的成功没有这么顺利，所有的成绩应归功于母校的教育培养，母校始终是我事业发展的坚强后盾。”

学思践悟

1. 你认为怎样做才能成为技能型人才?
2. 陶巍的事迹让你有什么感悟?

第二节　多元就业　追逐梦想

一、听从内心召唤　勇敢追求梦想

小贴士

1. 就业：是指在法定年龄内有劳动能力和劳动愿望的人所从事的为获取报酬或经营收入而进行的活动。

2. 创业：是一个发现和捕获机会并由此创造出新颖的产品、服务或实现其潜在价值的过程。

3. 职业：职业是参与社会分工，利用专门的知识和技能，为社会创造物质财富和精神财富，获取合理报酬作为物质生活来源并满足精神需求的工作。

4. 求职：是利用自己所学的知识和技能，来向企事业单位寻求为其创造物质财富和精神财富，获取合理报酬，作为物质生活来源的一种过程。

思想之光

就业是最大的民生。

——2017 年习近平总书记在中国共产党第十九次全国代表大会上的报告

一个健康向上的民族，就应该鼓励劳动、鼓励就业、鼓励靠自己的努力养活家庭，服务社会，贡献国家。要改进工作方式方法，改变简单给钱、给物、给牛羊的做法，多采用生产奖补、劳务补助、以工代赈等机制，不大包大揽，不包办代替，教育和引导广大群众用自己的辛勤劳动实现脱贫致富。

——2017 年习近平总书记在深度贫困地区脱贫攻坚座谈会上的讲话

现在，我国经济发展进入新常态，经济发展方式正在深刻转变，经济结构正在深刻调整，这对部分劳动群众就业带来了暂时的影响。各级党委和政府要落实好失业人员再就业和生活保障、财政专项奖补等支持政策，落实和完善援助措施，创造更多就业岗位，通过鼓励企业吸纳、公益性岗位安置、社会政策托底等多种渠道帮助就业困难人员，实现零就业家庭动态“清零”，确保安置分流有序、社会和谐稳定。

——2016 年习近平总书记在知识分子、劳动模范、青年代表座谈会上的讲话

要紧紧抓住包括就业、教育、医疗、文化、住房在内的农村公共服务体系建设这个基本保障，编织一张兜住困难群众基本生活的安全网，坚决守住底线。

——2013 年习近平总书记同菏泽市及县区主要负责同志座谈时的讲话

思想荟萃

1. 就业是民生之本

“就业是最大的民生。”这是习近平总书记在十九大报告中的一句话，也是当下

中国一个非常重大的民生实事。解决好就业问题，才能实现社会的长治久安，才能实现劳动者安居乐业。

2. 求职就业需要具备的能力

知识的积累并不等同于能力积累，将知识升为能力需付出巨大的努力，在完成学习任务前提下，应争取培养自己的社会需要的实际应用能力：

（1）适应能力：根据客观情况变化能随机应变地适时调节择业行为能力。现代社会是复杂多变的，要适应这种状况，确保自己从学校到社会顺利过渡就应该提高自己社会适应能力。走上工作岗位后，有些知识用不上、有些不够用、有些要从头学起，这就要求即将走上工作岗位的高职学生，应根据需要去调整自己的知识结构、能力结构及行为方式，尽快培养自己的社会应变能力。

（2）人际交往能力：妥善处理人际关系，并与他人和谐共处、共同发展。作为当代高职学生只有具备人际交往能力，善于处理各种人际关系，才能在工作中充分施展自己的才能。在人际交往中，学会尊重他人，多为他人设身处地着想，这样才能得到他人尊重；要学会能干大事，又能干小事的本领；学会处理具体问题时既坚持原则又不失灵活。

（3）表达能力：以语言或其他方式展示自己思想感情的能力，是交流思想、交流感情的基础性素质，故又称为语言文字沟通能力。表达能力包括口头表达能力和书面表达能力。口头表达能力要求语言的流畅性、灵活性和艺术性，书面表达能力要求文句的逻辑性、艺术性和条理性。

（4）开拓创新能力：用已积累的知识通过不断探索研究，提出新的见解和做出新选择的能力。它包括发现问题、提出问题、创造性地分析问题和解决问题的能力。

（5）动手能力：把创造思维变成实际的物质成果或是用生动形象的实践过程呈现创造性思维的转化能力。这种动手能力对学习专业技术的学生尤为重要，即在实际工作中既能讲出科学道理又能动手干出样子。充分利用实训、实习和勤工俭学机会提高自己的动手能力。

（6）组织管理能力：包括计划能力、组织实践能力、决断能力、指导能力。用人单位对具有一定交往能力的当代职校生越来越重视，许多单位挑选毕业生时不仅注重学业成绩，同时对在校是否担任学生干部、担任过社会工作很感兴趣。当代职校生在校期间应积极参加社会活动，尽量做一些社会工作，不断增强自己的组织工作能力，以利于今后工作。

匠人匠心

1. 罗定山鸡王——名牌大学生返乡养鸡[①]

张柏铭出生于广东罗定市罗平镇古勇华光村，在中山大学读计算机专业，实习大半年晋升技术主管，曾是整个家族的骄傲。工作一段时间后，他萌发了返乡养鸡的念头，不愿重复父辈背井离乡在外务工的命运，养鸡是张柏铭综合权衡后的选择。

2012 年 10 月 1 日，张柏铭买了 500 只鸡苗，在村内散养。他之前看过很多养鸡书籍，但没有实践经验。不到一周，500 只鸡苗死了 499 只，一次性亏了几万元。爸妈劝他打工，全村人骂他读书读傻了。抱着“人活着就有希望”，张柏铭继续养鸡。在办养鸡场的过程，他也曾有过被骗的经历，一度陷入困境，但他的坚持最终获得了回报。张柏铭倡导养殖生态系统，计划养 100 万只鸡，出鸡蛋 10 万吨，该项目获得 8 000 万元的风投。当初反对张柏铭的村民，如今有人喊他是本地版的马云。

回乡养鸡五年，张柏铭的体重减了 30 斤，财富却随之增长。如今，他有三家养鸡场，养着十几万只鸡，还做着红木、酒厂的生意。多位罗定本土经商人士称，张柏铭虽只有 27 岁，但名气很大，是“罗定山鸡王”，家底超过 1 000 万。

2. 三国杀创始人——大学生投身桌游设计天地[②]

很多“80 后”和“90 后”也许并不熟悉黄恺这个名字，却大多熟悉他所设计的那款风靡全国的桌面游戏——三国杀。

作为中国桌面游戏领域的“NO.1”，这款以三国时期的故事为背景的卡牌类桌游，自 2008 年推向市场以来，几乎成为桌面游戏的代名词。

2006 年，当时在中国传媒大学游戏设计专业读大二的黄恺因为对上课所学的内容“不感冒”，而将注意力转投至当时还十分小众的桌面游戏。一次上课走神时，他脑海中突然闪出三国人物游戏的创意，三国杀的第一张牌，随即被他画下。

2008 年 1 月，即将毕业的黄恺和朋友杜彬一起成立了全国首家桌游公司——游卡桌游，并担任首席设计师。这家创立时只有三个人、五万元资金的公司，在三年后发展到了上百人数千万元的规模。黄恺当初上课走神设计的三国杀，仅 2010 年一年内就卖出 200 多万套。

---

① 陈绪厚.返乡养鸡的中大毕业生：瘦了 30 斤，在嘲讽中坚持.澎湃新闻[EB/OL]. https://www.thepaper.cn/newsdetail_forword_1776326.

② 何瑶.三国杀创始人黄恺：沉迷也是一种幸福.中国青年报[EB/OL]. http://zqb.cyol.com/html/2011-03/28/nw.D110000zgqnb_20110328_1-12.htm.

1986 年出生的黄恺，才刚刚度过自己的本命年。在一些人看来，他的成功来得太快太早。但黄恺对此却并不显得特别兴奋——在游戏设计的道路上，他已经走了 10 多年。“我已经不记得我第一次设计游戏是几岁了，太小了，我也记不清我设计过多少个游戏，设计游戏对我来说再平常不过了。”

不喜欢被动的感觉，尽情展现自己的想法。“小时候特别调皮，两三岁时就喜欢上了玩具汽车和变形金刚，从此就迷上游戏了”。与许多“80 后”男生一样，谈起小时候玩过的游戏，黄恺如数家珍。但与同龄人不同的是，黄恺从小就不满足于遵循游戏的既有规则，而是对游戏进行改造，想方设法地在游戏中展现自己的想法，使其更具可玩性。小学四五年级时，他便自己手工绘制角色小纸牌，让周围的同学一起参与到游戏中。

他说自己从小就不喜欢被动：“玩游戏如果只是跟着它的设定去玩，那会觉得很被动，我不喜欢那种感觉，所以会去自己设计。”

在福建福清长大的黄恺来自一个知识分子家庭，父母都是老师。对于“插电”的游戏，父母多多少少有些排斥，担心他上瘾着迷。回忆起小时候，黄恺特羡慕别的小朋友有 Gameboy（掌上电子游戏机）玩：“以前买些汽车玩具爸妈还肯，买游戏机就悬了，特别是我成绩还不稳定的时候更是没门儿。”

黄恺小学六年级时，家里有了电脑，但是上学的时候爸妈根本不让玩，只在周末时让他玩一两个小时。无奈之下，他便把对电子游戏的兴趣“移植”到了纸上，自己设计游戏规则，自己画图制作。

游戏设计好之后，他会对游戏进行测试，用骰子和卡片进行战斗，看看游戏能不能进行下去。一旦测试通过，他便在学校课间休息时拿出来跟几个好朋友一起玩，周末的时候和几个表弟表妹玩。这几个好朋友和他的表弟表妹，成了他最早的“忠实粉丝”。

给自己定下一个目标，全情投入其中。与对游戏始终保持的强烈兴趣相比，黄恺的学习成绩却极不稳定。从小学到高中，他的学习成绩如同过山车一般，忽高忽低，起伏不定。

他自认为是一个“喜欢走神的人”。不管是在学校上课还是在家自习的时候，他都常常会不由自主地开始走神。一旦走神，他便习惯性地在纸上涂涂画画。

父母渐渐地也发现了黄恺在绘画方面的潜质，便找来全福清最有名的老师来教他。然而当绘画成为一门专业的课程时，他却又开始“走神”“坐不住”。总共学了不到两个月，他便学烦了，父母便也没再逼他。在他看来，“凡事如果没有挑战的目标，就没有动力”。

然而，一旦认真起来，他便总能充分挖掘自己的潜能。初三下学期时，他突然意识到自己应该考入好的高中，成绩便迅速由全班三四十名提升到了前五名，中考时，他甚至考了全班第一名。高考前，他仅用了两个月的时间突击学习素描，就在艺术生考试中取得了高分。

正因为如此，他对待游戏的心态从来都不是“玩”。“我跟一般玩家不同，我不是用玩的心态在玩游戏，而是想把它做起来。所以，我做游戏的时间比自己玩游戏的时间多得多。”

上高中后，他渐渐发现同学在课间休息时已不怎么玩他设计的游戏，而是转为讨论学习上的事情。但他并未因此而降低对游戏设计的兴趣。当时的他略感苦恼，因为没有和自己的兴趣完全对口的专业。他便只好退而求其次，将自己高考时的目标锁定为中国传媒大学动画专业。

高三时，黄恺去杭州参加艺术生考试。到了考点，他才发现，中国传媒大学新设了一个专业，名为“互动艺术”。仔细看过介绍后，他发现“互动艺术”的实质内容就是培养电子游戏的开发人才。“有这么一个专业在当时的我看来简直是万幸，感觉找到了归宿。”填报高考志愿时，他便只报考了这一个专业，并最终如愿以偿。

*做自己喜欢做的事，尽全力超越自己。*上大学后，黄恺又恢复了中学时的“走神”状态。一门刚刚开设的专业，多多少少带有一些实验的性质。黄恺和自己的同学常常感叹“自己所学的专业竟然如此不专业”，“从策划到美术再到数学，什么都要学，但什么都学得不精”。

尤其令他苦恼的是，这个专业有很多编程类的课程，他既无兴趣，也不擅长。在他看来，游戏设计是个复杂的系统工程，作为一个个体，只需熟练掌握其中一个环节便可，样样精通几乎不可能。

大二时，他上网时无意中发现了一个桌游论坛。当时，桌游在中国对于绝大多数人来讲都是一个陌生的概念，全北京的玩家不过两三百人。黄恺在论坛中了解到，在西直门附近有一家桌游吧。他抱着好奇的心态去看了看，并就此重新找回了自己中学时的乐趣——“面对面”“不插电”的纸牌游戏，这正是他自儿时起最感兴趣的事情。

此后的故事，喜欢桌游的人们大多熟知——黄恺玩遍了国内能够见到的百余种桌游，并因为一个突如其来的灵感，设计出了三国杀。后来，他把三国杀放在淘宝网上销售，再后来，一位买家——清华大学计算机专业的博士生杜彬预感到了三国杀巨大的商业开发价值，与黄恺一道白手起家，成立了游卡桌游。

如今的黄恺，作为游卡桌游的总设计师，不再像过去那样单枪匹马设计游戏，而是要统领一支数十人的游戏设计团队。比起以前单干时的自由自在，他所面对的一切，不再只是一套纸牌那么简单。但他依然乐此不疲："能做自己喜欢做的事情，比什么都幸福。"

学思践悟

1. 你觉得自己更适合哪种职业？
2. 结合自身实际谈谈，为实现更好的生涯发展，自己应该具备哪些能力？
3. 为了拥有良好的就业能力，目前的你应该如何做出努力？

二、多元就业　理性择业

小贴士

1. 兴趣：人认识某种事物或从事某种活动的心理倾向，它是以认识和探索外界事物的需要为基础的，是推动人认识事物、探索真理的重要动机。

2. 多元化：指事物的发展，到了一个很丰富的境界，有多种分类，多种行业。

3. 择业：就是根据自己的职业理想和能力，从社会上各种职业中选择其中的一种作为自己从事的职业过程。

思想之光

广大青年要培养奋斗精神，做到理想坚定，信念执着，不怕困难，勇于开拓，顽强拼搏，永不气馁。幸福都是奋斗出来的，奋斗本身就是一种幸福。

——2018年习近平总书记在北京大学师生座谈会上的讲话

全党要关注青年、关心青年、关爱青年，倾听青年心声，做青年朋友的知心人、青年工作的热心人、青年群众的引路人。

——2016年习近平总书记在庆祝中国共产党成立95周年大会上的讲话

做好就业工作，一定要精准发力，确保完成就业目标。要准备好应对可能出现的结构性失业预案，更好发挥市场在促进就业中的作用，鼓励创业带动就业。

——2014年习近平总书记在中央经济工作会议上的讲话

就业是民生之本，解决就业问题根本要靠发展。要切实做好以高校毕业生为重点的青年就业工作，加强城镇困难人员、退役军人、农村转移劳动力就业工作，搞好职业技能培训，完善就业服务体系，缓解结构性失业问题。

——2013 年习近平总书记在天津考察时的讲话

思想荟萃

1. 就业多元化选择成大趋势

随着我国综合国力的不断提升，GDP 总量跃居世界第二，加上国家“一带一路”经济建设的展开，各行各业对于人才的需求量非常大，就业方式和就业岗位也变得多样化，选择空间很大。因此无论是跨专业、跨行业就业，还是自主创业，年轻人在就业上的多元化选择，必将是未来的趋势。

就业并不困难，作为新时代的青年学子，毕业后的出路有很多，就业也是多元化的。如何利用在学校学到的知识去拓宽自己踏入社会的道路，是值得思考的一项课题。是按部就班、沿着专业一路向前，还是选择一份让自己开心的职业？如今的青年学子在面临就业时有了更多元的思考与选择。

学非所用，在当下的职场中并不罕见。大学生在一些低端岗位、普通职业工作，也逐渐成为一种常态，正所谓“三百六十行，行行出状元”。青年学生应该在实践中慢慢寻找自己的职业和人生方向，开阔自己的眼界，拓展自己的思路，紧跟时代的步伐，根据国家的政策，多元化就业，在任何岗位上都是服务人民、奉献社会，都有可能建功立业。

2. 高职学生应该拥有正确的择业观①

目前，择业观念需要转变，社会和家庭的期待需要包容。在计划经济体制下，我国大学生就业一直实行“国家统一分配”政策。自 1995 年开始，国家逐步确立了高校毕业生“以市场为导向，政府调控与学校推荐相结合，学生与用人单位双向选择”的就业目标模式。

随着双向选择就业模式的确立，大学生的择业竞争意识逐渐增强。而大学生的择业观，向来是观察社会变化的风向标。目前不少新生代大学生不是特别在意体制内外的区别，对体制内单位的青睐程度有所下降。对于大企业、“铁饭碗”“洋饭碗”的追求，“95 后”大学生有了新变化。在麦可思研究院发布的《2018 年中国大学生就

① 李斌.大学生就业，让每个选择都有光彩.人民网[EB/OL].http://opinion.peple.com.cn/nl/2016/0615/C1003_28445160.html.

业报告》中，大学毕业生在民营企业就业的比例从2013届的54%上升为2017届的60%。与此同时，在国有企业就业的比例从2013届的22%下降到2017届的18%，在中外合资/外资/独资企业就业的比例从2013届的11%下降到2017届的7%。

“铁饭碗”和“洋饭碗”吸引力下降，折射出青年学生的择业观渐渐趋于理性务实、就业渠道日益多元化。过去担心“天之骄子”沦为“普通劳动力”，如今“从底层做起”得到很多人认同；过去强调体面和待遇，如今更看重个人兴趣和发展空间；过去注重旱涝保收、稳定安逸，如今信奉“奋斗的人生最美”。这些就业观念的变化，反映出当代年轻人的朝气和拼劲，也让那些质疑“90后”职业能力的说法失去说服力。

人生漫漫长路，就业选择这关键一步，某种程度是真正的成人礼。有人选择“逃离北上广”，有人“留在大城市里闯一闯”，有人投身“双创”的时代浪潮，有人选择“慢就业”体验生活，每一个选择都值得尊重，每一场青春都应该闪亮。传统择业观念里的条条框框，比如将学历和就业画等号、以岗位光鲜度论成功，也应打破和改变。对职业有自己的规划，听从内心的召唤，足以成就属于时代的骄傲。

参差多态乃是幸福的本源，没有颜色不一样的烟火，就不会有绚丽多彩的美妙风景。在择业问题上，勇于选择自己的人生道路，这样的青春底色值得点赞。

3. 发挥个人优势择业

在择业过程中，每一位毕业生都希望找到一份称心如意的工作，这是人之常情。怎样才能实现这种愿望，这就需要正确认识自己，客观评价自己。择业时不少毕业生更多地考虑“我想从事什么职业”“我愿意干什么工作”，而很少了解企业需求，很少能用“我能干什么”的眼光全面地审视一下自己。

首先，给自己做出一个正确的评价。认真想一想，自己有什么才干、能力和专业特长，凭借自己的素质和能力可以做什么工作，适合从事什么职业。自我评价要全面、客观，既要看到长处的一面，又要看到短处的一面；既要对某一方面的特殊素质进行具体的评价，又要对其他各方面进行综合评价。既要考虑全面的整体因素，又要考虑到其中占主导地位的重点因素，然后在自己的素质、能力同现实可供选择的职业或工作岗位之间搭起一座或几座桥梁，使自己择路而行。

其次，要有自觉适应企业的思想准备。一方面要了解社会发展给企业带来的新变化，社会对毕业生提出的新要求，以使自己的思想适应不断变化的社会形势。另一方面要了解企业对人才需求的新趋势，以使自己正确地选择就业目标。有些毕业生“眼高手低”，盲目追求就业中的高层次、高薪酬，在择业类型和择业区域上出现“扎堆”现象，造成了供需脱节，这也是就业难的原因之一。及时调整工作志愿，才能避免使自己陷入择业期望值过高的误区。一般来说，同等条件下企业往往优先考虑那些曾参加过顶岗实习过的毕业生，优先录用具有一定组织管理能力的毕业生。这就要求学生应该注重培养适应企业、融入社会的能力，以提升自身的择业优势。

再次，要正确看待专业对口。学以致用是我们就业的一个基本原则，但在具体就业过程中往往会因专业不对口使一些毕业生产生困惑。有些人机械地用自己所学的专业课与企业需求完全一致来理解专业对口，这显然是不妥的。应该看到，由于边缘学科、交叉学科的广泛兴起，有些看起来无用的知识，却可以发挥意想不到的作用，未来的就业市场对毕业生的挑战越来越大，唯有不失时机地将“可塑性”转化为“可就业性”，才能真正实现就业理想，获得择业成功！

匠人匠心

1. 钻研指引前路——上海市强生集团汽车修理有限公司高级技师花茂飞[①]

打过零工、挤过通铺，甚至还四处漂泊……十几年前，23 岁的花茂飞刚来上海时，只想找一份养家糊口的工作。他常扪心自问：读了四年中专，不能总做一些没有技术含量的活吧，自己的出路究竟在哪儿？

多年后，在 2017 年“上海工匠”命名大会上，作为上海市强生集团汽车修理有限公司的高级技师，花茂飞获“上海工匠”称号。当年的那个农民工，如今却成为“上海工匠”“全国技术能手”“上海市五一劳动”奖章获得者、“上海市优秀农民工”，他是如何实现“逆袭”的？

花茂飞 1977 年出生于江苏盐城，1998 年从当地建筑工程学校毕业时，发现生活同他开了一个玩笑，读了四年建筑专业，毕业才知道自己有恐高症。没有办法，花茂飞只能在平地上做钢筋工、搬运工，但他身材瘦小，根本不适合干体力活。于是，2000 年花茂飞来上海投奔哥哥，当了强生公司的一名学徒工。对于汽车专业方面的知识一窍不通，对汽车怎么运行都不知道，更不要说什么发动机工作原理、车载电气电路了。但花茂飞不气馁，不放弃任何一次技能培训的机会，他对听不懂的知识点就先记下来，晚上回去再对照书本和笔记，反复琢磨；节假日他最喜欢跑书店，当时的工资差不多全用来购买汽修方面的专业书籍。“花茂飞钻研技术，就像是饥饿的人捡到面包一样，有股子狠劲”，这是同事对他的评价。在进公司的十多年时间里，花茂飞先后通过了汽车修理工初级、中级、高级、技师、高级技师的国家职业资格

---

① 范仲毅.李立基.从农民工到“上海工匠”[J].成才与就业，2017(11).

鉴定,还完成了专科和本科的学习。

为了参加全国交通运输行业的技能大赛,他勤学苦练,家里没有汽车装置,花茂飞就用数码相机把装置拍成照片打印出来,挂在自行车上进行模拟操练,就像对着汽车那样。无数的努力让比赛现场成为花茂飞展示自我的舞台,最终获得了全国第一。艰苦的努力,终于赢得收获,花茂飞被交通部授予"全国交通技术能手"称号,2014 年又被人力资源和社会保障部评为第十二届"全国技术能手"。花茂飞是这样说的:"我每天的工作其实很简单,就是简单的事情重复做,重复的事情用心做。"

2. 焊花闪耀匠心——上海宝冶集团有限公司国际焊接高级技师毛琪钦①

20 年间,他从一个高中毕业的农村娃成长为全国优秀技术能手、全国工程建设系统优秀焊工、上海市工人创新技术能手、中冶集团首席高级技师,他就是上海宝冶集团有限公司国际焊接高级技师毛琪钦。

1995 年 5 月,年仅 18 岁的毛琪钦怀揣梦想,带着一张高中文凭来到了上海宝冶集团,成为一名普通的电焊工。刚进厂,毛琪钦看着一台台巨大的钢包和混铁车,不知道从何入手。但是,他给自己定出了奋斗目标,暗下决心:争取做一名焊接领域内的行家里手。于是,他努力克服学历低、基础差等困难,报名参加电焊技术培训班,勤奋学习钻研焊接基础理论知识和焊接操作技能。工作中向"高手"请教,在"干"中学、在"干"中练。每天下班之后,抱起专业书"啃"读,成了他所在宿舍的一道风景。

毛琪钦先后参加过宝钢集团多项大型工程的焊接修复工作。在多年的工作实践中,他解决了焊接领域中的多项技术难题,提出了多项技术改进措施,并多次在大型冶金设备的焊接施工中屡克难关,2003 年,宝钢集团下属化工公司希罗哈克斯反应塔出现泄漏问题,在其他焊接专家都不敢承接的情况下,毛琪钦挺身而出,勇敢接下这块难啃的"硬骨头"。他精心调配组织焊接力量,采用最新焊接技术和工艺,正确把握关键焊接时机和关键焊接点,精准操作,连续攻克工业纯钛在实际焊接中的多个技术难题,圆满完成了抢修任务,挽救了近千万元的设备,受到高度称赞。

凭借极高的悟性和吃苦耐劳的劲头,毛琪钦迅速成长起来,开始在焊接技能竞赛舞台上崭露头角。2004 年毛琪钦在全国冶金建设行业技术比赛中取得第一名,2005 年又取得全国工程建设系统技术比赛个人总分第一名的好成绩,并被授予"全国工程建设系统优秀焊工"荣誉称号。2006 年荣获"全国技术能手"荣誉称号。

① 上海宝冶集团.全国技术能手、集团首席技师——毛琪钦. http://www.mcc.com.cn/mcc/_132154/_132584/_358757/359549/index.html

2016年被命名为“上海工匠”，同时被授予上海市“五一劳动奖章”称号。

毛琪钦从一名普通的农民工成长为优秀的焊工、焊接技能专家、焊接技术带头人，再到荣获“上海工匠”称号的传奇人生经历，向人们生动诠释了新时期“工匠精神”的深刻内涵和时代意义。他用自己的成长经历表明，只要有那么一种精神、那么一种坚持，就一定会在追求梦想的道路上收获成功，实现价值。

学思践悟

1. 阅读了上述两例从普通工人成长为“上海工匠”的故事，你有什么感悟？从他们身上你学到了什么？

2. 你怎样看待“专业对口”与“行行出状元”？

3. 请客观地评估自己具备哪些素质和能力，并根据评估情况思考自己更适合从事什么样的工作。

第三节　锤炼本领　回报社会

小贴士

1. **艰苦奋斗**：不怕艰难困苦，坚持英勇斗争。新时代大学生要坚定理想信念，必须付诸行动才有说服力，要把自强不息的艰苦奋斗精神贯彻落实到日常的学习和生活实践中，不忘理想、奋发图强、积极进取，不断书写奉献社会、奉献青春的新时代篇章。

2. **砥砺奋进**：在磨炼中奋勇前进。

3. **社会责任感**：就是在一个特定的社会里，每个人在心里和感觉上对其他人的伦理关怀和义务。

4. **奉献社会**：全心全意为社会做贡献，把握人生奋斗与奉献的航向。

思想之光

青年一代有理想、有本领、有担当，国家就有前途、民族就有希望。代表广大青年、赢得广大青年、依靠广大青年是我们党不断从胜利走向胜利的重要保证。中华民族伟大复兴的中国梦终将在一代代青年的接力奋斗中变为现实。新时代的青年工作要毫不动摇坚持党的领导，坚定不移走中国特色社会主义群团发展道路，紧紧围绕、始终贯穿为实现中国梦而奋斗的主题，让广大青年敢于有梦、勇于追梦、勤于圆梦。

——2018 年习近平总书记在同团中央新一届领导班子成员集体谈话会上的讲话

立志是一切开始的前提，青年要立志做大事，不要立志做大官。

——2017 年习近平总书记在中国政法大学考察时的讲话

当代青年是同新时代共同前进的一代。我们面临的新时代，既是近代以来中华民族发展的最好时代，也是实现中华民族伟大复兴的最关键时代。广大青年既拥有广阔发展空间，也承载着伟大时代使命。青年是国家的希望、民族的未来。我衷心希望每一个青年都成为社会主义建设者和接班人，不辱时代使命，不负人民期望。对广大青年来说，这是最大的人生际遇，也是最大的人生考验。

——2018 年习近平总书记在北京大学师生座谈会上的讲话

未来总是属于年轻人的。拥有一大批创新型青年人才，是国家创新活力之所在，也是科技发展希望之所在。

——2014 年习近平总书记在中国科学院第十七次院士大会、中国工程院第十二次院士大会上的讲话

思想荟萃

1. 青年要立志做大事

人无志不立。人活着，就是要做事。做事、做大事是人的本质属性的要求。做有利于人民利益的事，是人的崇高的理想和志向，成就感是人所特有的获得感。在社会主义时代，只有将“小我”融入“大我”之中，才是真正的立志做大事。

正如习近平总书记所指出的，“当代青年要树立与这个时代主题同心同向的理想信念，勇于担当这个时代赋予的历史责任”。没有理想信念，或理想信念不坚定，精神上就会“缺钙”，就会得“软骨病”。一个精神上“缺钙”的人，是不可能承担时代所赋予的历史重任的。一个人的理想只有同国家的前途、民族的命运相结合才有价值，一个人的信念追求只有同社会的需要和人民的利益相一致才有意义。

任何成功的事业，都不可能一蹴而就，都必须经历一个艰难曲折的过程。习近平总书记指出：“看似寻常最崎岖，成如容易却艰辛。”世界上不如意的事十之八九。青年的人生之路很长，前进途中，有平川也有高山，有缓流也有险滩，有丽日也有风

雨，有喜悦也有哀伤。“要正确对待一时的成败得失，处优而不养尊，受挫而不短志，使顺境逆境都成为人生的财富而不是人生的包袱。”

古代思想家老子曾说过：“天下难事必作于易，天下大事必作于细。”大事与小事是相对的、辩证转化的。不从小事做起，就干不成大事，把看似平凡的小事做好，就是不平凡，把看似简单的事情做好就是不简单，由小到大、由易到难是事业成功的必然规律。成就大事业的人没有一个是三天打渔两天晒网的人。正如习近平总书记所指出的，“只有点亮理想的灯，才能照亮前行的路，只有把远大抱负落实到实际行动中，才能梦想成真”。只有立志做大事，“撸起袖子加油干”，才能让生命在为人民服务的崇高事业中闪光出彩。

2. 努力成为高素质技能型人才

随着经济的转型发展，高技能人才的供给对于供给侧改革以及我国早日实现中国智造起着至关重要的作用。国家教育部“十三五”规划也明确提出，将大力发展现代职业教育和继续教育，加快培养经济社会发展急需人才。

技能人才的素质表现为以下三个方面①：

第一，职业技能。它是高技能人才所应具备的最基本素质。包括：掌握基本的职业技能操作方法和操作规范，并达到上岗所要求的熟练程度；树立基本的职业意识，形成与职业或岗位相对应的较完备、合理的专业知识结构等。

第二，职场应变能力。职场应变能力就是指高技能型人才灵活、适时应对职场要求变化的能力。它包括：及时把握特定职业在职场中的发展趋势和最新动态的能力；自主学习新的职业技能的能力；掌握最先进的相关职业理念和操作方法的能力；扩大知识面，形成更全面的具有延伸性知识结构的能力。

第三，是专业创新能力。高技能型人才同样需要具备创新能力，其内涵主要包括：不断发现现存事物的缺陷，不断找出新问题的能力；创造性地解决问题的能力；根据工作的需要提出创造性的设想的能力，并能够具体实践、操作和开发；进一步扩大知识面，以适应其创新的各种要求的能力。

具备上述三种能力的毕业生，基本可以找到适合自己的工作，在社会为其提供岗位时顺利实现就业，用自己的青春和力量为“中国梦”的实现而不懈努力。

3. 学好技能为实现中国梦助力

实现中国梦需要有千千万万的普通劳动者来支撑，从“制造大国”向“制造强国”

---

① 陈嵩.高技能人才的锻造与培养[J].教育与职业,2007(22).

转变,更需要有默默坚守、孜孜以求、追求职业技能的完美和极致的大国工匠。

作为新时代的高职学生,需要掌握良好的技术技能,通过不断汲取工匠们身上最朴素的力量,向他们学习这种坚持不懈的精神,以他们为榜样,使自己不断成长,争做国家的栋梁。对待学习,要一丝不苟,持之以恒;对待问题,应细心严谨、精益求精;面对枯燥的知识,我们要耐得住寂寞、经得住诱惑,沉得下心思,努力学好专业知识和专业技能,掌握过硬本领。

高职学子要勇敢肩负起时代赋予的重任,树立梦想从学习开始、事业靠本领成就的观念,注重学习新知识、掌握新技能、增长新本领,不可志大才疏、眼高手低,努力做到站位高、视野宽、脚步实、本领强,让勤奋学习成为青春远航的动力,让增长本领成为青春搏击的能量。用“两个一百年”的目标激励自己顽强拼搏、不懈努力,敢于担当,勇于追求,积极投身于中国特色社会主义事业伟大实践,才能为实现“中国梦”发挥生力军作用,用“青年梦”托起“中国梦”,在实现中国梦的伟大征程中,不断加强自我修炼、自我提升,为实现中华民族伟大复兴做好素质和能力储备,力争早日成为能担重任的栋梁之材,为实现中国梦贡献自己的青春与才智。

匠人匠心

1. 深海“蛟龙”的守护者顾秋亮

蛟龙号载人潜水器是目前世界上潜深最深的载人潜水器,其研制难度不亚于航天工程。在这个高精尖的重大技术攻关中,有一个普通钳工技师的身影,他就是顾秋亮——中国船舶重工集团公司第七〇二研究所水下工程研究开发部职工,蛟龙号载人潜水器首席装配钳工技师。

10 多年来,顾秋亮带领全组成员,保质保量完成了蛟龙号总装集成、数十次水池试验和海试过程中的蛟龙号部件拆装与维护,还和科技人员一道攻关,解决了海上试验中遇到的技术难题,用实际行动演绎着对祖国载人深潜事业的忠诚与热爱。

作为首席装配钳工技师,工作中面对技术难题是常有的事。而每次顾秋亮都能见招拆招,靠的就是工作四十余年来养成的“螺丝钉”精神。他爱琢磨善钻研,喜欢啃工作中的“硬骨头”。凡是交给他的活儿,他总是绞尽脑汁想着如何改进安装方法和工具,提高安装精度,确保高质量地完成安装任务。正是凭着这股爱钻研的劲,顾秋亮在工作中练就了较强的创新和解决技术难题的技能,出色完成了各项高技术高难度高水平的工程安装调试任务。

已近花甲的顾秋亮仍坚守在科研生产第一线,为载人深潜事业不断书写我国深蓝乃至世界深蓝的奇迹默默奉献。

2. 逐梦世界技能舞台的杨山巍[①]

“18 岁时，我是第 43 届世界技能大赛车身修理项目中国队的备选选手。今年我 20 岁，将代表中国征战阿布扎比技能大赛。我将尽我所能，在第 44 届世界技能大赛车身修理项目比赛中不留遗憾。”对自己认准的目标，上海市杨浦职业技术学校汽车专业的学生杨山巍就是这样义无反顾。

2012 年 9 月，杨山巍进入上海市杨浦职业技术学校汽车专业学习，这也成了他人生的转折点。从小勤动手、爱动脑的杨山巍很快就爱上了汽车专业，每次放学后别的同学相约出去玩，他都不去，而是跑到实训中心看学长训练或到培训中心蹭课。由于勤奋好学，杨山巍很快脱颖而出，并顺利入选了学校钣金集训队。2014 年 6 月，参加训练不到半年的杨山巍，代表上海参加全国职业院校技能大赛车身修复(钣金)项目比赛，并一举夺得冠军。此时的杨山巍暗下决心，要在车身修复领域闯出一片小天地。

心有多大，舞台就有多大。全国大赛金牌点燃了杨山巍的自信心，他愈加勤奋刻苦。2014 年 9 月，杨山巍入选第 43 届世界技能大赛车身修理项目中国集训队。在选拔赛中，杨山巍以零点几分的差距落选，他的内心虽有一丝失落，但看到队友载誉而归时，杨山巍再次下定决心：“不到长城非好汉，咬定世赛不放松。”2016 年 8 月，杨山巍进入第 44 届世界技能大赛车身修理项目中国集训队。

世界技能大赛被誉为“技能界奥林匹克”，选手的训练强度不亚于奥运会健儿。杨山巍每天 6 点起床，晚上 10 点半休息，除了吃饭，所有时间都在实训室里练习，把部件拆下，再完好无损地装上，周而复始，枯燥乏味。但杨山巍对自己训练极其严格，教练允许有 2 毫米的误差，他就规定自己必须小于 1 毫米，门板修复一般用手摸、尺量，他用强光灯照在门板上，一点一点找不平，每一次简单的敲击，他都要反复练习上百遍，力求做到分毫不差。

2017 年 10 月，第 44 届世界技能大赛在阿联酋阿布扎比举行，一路高强度的过关斩将，历尽艰辛，杨山巍凭借自己的执着、勤奋、刻苦和娴熟的技艺，终于摘下车身修理项目金牌，在世界技能的舞台上为国家赢得了荣誉。

学思践悟

1. 你怎样理解习近平总书记所说“青年要立志做大事”，这里的“大事”是指

① 刘时玉，杨浦职校砀山巍.精益求精练技能，逐梦青春战“世赛”[EB/OL].上海教育新闻网，2017 - 10 - 12.

什么?

2. 请结合自身实际认真思考，你的志向是什么? 如何把个人梦融入中国梦?

第四节　成就自我　强盛国家

一、志存高远　脚踏实地

小贴士

1. 志存高远：追求远大的理想、事业上的抱负等。也有“直挂云帆济沧海”的意境。

2. 脚踏实地：脚踏在坚实的土地上。比喻做事踏实，认真。

3. 境界：指人的思想觉悟和精神修养，即人生感悟，实际上指的是一个人的思想觉悟和精神修养的水平如何。

思想之光

我国广大科技工作者要有强烈的创新信心和决心，既不妄自菲薄，也不妄自尊大，勇于攻坚克难、追求卓越、赢得胜利，积极抢占科技竞争和未来发展制高点。

——2018 年习近平总书记在中国科学院第十九次院士大会、中国工程院第十四次院士大会开幕会上的讲话

广大青年树立和培育社会主义核心价值观，要在以下几点上下功夫。一是要勤学，下得苦功夫，求得真学问。二是要修德，加强道德修养，注重道德实践。三是要明辨，善于明辨是非，善于决断选择。四是要笃实，扎扎实实干事，踏踏实实做人。

——2014 年习近平总书记在北京大学师生座谈会上的讲话

现在，青春是用来奋斗的；将来，青春是用来回忆的。无数人生成功的事实表明，青年时代，选择吃苦也就选择了收获，选择奉献也就选择了高尚。

——2013 年习近平总书记同各界优秀青年代表座谈时的讲话

青年人正是处于学习的黄金时期，应该把学习作为首要任务，作为一种责任、一种精神追求、一种生活方式。

——2013 年习近平总书记在同各界优秀青年代表座谈时的讲话

思想荟萃

1. 新时代中国青年如何继续发扬五四精神

第一，新时代中国青年要树立远大理想。

青年理想远大、信念坚定，是一个国家、一个民族无坚不摧的前进动力。青年志存高远，就能激发奋进潜力，青春岁月就不会像无舵之舟漂泊不定。

新时代中国青年要树立对马克思主义的信仰、对中国特色社会主义的信念、对中华民族伟大复兴中国梦的信心，到人民群众中去，到新时代新天地中去，让理想信念在创业奋斗中升华，让青春在创新创造中闪光！

第二，新时代中国青年要热爱伟大祖国。

对每一个中国人来说，爱国是本分，也是职责，是心之所系、情之所归。对新时代中国青年来说，热爱祖国是立身之本、成才之基。当代中国，爱国主义的本质就是坚持爱国和爱党、爱社会主义高度统一。

新时代中国青年要听党话、跟党走，胸怀忧国忧民之心、爱国爱民之情，不断奉献祖国、奉献人民，以一生的真情投入、一辈子的顽强奋斗来体现爱国主义情怀，让爱国主义的伟大旗帜始终在心中高高飘扬！

第三，新时代中国青年要担当时代责任。

青年要保持“初生牛犊不怕虎”、越是艰险越向前的刚健勇毅，勇立时代潮头，争做时代先锋。一切视探索尝试为畏途、一切把负重前行当吃亏、一切“躲进小楼成一统”逃避责任的思想和行为，都是要不得的，都是成不了事的，也是难以真正获得人生快乐的。

新时代中国青年要珍惜这个时代、担负时代使命，在担当中历练，在尽责中成长，让青春在新时代改革开放的广阔天地中绽放，让人生在实现中国梦的奋进追逐中展现出勇敢奔跑的英姿，努力成为德智体美劳全面发展的社会主义建设者和接班人！

第四，新时代中国青年要勇于砥砺奋斗。

奋斗是青春最亮丽的底色。今天，我们的生活条件好了，但奋斗精神一点都不能少，中国青年永久奋斗的好传统一点都不能丢。

新时代中国青年要勇做走在时代前列的奋进者、开拓者、奉献者，毫不畏惧面对一切艰难险阻，在劈波斩浪中开拓前进，在披荆斩棘中开辟天地，在攻坚克难中创造业绩，用青春和汗水创造出让世界刮目相看的新奇迹！

第五，新时代中国青年要练就过硬本领。

不论是成就自己的人生理想，还是担当时代的神圣使命，青年都要珍惜韶华、不负青春，努力学习掌握科学知识，提高内在素质，锤炼过硬本领，使自己的思维视野、思想观念、认识水平跟上越来越快的时代发展。

新时代中国青年要增强学习紧迫感，如饥似渴、孜孜不倦学习，努力学习马克思主义立场观点方法，努力掌握科学文化知识和专业技能，努力提高人文素养，在学习中增长知识、锤炼品格，在工作中增长才干、练就本领，以真才实学服务人民，以创新创造贡献国家！

第六，新时代中国青年要锤炼品德修为。

青年要把正确的道德认知、自觉的道德养成、积极的道德实践紧密结合起来，不断修身立德，打牢道德根基，在人生道路上走得更正、走得更远。面对复杂的世界大变局，要明辨是非、恪守正道，不人云亦云、盲目跟风。面对外部诱惑，要保持定力、严守规矩，用勤劳的双手和诚实的劳动创造美好生活，拒绝投机取巧、远离自作聪明。面对美好岁月，要有饮水思源、懂得回报的感恩之心，感恩党和国家，感恩社会和人民。要在奋斗中摸爬滚打，体察世间冷暖、民众忧乐、现实矛盾，从中找到人生真谛、生命价值、事业方向。

新时代中国青年要自觉树立和践行社会主义核心价值观，善于从中华民族传统美德中汲取道德滋养，从英雄人物和时代楷模的身上感受道德风范，从自身内省中提升道德修为，明大德、守公德、严私德，自觉抵制拜金主义、享乐主义、极端个人主义、历史虚无主义等错误思想，追求更有高度、更有境界、更有品位的人生，让清风正气、蓬勃朝气遍布全社会！

2. 做事先学做人

人生一世，无外乎两件事：一件是做人，一件是做事。做事要先学做人，这是亘古不变的道理。如何做人，不仅体现了一个人的智慧，也体现了一个人的修养。一个人不管多聪明，多能干，背景条件有多好，如果不懂得做人，人品很差，那么，他的事业将会大受影响。

人生一辈子，要实实在在地做成几件事情并不容易，而要堂堂正正地做好一个人就更难。春秋时期的思想家孔子就告诫人们“子欲为事，先为人圣”“德才兼备，以德为首”“德若水之源，才若水之波”。任何失败者的失败都不是偶然的，任何成功者都有其成功的必然性，其中最重要的一个因素就在于怎样做人。掌握了做人的原则和做事的艺术，善于把“会做人”和“能做事”有机地统一起来，做事先做人，做人先立德，就一定能够成就人生，发展事业。成功者之所以成功，在于其做人的成功；失败者之所以失败，在于其做人的失败。

3. 成功的背后是艰辛努力

我们每个人都渴望成功。成功是我们追求的理想，是我们奋斗的目标，是对我们努力的肯定，更是对我们付出的回报。成功能让我们心情愉悦，能鼓舞我们的斗志，更激励我们向着更高、更远的方向前进。

每个人并不是生来就与成功相伴的，成功需要后天的努力，需要汗水的浇灌，因为，成功的背后是艰辛努力。

成功与失败，两种不同的结局。鲜花、掌声、荣誉是成功者的专利，而与失败者无缘。当我们看到那些功成名就的人士之后，我们看到的仅仅是他们身上的光环，而他们取得成功的背后有着无数的艰辛，也许只有自己真正去体会过，方能明白这种艰辛。只要奋斗过就不曾留有遗憾，没有一蹴而就的成功。

要想成功，就要选好方向，定好目标，然后再付诸行动，这样才能事半功倍，终有所得；否则只会劳而无功，竹篮打水一场空。学习如此，工作也是一样。准确无误的目标，辅之必要的汗水，成功便会悄然而至。没有目标，人就会像无头的苍蝇，到处乱飞，四处碰壁。有了目标，还得付出汗水，天下没有免费的午餐，也不会凭空掉馅饼。

匠人匠心

1. 中国航天和高能激光试验的功臣——沈良①

从探月卫星“嫦娥一号”到“嫦娥三号”，从“神光”系列高功率激光实验装置到“天宫二号”空间冷原子钟——中国科学院上海光学精密机械研究所的沈良都是其中的功臣之一。历经30年，他从一名技校学徒，成长为承担国家重点工程的“大国工匠”。

空间冷原子钟是“天宫二号”上的重要设备，发射前夕，冷原子钟起了几个小气泡，为了把小气泡处理掉，沈良带着临时赶制的简易测量仪从上海奔赴发射基地。选择沈良来操作，是由于他经验最丰富，动手能力最强，精湛的技艺得益于30年的磨砺。在实验车间里，沈良娴熟操作普通机床和数控机床，还有复杂的精密光学镜头、光刻机照明设备。“沈良是少有的机械设计、加工、装配样样精通的专家。”同事如是说。

光学自准像调试无法借助仪器，只能靠眼力和直觉，精度误差不能超过5微米，

---

① 王琳琳.大国工匠，中国航天和高能激光试验的功臣[EB/OL].中华网，2017-05-31.

大部分人要调好几天，而沈良只要几分钟。“我只是做得多而已，年轻那会儿，我也是调了一天仍无进展。”

沈良调试某卫星载荷的镜头近两个月，当大家都建议放弃时，沈良坚持测试并总结经验，终于发现问题。“失败是常有的，有时只要再坚持一下，可能就成功了。”沈良说，“干我们这行很苦，必须有耐心和定力。”

正是凭着这精湛手艺，他解决了探月卫星“嫦娥一号”上激光高度计的加工装校难题，还为“神光”系列高功率激光实验装置、为兄弟科研机构和企业解决了许多仪器调试难题。尽管“隐身”在科研团队里，但沈良很快乐，因为他的绝活在科研成果中闪烁着独特的光彩。

从学徒到师傅，从师傅到技术能手，从技术能手到大国工匠。沈良说：“因为热爱，人可以听从内心的召唤。”他的这句话，诠释了他砥砺奋进、执着坚守的原因所在。

2.“中国天眼”之父——南仁东[①]

南仁东，生前是我国著名天文学家，是国家重大科技基础设施建设项目——“中国天眼”500 米口径球面射电望远镜工程（简称 FAST）的发起者和奠基人。他主持攻克了一系列技术难题，为 FAST 重大科学工程的顺利落成发挥了关键作用，做出了重要贡献。24 年，8 000 多个日夜，500 米口径球面射电望远镜首席科学家、总工程师南仁东心无旁骛，不计个人名利得失，长期默默无闻地奉献在科研工作第一线，与全体工程团队一起通过不懈努力，迈过重重难关，实现了中国拥有世界一流水平望远镜的梦想，调试期的“天眼”已经一口气发现多颗脉冲星，成为国际瞩目的宇宙观测利器。在党的十九大报告中，“天眼”与天宫、蛟龙、大飞机等一起，被列为创新型国家建设的丰硕成果。

2017 年 9 月，南仁东因病逝世，为崇山峻岭间的中国“天眼”燃尽生命，在世界天文史上镌刻下新的高度。

2017 年 11 月 17 日，中央宣传部向全社会公开发布“天眼”之父南仁东的先进事迹，并追授他“时代楷模”荣誉称号。

南仁东是勇担民族复兴大任的“天眼”巨匠，他为科学事业奋斗到生命的最后一刻，用无私奉献的精神谱写了精彩的科学人生，鲜明体现了胸怀祖国、服务人民的爱国情怀，敢为人先、坚毅执着的科学精神，淡泊名利、忘我奉献的高尚情操，真诚质

---

① 中宣部追授南仁东“时代楷模”荣誉称号[EB/OL].新华网，2017－11－17.

朴、精益求精的杰出品格。他不愧为广大科技工作者的典范，不愧为全社会学习的榜样。

学思践悟

1. 请结合自身实际谈谈你对“做事先学做人”的认识。

2. 从文中“大国工匠”的事迹来看，他们身上具有哪些共同点？

二、投身社会实践，追逐青春梦想

小贴士

1. 社会实践：社会实践是了解社会、了解职业和深化自身认识的重要途径，对于在校学生具有加深对本专业的了解、确认适合的职业、为向职场过渡做准备、增强就业竞争优势等多种意义。

2. 顶岗实习：是指在基本上完成理论知识学习之后，到专业对口的现场直接参与生产过程，综合运用专业所学的知识和技能，以完成一定的生产任务，进一步掌握操作技能，提高工作能力，为就业做准备的一种实践性教学形式。

3. 勤工俭学：学校组织的或学生个人从事的有酬劳动，用以助学。

4. 志愿者：指志愿贡献个人的时间及精力，在不为任何物质报酬的情况下，为改善社会服务，促进社会进步而提供服务的人。

思想之光

广大青年既是追梦者，也是圆梦人。追梦需要激情和理想，圆梦需要奋斗和奉献。广大青年应该在奋斗中释放青春激情、追逐青春理想，以青春之我、奋斗之我，为民族复兴铺路架桥，为祖国建设添砖加瓦。

——2018 年习近平总书记在北京大学师生座谈会上的讲话

要充分发挥青年的创造精神，勇于开拓实践，勇于探索真理。养成了历史思维、辩证思维、系统思维、创新思维的习惯，终身受用。

——2017 年习近平总书记考察中国政法大学时的讲话

要教育引导学生正确认识世界和中国发展大势，从我们党探索中国特色社会主义历史发展和伟大实践中，认识和把握人类社会发展的历史必然性，认识和把握中国特色社会主义的历史必然性，不断树立为共产主义远大理想和中国特色社会主义共同理想而奋斗的信念和信心。

——2016 年习近平总书记在全国高校思想政治工作会议上的讲话

当代中国青年要有所作为，就必须投身人民的伟大奋斗。同人民一起奋斗，青春才能亮丽；同人民一起前进，青春才能昂扬；同人民一起梦想，青春才能无悔。

——2015 年习近平总书记致全国青联十二届全委会和全国学联二十六大的贺信

只有进行了激情奋斗的青春，只有进行了顽强拼搏的青春，只有为人民作出了奉献的青春，才会留下充实、温暖、持久、无悔的青春回忆。

——2013 年习近平总书记同各界优秀青年代表座谈时的讲话

思想荟萃

1. 用中国梦激扬青春梦①

习近平总书记在 2016 年 12 月全国高校思想政治工作会议上说，要教育引导学生正确认识世界和中国发展大势，从我们党探索中国特色社会主义历史发展和伟大实践中，引导学生正确认识时代责任和历史使命，用中国梦激扬青春梦。不论哪个时代的青年，都有自己的青春梦。青年实现自我价值最大化的青春梦可以助力国家富强、民族振兴、人民幸福；国家实现中国梦的伟大复兴，能够保障青春梦顺利成真。二者有机结合，才能创造出更多更大的辉煌。

作为当代青年，应该认识到自己在社会中扮演的角色，肩负起应承担的责任。责任是人类社会崇尚的基本价值理念，其基本含义就是要求人们做好分内的事，把尽责作为起码的行为操守和道德品质。习近平总书记把责任与实现中国梦的目标紧密相连，赋予了每个人尽责担当的职责使命，为责任赋予了新的时代内涵，也为青年尽责担当提出了明确要求。他说："中国梦是国家的梦、民族的梦，也是包括广大青年在内的每个中国人的梦。得其大者可以兼其小。只有把人生理想融入国家和民族的事业中，才能最终成就一番事业。"青年要自觉把个人的理想追求融入国家和民族的事业中，将个人的发展纳入国家的发展中，把个人奋斗同实现共同理想的奋

① 习近平. 把思想政治工作贯穿教育教学全过程[J].江淮，2016(12).

斗结合起来，在为实现共同理想贡献青春和才华的过程中最大限度地实现自我价值。这就要求青年要正确认识时代责任和历史使命，珍惜韶华、脚踏实地，把远大抱负落实到实际行动中，让勤奋学习成为青春飞扬的动力，让增长本领成为青春搏击的能量。

“中国梦是我们的，更是你们青年一代的。”中华民族伟大复兴终将在广大青年的接力奋斗中变为现实。中国梦点燃青春梦，青春梦助力中国梦。每一个青年都是梦想家，都是践行者。只有把青春的奋斗与国家的梦想紧密联系在一起，青年的梦想才会绽放无穷的活力，广大青年才能书写出最瑰丽夺目的青春篇章。

2. 社会实践是青年成长成才的必由之路①

随着社会的进步，经济的飞速增长，“两耳不闻窗外事，一心只读圣贤书”的时代早已过去，越来越多的企事业单位在招贤纳才时，已相当注重应聘者的社会实践能力。事实证明，没有任何社会实践能力的人势必在未来社会竞争的洪流中被淘汰，而那些具备良好社会活动能力的竞争者必将在社会经济体制的变革中占据优势，这就要求学生在校期间不仅要掌握专业知识，还要参加社会实践。因此，社会实践作为一项重要的教育实践活动，在高职教育中具有重要的作用，是高职学生成长成才的必由之路。

第一，有助于深入了解社会。

现在的高职学生大多是“90后”、大多为独生子女，他们聪明活泼，见多识广，对社会事物充满好奇。但由于长期生活在校园当中，对社会上的情况了解甚少，思考问题往往过于简单，导致对各项事情的看法容易发生偏差。通过社会实践的形式，不仅能够使学生对书本上的内容进行充分把握，实现书本知识与实践活动的有效融合，也可以使学生不拘泥于书本知识，进入到社会的大环境中来，深入到实际生活中，通过亲身感知和体验，更直观地了解国情和社会发展情况，并将在学校所学知识应用到具体的工作中来。

第二，有助于尽快适应社会。

社会是一个大舞台，了解社会、适应社会、奉献社会是学生成长应该经历的过程和要求。学生的成长与成才，需要广阔的天地、开阔的视野、丰富的阅历、真实的环境，只有他们真正地参与其中，才会有真实的体验与收获。社会工作与校园生活会有所不同，要学会踏实工作、谦虚学习、勤快工作，积累各方面经验很重要，经过实践

① 金一斌.实践育人是大学生成长成才的必由之路[J].中国高等教育，2012(6).

的雕琢定会成为一个专业能力强的人，积极配合协作，久而久之就会获得人们的认可，在相同机会面前，会获得更多人的喜欢和欣赏。

第三，有助于培养自立自强精神。

自立就是自己的事情自己做，就意味着要克服依赖，独立安排自己的生活，意味着要离开父母、老师的庇护，自主地解决生活中的难题，意味着要靠自己的双手去开创自己的事业，创造多彩的人生。自强就是在困难面前不低头，不丧气，想办法克服困难、战胜挫折。

3. 做好实习前的准备

顶岗实习，是高职学生初次走向社会的第一步，如何迈好这一步，做好实习前的准备是关键。

一是摆正心态。选择实习单位的时候，心态很重要。高不成低不就，挑三拣四的心理是不可取的。心态摆正了，才能找到合适的实习单位。刚毕业，眼光不可太高，实习阶段主要是打基础，积累经验，为正式步入职场积蓄力量。

二是准确定位。这里说的准确定位，是对自己有清醒的认识。即正确认识自己的专业能力、知识水平、性格特点等，根据这些认识确定自己适合什么样的工作。只有很好地认识了自己，才能找到比较适合自己的实习单位。当然，适合自己的不一定是自己喜欢的，但是一定是自己做起来最有益于自身发展的。

三是转换方向。在选择岗位时，应尽量选择与自身专业相关的岗位和自己有兴趣的岗位，这样才能最大地发挥出自身的专业优势，为自己的转正增加砝码。当然，一时找不到合适自己的实习单位时，就要转换方向，可以先找一个别的实习单位先做起来，一边做着现在的工作，一边找着适合自己的工作岗位。

四是要成熟起来。找实习单位面临的最严峻的问题就是现实跟自己想象不一样，内心会有失落感。为了克服失落感，就要有心理准备。内心思想要成熟起来，调整人生的目标，调整心理的定位，调整对生活之意义的理解和认同。在实习岗位上，尽量发挥出最大的潜能，把自己所学的知识和技能尽可能地发挥在工作上。

五是要有工作责任感。实习生要有责任感，对负责的事情要负责到底，对确实有困难的工作直接向主管说明，绝不能含糊应承却不能按时完工。只有脚踏实地、富有责任感的实习生才会引起公司、部门的注意。要把实习当成自己的第一份工作，要把自己当作用人单位的新员工来要求，在一些细节上，比如着装、打卡等，都要按照规章制度来执行。

筑梦前行

1. 砥砺青春强军梦——“90后”铁甲先锋王锐[①]

军事领域从来都是激烈竞争和对抗的角斗场，要求每一个节点都精而又精，每一个过程都准确无误，每一名官兵都本领过硬，更加需要军人具备“工匠精神”。

王锐是陆军第74集团军某旅班长。他始终胸怀强军梦想，创造了一名士兵的精武传奇。

入伍第一年，王锐是全师唯一编车参演的列兵，第二年成为唯一拿到驾驶一级的上等兵。第六年，通过驾驶专业特级考核，成为集团军年龄最小、兵龄最短的特级驾驶员。此后，王锐又陆续通过通信专业特技考核、射击专业一级考核。此时，精通驾驶、通信、射击三大专业的王锐成为全军最年轻的“双特”两栖装甲尖兵，荣立二等功、三等功各一次，所带战车车组两次荣立集体二等功。

在官兵眼里，王锐锐不可当，既是训练标兵，也是学习标兵，在强军兴军的征程上以青春筑梦、担当为帆，成为强军标兵。训练场上，重达28吨的两栖装甲突击车，经历一天的暴晒后，外壳热得发烫，车舱内如蒸笼般闷热，特别是靠近发动机的驾驶室，温度高达40多摄氏度。普通人待在突击车舱内不到10分钟就酷热难耐，官兵们一般训练一个小时就需要出舱透口气，王锐却在突击车内一练就是两三个小时，从而练就一身精准驾驶的武艺。

与王锐接触过的人都有一个共同的感受，他眼睛里充满正气，骨子里透着锐气，做人做事向来不自满、不懈怠、不服输、不做作。作为两栖装甲突击车车长的王锐始终坚守的信念是：“如果说军营是一座火炉，我就做熊熊燃烧的炭火！”

王锐用坚守本色、向上求真的淳朴品德谱写了一名阳光士兵的青春之歌。他被评为全军优秀共产党员并荣获“全军士官优秀人才奖”，并被中央宣传部授予“时代楷模”荣誉称号。

2. 耶鲁大学毕业的村干部——秦玥飞[②]

重庆长大的秦玥飞高中毕业时，在2005年以托福满分的成绩考入美国耶鲁大学，获得全额奖学金，成为重庆第一个被世界一流名校直接录取的学生。许多人以为这是一条穿西装、拿高薪的富贵路，然而，在2011年从耶鲁以优异成绩毕业后，26岁的秦玥飞却来到湖南一个小山村——衡山县贺家乡，走上一条进基层、当村干部的艰苦之路。他立足农村实际，心系村民群众，被村民亲昵地称为“耶鲁哥”。

---

① 孔华.90后“全能车长”王锐，铁甲先锋砥砺青春强军梦[EB/OL].央视网，2017-8-14.

② 2016年度感动中国人物：君子通大道秦玥飞[EB/OL].央视网，2017-2-8.

有朋友形容秦玥飞是理想主义者，他自己则更正为是“有理想的践行者”。困难再多，一个个去克服。村里准备修水渠，因为涉及各自利益，几个村民小组争得不可开交。秦玥飞就一次次上门做工作，张口一声“伯伯”，闭口一声“叔叔”，终于做通了工作。除了修水渠，秦玥飞还动员多方社会资源，积极募集资金，倾心公益事业，帮助村里建设道路、安装路灯、改善农田灌溉设施、引进信息化教育设备、改扩建敬老院、提供校车安全保障等。他无私奉献，为当地谋取民生福祉做出了较大贡献，深受乡村干部和广大群众的好评。他说，任何一个项目都会做好详尽的预算和规划。他不自作主张替村民做任何决定，但只要是村民要办的事，绝不允许自己办不到。

2012 年 10 月底，秦玥飞当选为衡山县第十二届人大代表。2013 年 5 月，湖南省人民政府授予他“一等功”奖励，共青团湖南省委授予秦玥飞第十五届“湖南青年五四奖章”。2013 年 10 月，他获选央视“首届全国最美村官”称号。2014 年 1 月他被选举为衡阳市第十四届人大代表。2017 年 2 月他获得“感动中国”2016 年度十大人物。

“感动中国”评选委员会给秦玥飞的颁奖词是：在殿堂和田垄之间，你选择后者，脚踏泥泞，俯首躬行，在荆棘和贫穷中拓荒。洒下的汗水，是青春，埋下的种子，叫理想。守在悉心耕耘的大地，静待收获的时节。

学思践悟

1. 你参加过哪些社会实践活动？在活动中最大的收获是什么？
2. 你做过志愿者吗？今后愿意参加志愿者活动吗？为什么？

后　　记

本书自编写以来，在上海市教卫工作党委、市教委和市教委德育处、德育中心及上海“高职高专思政课”分教指委、上海市高职高专思政课建设联盟的指导下，在相关行业、企业、高校的大力协助下，现在终于“瓜熟蒂落”了。

上海交通职业技术学院组织了相关专家、教师成立编写组，具体落实本书的编写工作。在编写过程中，市教委德育中心多次听取汇报，编写组组织召开多次专题会议，并征求相关行业、企业、高等院校、主管部门部导、专家的意见，讨论落实相关编写工作。

本书的编写工作由上海交通职业技术学院党委牵头，组织相关高校、行业、企业专家、学院领导、教师共同完成，主要分工如下：

上篇的第一章第一节主要由上海交通职业技术学院董晓峰同志完成；第一章第二节主要由上海交通职业技术学院沈轶娜同志完成；第一章第三节主要由上海交通职业技术学院王晓红同志完成；第二章第一节主要由上海交通职业技术学院张巳冬同志完成；第二章第二节主要由上海交通职业技术学院顾晓宁同志完成；第二章第三节主要由上海交通职业技术学院经珏同志完成；第二章第四节主要由欧特克软件（中国）有限公司肖尧同志和上海交通职业技术学院袁莺同志共同完成；第三章第一节主要由上海交通职业技术学院朱建柳同志完成；第三章第二节主要由上海交通职业技术学院王淑云同志完成；第三章第三节主要由上海交通职业技术学院李斌同志完成；第三章第四节主要由上海交通职业技术学院朱盼同志完成。

下篇的第四章第一节主要由上海汽车工业销售有限公司傅利国同志和上海交通职业技术学院朱盼同志共同完成；第四章第二节主要由上海幼狮高级汽车修理有限公司陶巍同志和上海交通职业技术学院王淑云同志共同完成；第四章第三节主要由上海交通职业技术学院朱建柳、李斌同志共同完成；第四章第四节主要由上海交通职业技术学院王淑云、李鼎同志完成；第五章第一节主要由上海交通职业技术学院董晓峰同志和上海交通大学李琦同志共同完成；第五章第二节主要由上海交通职业技术学院张巳冬同志完成；第五章第三节主要由上海汽车制动系统有限公司刘存林同志完成;第六章第一节主要由上海交通职业技术学院李丕毅同志完成;第六章第二节主要由上海交通职业技术学院顾晓宁同志完成;第六章第三节主要由上海交通职业技术学院朱盼同志完成;第六章第四节主要由上海交通职业技术学院王淑云同志完成。

此外,本书其他工作由上海交通职业技术学院社科部朱成梅同志完成。

由于内容多、涉及面广,加上编写时间紧,可能会有考虑不周全的地方;另外,限于作者水平,书中可能会有疏漏甚至不当之处,恳请读者谅解并批评指正。

衷心感谢:书中参考了一些专家学者的研究成果及相关公开的信息及网络资料,部分内容可能有所删改,在此向作者表示衷心感谢!

特别感谢:上海市教卫工作党委、市教委相关领导;市教委德育处、德育发展中心、上海市学生事务中心,上海“高职高专思政课”分教指委、上海市高职高专思政课建设联盟,上海交通大学、上海理工大学、上海出版印刷高等专科学校、上海海事职业技术学院、上海电子信息职业技术学院、上海震旦职业技术学院、上海工商外国语职业学院、上海市公用事业学校,上海幼狮高级汽车修理有限公司、上海汽车工业销售有限公司、上海汽车制动系统有限公司、欧特克软件(中国)有限公司及其他有关企、事业单位的领导、专家的关心与指导,在此不再一一列出,在此表示特别感谢!

一并感谢:本书的编写得到上海交通职业技术学院徐辉院长、顾剑锋副书记(副院长)、钱啸寅副院长、刘伟副院长的大力支持与关心,学院相关职能部门、专业系(部)负责人及有关教师对本书的编写工作提供了大力协助,在此一并致谢!

2019 年 6 月

图书在版编目(CIP)数据

技能中国 / 董晓峰主编. —上海：上海教育出版社，2019.9
(中国系列丛书)
ISBN 978-7-5444-9112-9

Ⅰ. ①技… Ⅱ. ①董… Ⅲ. ①职业技能—青年读物
Ⅳ. ①C975-49

中国版本图书馆 CIP 数据核字(2019)第 214054 号

责任编辑 李 玮
封面设计 郑 艺

技能中国
董晓峰 主编 王淑云 朱建柳 副主编

出版发行 上海教育出版社有限公司
官 网 www.seph.com.cn
地 址 上海永福路 123 号
邮 编 200031
印 刷 昆山市亭林印刷有限责任公司
开 本 787×1092 1/16 印张 12.5
字 数 215 千字
版 次 2019 年 10 月第 1 版
印 次 2019 年 10 月第 1 次印刷
书 号 ISBN 978-7-5444-9112-9/D·0113
定 价 59.00 元

如发现质量问题，读者可向本社调换 电话：021-64377165